フィリピンの価値教育

グローバル社会に対応する全人・統合アプローチ

長濱博文

九州大学出版会

はじめに

　本書の目的は，フィリピンの価値教育と価値教育を内包する統合科目の分析を通して，フィリピンにおける国民的アイデンティティの在り方に，価値教育がどのように作用しているかを明らかにすることである。

　現在，これまでの道徳教育の名称に代わり，価値教育や人格教育，または社会科の要素を含む市民性教育の導入が世界的な潮流となっている。それは従来の道徳心を育む教育に加えて，グローバル化による急速な社会変容に伴う多様な価値観が，どの国民国家の中においても並存する状況に対して，レジリエンス（困難な状況にもしなやかに適応する力）のある内発的な心の教育が求められているからである。

　フィリピンは，1986年のピープルパワー革命（EDSA I, EDSAとはマニラの大統領府のある通りであり，この通りをデモが埋めつくして革命を成功させた）以降，価値教育を正式に導入し，革命後の国民形成のための主要な教科として用いてきた。そこには，国民形成の目的と同時に，国民のほとんどがキリスト教カトリックである国家において，南部ミンダナオを中心に，キリスト教が布教される前から定着していたイスラーム教徒（ムスリム）をどのように取り込み，革命以前から繰り返されてきた宗教間対立を克服するかも主要な課題であった。この課題は，2001年の米国9.11同時多発テロ以降，アルカイーダ系過激派アブ・サヤフ（Abu Sayyaf）との関連において，より喫緊な課題としてフィリピン国内の宗教間対立を刺激した。2002年度の基礎教育カリキュラムにおいて，国民形成を主要な目的とする価値教育を中心に，統合科目（分野）が形成された社会的背景には，革命に続く国内および国際社会の緊張が成立の主たる要因の一つとして考えられる。

　同時に，学校教育の活性化においても，価値教育による教科目間連携が期待されていたと考えられる。それは，価値教育との統合によって学習内容に

即した価値を学ぶことにより，限られた学習時間における各教科目の学習内容の定着率を高めることが目指されたのである。本文中において検証するように，価値教育による各教科目との連携は，各教科目との学習効果を上げるものとして評価されている。このフィリピンの価値教育および価値教育による教科目間連携を可能にした全人・統合アプローチの検討は，道徳の教科化が推進されている日本においても示唆を多く含むものと考えられる。そして，グローバル化する社会において求められる道徳の在り方，およびそこから期待される学習成果についても省察することが求められる。

　日本も道徳を教科化するとともに，これまで使用してきた『心のノート』を発展させ新しい教材『私たちの道徳』を作成し，全国の小・中学校に配布することが決定された。しかし，日本政府および文部科学省に先駆けて，東京都品川区では「市民科」が道徳的実践として導入されてきた。そこでは，自己理解・他者理解を踏まえて，人格形成において内容や方法面で関連がありながらも別々に行われていた道徳の時間，特別活動（学級活動），総合的な学習の時間を統合し，その理念は大切にしつつも，より実学的な内容を盛り込んだ単元として構成する学習を推進することが目指されてきた（新しい学習「市民科」：品川の教育改革「プラン21」HP）。これは，フィリピンの価値教育が目指してきた学習内容や教科目間連携と同じ志向に立つものである。

　フィリピンの価値教育の研究を通して学んだ学校教育の課題は，安易に答えや解き方を教えることではなく，習得するプロセスに着目し，教師も生徒とともに学ぶ姿勢である。これは現在の日本でも期待される教育課題ではないかと考える。OECD（経済協力開発機構）によるPISA（国際学力到達度調査）において，日本は常に上位であるが，応用力に課題があるとも指摘される。それはこれまでの日本型教育の結果でもあると考えられる。PISAにおいて求められる「読解力（リテラシー）」とは，必ずしも解にいかに早く到達するかではなく，いかに自らの意見を論理的に構築し，説明できるかを測定しようとする試験だからである。産業界などにおける日本の"改善"する力は世界随一である。ここに，さらなる応用力，創造性が加われば，日本の教育，引いては社会の可能性は格段に向上すると思われる。それは，日本

の学校教育の目標である自ら学び，自ら考える「生きる力」の育成に通底するものであり，そこにこそ日本において道徳教育が今一度再考される意義もある。心と思考，自己肯定感と自らの意見に対して自信を持って発信する力は表裏一体だからである。現在のフィリピンの学力水準は日本と比較できるものではないかもしれない。しかし，様々な社会の矛盾の中で，高い自己肯定感や幸福感を持つフィリピンから学ぶことは少なくないのではないか。

　日本の青年層における自己肯定感に課題があることは多くの識者が指摘するところである。自らの人生に迷い，時に自信を失いながらも，国家間の対立に心を痛め，東日本大震災における被災地支援のために自発的に行動できる青年の姿は，現在の日本の青少年の心理状態をそのまま反映するものである。現在の日本の青少年が他者のために率先して行動できる姿に接して，日本の将来に期待を寄せる識者は多い。ここで，青年層の自己肯定感をさらに高めることができるとすれば，日本社会の将来性もまた高めることができるのではないか。その意味において，急速な社会変容に流されず，自己を客観化し，一歩引いて自らの道を選択する"洞察力"を育む教育が，社会発展と人々の幸福の礎となることは，学力世界一となったフィンランドのヘイノネン元教育大臣が指摘する通りであり，そこに自己肯定感を高め，将来を担う青少年にもその重要性を伝える道徳教育の役割が見出される（オッリペッカ・ヘイノネン──「学力世界一」がもたらすもの（NHK「未来への提言」））。

　フィリピンはスペイン，および独立革命後の米国による植民地支配，日本軍政などを経て，マルコス開発独裁体制による経済停滞，さらに1986年革命，共産党武装勢力やイスラーム独立派との内戦や紛争と直面してきた。フィリピンが価値教育を導入したのは，革命の成功とともに，肯定的な国民意識を向上させ，そのプロセスにおいて柔軟な思考力を獲得することを目指したからである。東西冷戦や宗教間対立，貧困や経済格差といった国際社会の課題を国内に抱えるフィリピンが，その苦難の歴史から何を学びとり，次世代への教訓としようとしているのか。本書が，これからのフィリピンの価値教育と学校教育，そして日本の道徳教育と学校教育に関するいくばくかの示唆を提供することができれば幸甚である。

本書は，独立行政法人日本学術振興会の平成 25 年度科学研究費助成事業（科学研究費補助金）（研究成果公開促進費）の交付を受けて刊行するものである。

平成 26 年 12 月　　　　　　　　　　　　　　　　　　長濱博文

目　次

はじめに …………………………………………………………… i

序　章　本研究の課題設定と分析の枠組み ………………………… 1

　第1節　本研究の目的と意義 …………………………………………… 1
　　1.　問題意識と研究目的 ………………………………………………… 1
　　2.　本研究の意義 ………………………………………………………… 4
　　　　──持続可能性を開く内発的発展モデルとしての価値教育──
　第2節　先行研究の検討 ………………………………………………… 8
　　1.　フィリピンにおける価値教育の先行研究 ………………………… 8
　　2.　日本におけるフィリピンの価値教育に関する先行研究 ………… 11
　第3節　本研究の分析枠組み …………………………………………… 18
　　1.　フィリピンの価値教育の特質に関わる分析 ……………………… 18
　　2.　フィリピンの革命の歴史からの分析 ……………………………… 19
　　3.　フィリピンの宗教と地域性に着目した分析 ……………………… 20
　　4.　価値認識に関する分析 ……………………………………………… 22
　第4節　本書の構成 ……………………………………………………… 22

第1章　マルコス政権とアキノ政権下の価値教育の展開 ………… 27

　第1節　米国によるフィリピン植民地教育の展開（1898-1946） ……… 27
　　1.　「親愛なる同化」政策と比国委員会 ……………………………… 27

2. フィリピンの植民地教育の目的・行政組織・教員 …………… 28
　　3. 教育制度の展開 ……………………………………………… 30
　　4. 植民地教育の特質についての考察 …………………………… 31
　　5. ミンダナオにおける近代学校教育の成立 …………………… 33
　第2節　マルコス政権下における価値教育 ……………………… 35
　　1. マルコス政権の教育政策 …………………………………… 35
　　2. 開発体制下における道徳教育から価値教育への変遷 ……… 38
　　3. ユネスコ協同学校の展開 …………………………………… 39
　　4. マルコスの強調した教育的価値 …………………………… 40
　第3節　アキノ政権下における価値教育 ………………………… 43
　　1. 価値教育の成立と展開 ……………………………………… 43
　　2. アキノ政権の教育政策と教育的価値 ……………………… 44
　　3. マルコスとアキノが強調した価値の相違点・類似点 ……… 48

第2章　フィリピンの統合科目における価値教育の理念 ……… 55
　第1節　価値教育の確立と統合科目の成立 ……………………… 55
　第2節　統合科目を基礎づける価値教育の理念 ………………… 57
　　1. 1987年憲法と価値地図 ……………………………………… 60
　　2. 1997年改訂価値地図とユネスコの理念 …………………… 62
　第3節　フィリピンの基層文化と価値 …………………………… 64
　　1. フィリピンの基層文化を形成する諸要素と要因 …………… 64
　　2. キリスト教とイスラームからの価値 ……………………… 70

第3章　価値教育の全人・統合アプローチによる展開 ………… 75
　第1節　全人・統合アプローチの理念 …………………………… 75
　第2節　価値の明確化理論の変容 ………………………………… 77
　　1. 価値の明確化理論の成立過程 ……………………………… 77
　　2. フィリピンにおける価値の明確化の実践 …………………… 81

3．フィリピンと米国における価値の明確化理論の位置づけ ………… *81*
第3節　価値形成過程の4段階 ………………………………………………… *85*
第4節　フィリピン師範大学における価値教育プログラム ……………… *88*
　　1．フィリピンにおける教員の役割 ………………………………………… *88*
　　2．フィリピン師範大学の教員養成の目標 ………………………………… *91*
　　3．4Aアプローチとストラテジー（ACESモデル）……………………… *93*
　　4．基礎教育カリキュラムの価値と内容 …………………………………… *98*
　　5．統合科目における授業実践 ……………………………………………… *103*
　　6．指導案からのカリキュラム分析 ………………………………………… *118*
　　7．価値形成過程モデルの新たな解釈 ……………………………………… *120*
　　8．タギッグ・ナショナル・ハイスクールの事例 ………………………… *122*
第5節　ミンダナオにおける価値教育の実践 ………………………………… *131*
　　1．ミンダナオ州立大学にみるカリキュラムの特色と教員養成 ………… *131*
　　2．ミンダナオ州立大学における事例（1）………………………………… *134*
　　　　――大学生の教師志望者による実験授業――
　　3．ミンダナオ州立大学における事例（2）………………………………… *138*
　　4．リバーサイド・ナショナル・ハイスクールの事例 …………………… *144*
　　5．マーシー・ジュニア・カレッジの事例 ………………………………… *147*
　　6．マニラとミンダナオにおける授業実践と教授される価値 …………… *152*

第4章　意識調査にみる子どもの価値認識 ………………………………… *163*
第1節　意識調査の目的 ………………………………………………………… *163*
第2節　調査対象の地域と学校の特性 ………………………………………… *164*
　　1．フィリピンの中等教育の状況 …………………………………………… *164*
　　2．調査地の地域性と調査校の概要 ………………………………………… *166*
第3節　歴史・宗教・地域性からの分析 ……………………………………… *171*
　　1．調査の概要 ………………………………………………………………… *171*
　　2．革命をめぐる歴史理解 …………………………………………………… *174*

3. 宗教と地域性による価値選択の相違 …………………………………… *176*
　　4. 国への愛情について ……………………………………………………… *186*

第5章　価値教育の理念から実践への展開 ……………………………… *189*
　第1節　革命の歴史理解にみる教育的価値認識 ………………………… *189*
　第2節　宗教と地域性の分析にみる文化的価値認識 …………………… *190*
　第3節　コレスポンデンス分析による中核的価値認識の抽出 ………… *191*
　　1. 意識調査の解析 …………………………………………………………… *192*
　　2. カテゴリー間の相関関係 ………………………………………………… *198*
　　3. 全人・統合アプローチとの関係 ………………………………………… *201*
　第4節　教師の価値教育に対する評価と価値認識 ……………………… *203*
　　1. 教師の価値教育と統合科目に対する評価 ……………………………… *203*
　　2. コレスポンデンス分析から考える教員の価値分析 …………………… *207*

第6章　市民性教育との比較考察と教育改革の動向 …………………… *213*
　第1節　市民性教育の観点からの価値教育の考察 ……………………… *214*
　　1. オーストラリアの事例との比較分析 …………………………………… *214*
　　2. オーストラリアにおける多文化教育の展開 …………………………… *215*
　　3. オーストラリアにおける価値教育導入の成立過程 …………………… *216*
　　4. オーストラリアの公立学校における授業実践 ………………………… *220*
　第2節　市民性と国民性の概念をつなぐ価値理念の構造 ……………… *222*
　　1. フィリピンとオーストラリアにおける価値教育の類似点と相違点
　　　 ………………………………………………………………………………… *222*
　　2. ナショナリズムと普遍的価値の役割 …………………………………… *223*
　　3. 国民性・市民性形成における価値理念の統合機能 …………………… *227*
　第3節　2012年度カリキュラム改革における価値教育の位置づけ …… *227*
　　1. 教育改革におけるASEANとの協調 …………………………………… *228*
　　2. 教育改革の前提となる国内的要因 ……………………………………… *230*

3. K to 12 カリキュラムの特徴……………………………………… *232*
　　4. カリキュラム改革と価値教育の動向………………………………… *234*

終　章　総括と今後の課題……………………………………………… *241*
　第1節　価値教育と国民的アイデンティティの形成………………… *241*
　　1. フィリピンの価値教育の特質……………………………………… *241*
　　2. 価値教育が異教徒の子どもたちに与える影響…………………… *243*
　第2節　価値多元社会における価値教育の可能性………………… *247*
　　1. フィリピンにおける価値教育を通した平和構築………………… *247*
　　2. 価値教育の可能性と留意事項……………………………………… *250*
　第3節　今後の課題……………………………………………………… *254*

参 考 資 料………………………………………………………………… *257*
参 考 文 献………………………………………………………………… *279*
あ と が き………………………………………………………………… *291*
索　　　引………………………………………………………………… *297*

序　章

本研究の課題設定と分析の枠組み

第1節　本研究の目的と意義

1. 問題意識と研究目的

　フィリピンは1986年の民主化革命以降，公教育の中に価値教育（Values education）を導入してきた。さらに，2002年度基礎教育カリキュラム（Basic Education Curriculum 以下，BECと略）の実施にあわせて，初等教育6年の内の3年から6年，そして中等教育4年において，教科目間の統合が図られた。このカリキュラムでは，英語，数学，国語（フィリピノ語），科学の主要科目と同様に，毎日教えられていた価値教育が，単一科目としては週1時間に短縮されることになったが，その他のフィリピノ語で教授される教科（社会科，家庭科，美術・音楽，体育など）が「マカバヤン（Makabayan, 愛国心の意）」と呼ばれる統合科目（分野）として教科目間で統合されることによって，統合科目全体で価値教育が推進されることになったのである。

　価値教育が他の科目に統合された理由は，「実生活に向けた実験の場として健全な個人と国民としてのアイデンティティを発展させ，全人的学習環境として働く学習分野を創設することにある」[1]としている。ここには，"愛国心"を中心的価値として位置づけ，個人としてのアイデンティティとナショナル・アイデンティティを再統合する意図があると読み取ることができる。

　本研究では，個人と国民をつなぎ，国民としての意識を内在化させる概念として国民的アイデンティティを定義づける。アンソニー・ギデンズ

(Anthony Giddens) によると，個人と集団の関わりは「人々が一体感をいだく集合体の中に包まれたいという一人ひとりの欲求」[2]の中にあるという。ギデンズの論に従えば，集団のアイデンティティは，ナショナリズムの基礎として成り立つものである[3]。このギデンズの示す国民国家を成立させるナショナリズムの要素には，①共有された歴史性，②言語などの国民的象徴が供給する共同性（文化的同質性）が含まれる。言語と同じく，国家を生成する文化的同質性として宗教は分類される。しかし，国民国家成立過程において，この文化的同質性が一致しなかった地域では，極めて敵対的なナショナリズムの対立が見られたことをギデンズは指摘する[4]。このギデンズの論考より考察すると，フィリピンにおけるキリスト教カトリックとミンダナオのイスラームの対立の激しさは，近代に人々が受容した宗教が近代以前から人々の住む地域に浸透し，歴史性と文化的同質性を持つにいたったからである。

フィリピンにおける1986年までのマルコスの権威主義的開発体制は，経済政策を優先するあまり，国家統合のための価値，つまり国家からのアイデンティティを国民に強要し過ぎた。一方，1986年2月のピープル・パワー革命（EDSA I）[5]によって成立したコラソン・アキノ（Corazón Aquino）政権以後は，1987年憲法において「多様性の中の統一」に基づく国民文化の振興（憲法第14条14項）を謳い，マイノリティの保護を条文に盛り込むなど，より内発的な国民意識の向上を目指している。こうしたマイノリティの包摂は，国民生活を向上させるすべての価値に関わるものであり，国民的アイデンティティの形成を目的としていると考えられる。

そして現在，多民族・多宗教国家フィリピンにおいて，この国民的アイデンティティの形成は，以前にもまして重要な意味を持ち始めている。もともと価値教育は，キリスト教徒であるマニラの教育省関係者・研究者を中心に草案された。しかし，ムスリム（Muslim-Filipinos）を含めた国民形成のため，すべての宗教を想定した「神への信仰」を中心的価値の一つとして盛り込んでいる。これには，宗教教育の公教育からの後退を危惧する教会からの反発が起こっている[6]。それだけ宗教教育からも距離をおいた，より中立的な価

値を価値教育は志向したのだが，実際のところ，キリスト教的価値観より作成されているという指摘は否定できない[7]。さらに，9.11 同時多発テロ事件以降の国際情勢の中で，アブ・サヤフ（Abu Sayyaf）やモロ・イスラム解放戦線（MILF, Moro Islamic Liberation Front）をはじめとするイスラーム過激派と，米国の支援を受けた政府軍との対立激化により，国内のムスリムに対する不信感はフィリピン社会最大の不安定要素となってきた。

　このような問題意識に基づき，本研究は，フィリピンの統合科目における価値教育の分析を通して，フィリピンにおける国民的アイデンティティの在り方に，統合科目における価値教育がどのように作用しているかを明らかにすることを目的とする。研究内容として，まず①統合科目における価値教育がどのような特質を持つかを考察し，それを受けて②フィリピンの価値教育の特質を有する統合科目が，異教徒の子どもたちの国民的アイデンティティの形成にどのような影響を持っているかを現地調査に基づいて検証する。さらに，③分析した価値教育の特質が実践においてどのように反映していると評価できるかについて考察する。

　また，本研究のテーマである「価値教育」の進展と同時に，国際社会においては「市民性教育」に対する関心の高まりが際立っている。市民性教育の展開が社会科教育に基礎づけられるとすれば，価値教育の展開は道徳教育から発展したものであり，必ずしも同様の科目として成立するものではない。しかし，グローバル化する社会の中で，国家を形成する市民育成としての教育を目的としている点，またフィリピンの価値教育が社会科をはじめとする教科目に統合された点も考慮すれば，価値教育の観点からの市民性教育との関連についての考察は一定の意義を有するものと考える。加えて本調査研究が一段落した後，2012 年度より開始された K to 12 基礎教育カリキュラム（K to 12 Basic Education Curriculum）によって，フィリピンの学校教育は，12 年制を目指すことになり，新たな改革が新初等，中等学年生より導入されることになった。その改革は ASEAN 共同体と堅調な経済成長を反映したものであるが，それが 2002 年度基礎教育カリキュラムで示された価値教育の役割にどのような変化をもたらしているかを分析することにより，今後のフィ

リピン教育における価値教育の役割の変容を確認することが求められる。そこで新しくこの分析結果を本書では追加している。よって，本書第6章においては，長年価値教育を推進し，ASEANとしての共同体への連帯も形成してきたフィリピンから，欧米の市民性教育の取組みの延長線上に価値教育の導入を決定したオーストラリアの事例へと展開し，価値教育に求められる普遍的役割をさらに明確化することを目指す。また，両国の比較においては，これまで道徳教育導入に消極的であった日本も加えることにより，より精緻な分析が可能になると考える。

　産業社会をむかえつつあるフィリピンの価値教育の役割の分析は，既に成熟した産業社会にある日本の道徳教育を展望する点においても，多くの示唆を与えるものである。

　先述のように，本研究はフィリピンの価値教育の研究であるが，それはフィリピンにおける価値教育の可能性を分析することだけでなく，その経験と知見を援用することにより，日本の子どもたちがグローバル化する社会において「生きる力」を発揮し，同時に健全な国民意識の育成を可能とする示唆を抽出できるのではないかとの問題意識に根ざしている。長きにわたり植民地化され，近代化も国民国家の形成も思うに任せなかったフィリピンであるからこそ，その苦難の歴史から投影される試みには，物質的繁栄の裏でいまだ克服し得ない国民意識の超克すべき課題と「生きる力」の形成に関する日本への示唆が見出せるのではないか。我々が途上国への偏見や先入観を克服した時に，フィリピンの価値教育は全く新しい「価値」を持って日本の学校教育の課題の処方箋として作用すると考える。

2. 本研究の意義——持続可能性を開く内発的発展モデルとしての価値教育——

　本研究の意義は以下のようにまとめられる。第1に，これまでフィリピンの価値教育について論じた我が国での研究はなく，本研究はその先駆けと位置づけられる。価値教育において教授される価値，用いられている教授法，学校教育全体における価値教育の機能を分析することは，フィリピン教育における価値教育の役割を見極める上で多くの意義を持つ。第2に，これまで

諸外国の研究者により分析される機会が少なかったフィリピンの価値教育を研究することにより，学校で教授される価値を明らかにして，価値教育および統合科目の国民的アイデンティティ形成への影響を明らかにするという意義がある。第3に，マルコス政権からアキノ政権への価値教育の変遷と，現在の統合科目に見られる新しい動向との繋がりを明らかにする。第4に，国民的アイデンティティの価値と教授されるその他の普遍的価値との関係を分析し，フィリピンの価値教育の理念を明らかにするという意義が期待される。そして，上記の本研究の意義が明らかになるとすれば，地域性と宗教の観点から分析を行っているからである。

本研究が肯定的に評価されるとすれば，上述のように，途上国における国民形成を上からの権威主義的政策や教育的行為ではなく，国民一人ひとりの内発的発展の意識に基づくときに，真の国民意識が形成され，地域性や宗教上の相違を超えた内発的発展の方途が見出されるのではないかとの問題意識に本研究が根差しているからと考える。鶴見和子は，内発的発展について，「西欧をモデルとする近代化がもたらす様々な弊害を癒し，あるいは予防するための社会変化の過程」と意義づけ，内発的発展の担い手とは，「その目ざす価値および規範を明確に指示する。近代化論が『価値中立性』を標榜するのに対して，内発的発展論は，価値明示的である。」と解説する[8]。つまり，発展途上国からの発展，あるいは開発の在り方を問うことが現在求められている持続可能な社会発展を可能にすると考えられるのである。

同時に，鶴見は，地域を分析単位とする重要性についても言及する。「地域」とは，国家よりも小さい区域であり，必ずしも一つの国家の下位体系には限定されない点で，従属論における地域とも区別される。コミュニティの概念をまとめたジェシー・バーナード（Jessie S. Bernard）は，コミュニティに関する諸定義に共通するのは，（限定された）場所（locale）と共通の紐帯（common ties）と，社会的相互作用（social interaction）であるとする。鶴見の解釈に従えば，「場所」は定住地，定住者，定住性，「共通の紐帯」は共通の価値，目標，思想等，そして，「社会的相互作用」は，定住者間の相互作用と，定住者と地域外から移動してきた人々との相互作用との双方を含む関

係性と解釈することができる[9]。本研究は，鶴見の内発的発展論に依拠しているが，それであるがゆえに，地域を分析単位とした考察は不可欠と考える。それは，地域のニーズに即した内発的発展としての学校教育の在り方を考察する上で，まず押さえるべき視座と認められるからである。

現在の国際教育協力は，1960年代や70年代の開発協力の失敗を反省し，様々な方法論を提示している。それにもかかわらず，70年代に発表された「内発的発展論」の提示する観点は，今なお決して色褪せることはない。それは，現在，アマルティア・センによって提示された人間開発指標は，正しく「内発的発展論」の理論的ベースを共有するものであり，現在求められる「持続可能な発展」モデルの形成，加えて，アマルティア・センや緒方貞子によって提示されている「人間の安全保障」の概念とも通底する理論と考えられるからである。

内発的発展論は1970年代には鶴見らによって，広く展開されてきた理論であり，日本社会の地域性の見直しの文脈の中で，多様な分析や調査がなされてきた。この理論が広く日本の社会開発・発展の理論として認識されているのは，その理論的特性に起因している。1970年代のタルコット・パーソンズの近代化論が先発国（先進国）を「内発発展型」とし，後発国（発展途上国）はそのモデルを借りた「外発発展型」と定義づけたことに対し，鶴見はこの単線的経済発展モデルに依拠した発展理論に異議を唱え，後発国にも独自の「内発的発展」があるとした[10]。この鶴見の理論的背景にはパーソンズらのアメリカ社会学と南方熊楠や柳田國男らの日本民俗学両者への造詣の深さがある。その中から，欧米発の社会学の基礎の上からも，日本，引いてはアジア固有の文化の特性に可能性を見出せたと考えられる。

鶴見は自らの理論を次のように簡潔に述べる。「内発的発展とは，目標において人類共通であり，目標達成への経路と，その目標を実現するであろう社会のモデルについては，多様性に富む社会変化の過程である。共通目標とは地球上のすべての人々および集団が，衣・食・住・医療の基本的必要を充足し，それぞれの個人の人間としての可能性を十分に発現できる条件を創り出すことである。それは，現在の国内および国際間の格差を生み出す構造を，

人々が協力して変革することを意味する」。「そこへ至る経路と，目標を実現する社会の姿と，人々の暮らしの流儀とは，それぞれの地域の人々および集団が固有の自然生態系に適合し，文化遺産（伝統）に基づいて，外来の知識・技術・制度などを適合しつつ，自律的に創出する」。「地球的規模で内発的発展が展開されれば，それは多系的発展となる。そして，先発後発を問わず，対等に，相互に手本交換をすることができる」[11]。この観点から，内発的発展論は地域の伝統文化や社会システムの重視，そして地域を構成する民衆が主体性をもって地域の発展に参画する重要性を示す。それは，社会・経済・教育の開発の目的は，それぞれの地域や国家に居住する人々の幸せにあるのであり，いかなる政策も地域の人々の同意と内発的協力が得られなければ，永続的な社会開発のモデルとしては期待しえないということである。

　内発的発展論は，先述した「持続可能な発展」，及び「人間の安全保障」の概念の基底部となって結ぶ概念である。それは，東日本大震災と巨大津波，そして福島原発事故からの再生に取り組む日本が，目指すべき新たな社会発展モデルの道標であり，一方ではグローバル化が急速に進む日本社会において，人格形成を担う各学校・諸教育機関をはじめとする教育分野においても改革の指標となるものである。

　フィリピンは近年高い経済成長率を示している[12]。しかし，依然，自国企業も脆弱で，経済構造に多くの課題を抱えており，経済的成功についても今後のフィリピン政府による経済運営にかかっている[13]。だが，社会制度の改善と異教徒間融和が進めば，新たな社会開発・発展モデルを形成する潜在能力を持つ。地域性と伝統文化を保持しながら，グローバル化に対応できる人材育成を目指した価値教育の取組みは，社会の持続可能性を開き，学校教育として展開されながらも，地域の各分野と人間形成の内発的発展を統合するモデルとして，日本の道徳教育，および学校教育全体を通しての自己肯定感の育成への処方箋が検証されるものと考える。

　次に，第2節においてフィリピンの価値教育に関わる先行研究を検討し，本研究の課題設定と研究の意義を明らかにする。さらに第3節では，本研究の分析枠組みについて論ずる。

第2節　先行研究の検討

　フィリピンの価値教育にそのまま論考した文献はそれほど多くはない。なぜなら価値教育の成立は正式には 1986 年からであり，現在も価値教育の内容については推進しているフィリピン教育省や研究者間においても様々な意見があると同時に，研究としては，より効果的な教授法について論じたものが多い。このような背景・問題意識から先行研究として位置づける研究対象の幅を広げ，現在の価値教育の形成過程に影響を与えたであろう論考や著作についても言及する。

1. フィリピンにおける価値教育の先行研究

　先行研究として最初に言及する必要があるのは，1986 年のピープル・パワー革命（EDSA I）においても大きな影響力を与えた，シン枢機卿が推奨文を記しているエステバン（Esther J. Esteban）の『価値の教育』（1989 年）である。エステバンは，1986 年革命において社会的影響力を回復したキリスト教の視点から，キリスト教的価値をいかに教えるかについて著している[14]。この本の内容がそのまますべての公立学校で教えられているわけではないが，スペイン植民地時代が 3 世紀以上に及び，キリスト教が社会システムや風習などにおいても厳然として土着化し，キリスト教徒が国民の 8 割を超えるフィリピンにおいて，キリスト教的価値がフィリピンの学校教育と価値教育に多大な影響を与えているのは事実であろう。同書は価値教育にて教授される個々の価値の多くについてキリスト教的価値観から解説を加えたものであるが，価値教育を全土で実施すると表明した中でもこのようなキリスト教に基づく解釈が正当性を得た背景には，1986 年革命において，カトリックの社会的復権が確実なものとなり，フィリピン本来の道徳教育におけるキリスト教の影響を考えれば理解できるものである。しかし，価値教育が多文化，多宗教のフィリピン全土を視野に入れた改革を実施していることを考えれば，エステバンの説く価値の解釈だけがフィリピン全土の価値教育に

開かれたものであるとは必ずしも言えないのではないかと考えられる。

　現在のフィリピン価値教育の理論家であり，実質的な推進者である，ローデス・キソンビーン（Lourdes R. Quisumbing）によって編纂された，『人間として生きることを学ぶ——人間開発のための価値教育への全人的で統合的なアプローチ——』（1997年）は，現在のフィリピン価値教育の動向を確認する上で不可欠である。なぜなら同書は UNESCO Bangkok から出版されており，フィリピン国内だけでなく，諸外国においても活用できるように考案されているからである。もちろん，その論考がフィリピンにおける過去の価値教育の蓄積に全面的に依拠しているものであることは明白である。そして，ここで取り上げられている全人・統合アプローチは，現在のフィリピンの価値教育の特色を示すものであり，統合科目（分野）成立の論拠とも言えるものである。同アプローチについては第2章第3節にて考察する。

　この本の中でアジア地域における価値教育が求められる理由として，以下のような時代的要請があったことが挙げられている。第1に，加速化するグローバリゼーション，第2に，広範囲にわたるアジア地域での新たな経済的，政治的，社会的な変容，第3に，急速に高度化する情報科学技術の影響である[15]。しかし，マルコス期から現在の教育的価値の変遷を概観した時に気づかされるのは，開発途上国でもあるフィリピンの教育が，国際的な開発の動向である経済開発から人間開発へという世界的な開発の流れの中で変容してきていることである。

　フィリピンの国際機関と歩調を合わせる政策は価値教育においても見られるが，ユネスコの普遍的価値を用いることを授業実践の事例を踏まえて解説した文献は少ない。同研究は，フィリピンの価値教育における普遍的価値を用いた効果的な教授法の研究について解説を加えたものであるが，普遍的価値の教育が国民的アイデンティティの形成にどのような影響を与えているかについて分析したものではない。本研究は，キソンビーンの価値教育へのスタンスを継承しながらも，国民的アイデンティティとの関係性との解明を目的とし，その観点から授業実践についても再検討を行う。

　これらの上述した研究とは別の立場からは，バージニア・フローレスカ・

カワガス (Virginia Floresca-Cawagas) らの論文がある。カワガスらの「グローバリゼーションとフィリピンの教育システム」(2003年) によると,「現在の価値教育はあまりに抽象的で,文化的疎外感に導く開発という近代化の概念で溢れている。よって,価値のフレームワークは根本的に限界を有しており,フィリピン人の生活と社会の現実性に根ざしていない。そして支配的な近代化のパラダイムやグローバリゼーションの利益に対して無批判になりがちである」としている[16]。このカワガスの論旨からは,新たに誕生した感のある価値教育が,実は開発への呪縛から依然として解き放たれていないという批判が成り立つ。普遍的と考えられる価値教育の理念が西欧発,あるいは国連などで表明されたからといって,それらの価値をそのまま用いている現在のフィリピンの価値教育にはオリジナリティが乏しく,必然的に限界を持つと論じるカワガスの批判はキソンビーンの肯定的見解と合わせて分析するときに,フィリピンの価値教育の現状のより正確な理解が可能になると考えられる。

　また,この他の最近の研究においては,民族融和の観点から研究が進められている。ノルミタ・A. ヴィラ (Normita A. Villa) の論考は,国民的英雄であるホセ・リサールの思想・行動・生涯を通して,宗教間の対話を促し,新たなフィリピン人意識の創出を目指すミンダナオでの実践的なプロジェクト報告である[17]。報告書の分量に限りがあり,どの程度の効果が実証されたのかをすべて把握することは困難であるが,共通の国民的英雄について学ぶことによって,フィリピン人としての共通理解を形成しミンダナオの宗教対立に融和を促すものである。この教育プロジェクトについては一定の理解ができる。また,これから分析する統合科目における主たる価値教育の役割とも共通する。問題はどの程度の効果が期待できるのかということである。ミンダナオのムスリムには彼ら自身の歴史があり英雄が存在する。その人々は,フィリピノ・ムスリムとしての誇りを胸に,ミンダナオとムスリムのために人生を捧げた人々である。本研究では授業観察を含めて,現地調査分析を通してこの取組みも考察していく。

　また,近年のイスラームへの関心の高まりとともに,ミンダナオのムスリ

ムへの研究もフィリピン人以外で見られるようになってきた。ジェフリー・A. ミリガン（Jeffery A. Milligan）の『イスラームのアイデンティティ，ポスト植民地性，そして教育政策：南部フィリピンにおける学校教育と民族—宗教的衝突』（2005年）はその最たるものである[18]。ミリガンが指摘するように，米国植民地政府は学校教育の導入により，ミンダナオのムスリム（Muslim-Mindanao）のイスラーム信仰の世俗化を図ったが，結果として，キリスト教徒中心の学校教育から疎外される状況を生んでしまう。そして，その失敗を現在もフィリピン政府は繰り返していると指摘する。同書はミンダナオを中心としたムスリムの民族史が中心であり，現在の学校教育におけるムスリムの反応，対応，受容を中心に分析したものではない。本研究は，ミリガンの歴史研究の視座も踏まえて，実際の学校教育を通してムスリムがどのような価値認識を形成してきているのかを明らかにしていくことにより，ミリガンの研究を継続的に補完するものである。

　以上のように言及した先行研究は，フィリピンの価値教育に直接的に，あるいは間接的に関連する研究であるが，カワガス，キソンビーンの価値教育の研究については，実践に基づく考察以前に，肯定あるいは否定の立場を明確にしている点において，相反した結論に立ちながらも本研究の考える生徒の立場からの有効性の考察とは異なるスタンスにある。研究者の価値意識も影響しやすい価値教育の実践を研究するには，より客観的で公平な研究姿勢が求められるのではないか。実際の価値教育の展開を理解するには，実践そのものの結果をより精緻に調査分析することが求められる。

2. 日本におけるフィリピンの価値教育に関する先行研究

　次に日本で著された論稿について検討する。日本国内でも，比較国際教育学を中心に諸外国の道徳教育・宗教教育についての研究がなされている。江原武一編著『世界の公教育と宗教』（2003年）では，欧米諸国における宗教の位置づけ，例えば公教育と社会的共通価値の関係性，宗教的教育の要求や宗教教育の展開と現状，アジア諸国における宗教教育，例えばイスラームの宗派主義と教育改革，徳育の実践と改革などが取り上げられている。また，

J. ウィルソン監修『世界の道徳教育』（2002年）では，世界の道徳教育の全体的な動向を明らかにしようとし，世界の道徳教育の展開，例えばフランスの学校における価値教育の問題，ペレストロイカ以降のロシアにおける新しい価値に関する教育，中国における道徳教育の課題，各国に共通した道徳的思考の基盤形成に関する研究，および日本と諸外国を比較しての日本の道徳教育の特徴と今後の動向，道徳的社会化の特質に関する比較研究などがなされている[19]。しかし，これらの中にフィリピンの価値教育に関する論考はなく，また，本研究が目的とする，国民的アイデンティティの育成をユネスコなどの普遍的価値理念の教授を用いて教育実践する事例についての検証はなされていない。

その中でも，『世界の公教育と宗教』においてフィリピンの宗教教育史について寄稿している市川誠の『フィリピンの公教育と宗教――成立と展開過程』（1999年）は，フィリピンの価値教育に隣接する分野の先行研究と考えられる。米国植民地期より1960年代までのフィリピンにおける近代学校教育制度が成立する時期において，宗教教育の公教育への導入を求めるカトリック教会側からの働きかけと政府・教育省の対応を歴史的に検証したものである[20]。結論として，宗教教育必修化を目指すカトリック教会の試みはその影響力にかかわらず成立しなかった。しかし，価値教育導入以前の道徳教育においても宗教教育的要素が多分に盛り込まれてきた。現在の価値教育の展開においてもカトリック教会の影響は極めて大きい。このようなフィリピン教育の特質を明らかにした市川の論考であるが，その関心は実際の道徳・価値教育がフィリピンにおいてどのように実践されているかには及んでいない。実際の学校現場での展開を押さえた研究が次に求められる。

その中で，フィリピン人であるが日本で発表されたフィリピンの価値教育に関する本格的な研究として，アルモンテ（Sherlyne A. Almonte）の"National Identity in Elementary Moral Education Textbooks in the Philippines: A Content Analysis（フィリピンの初等科教科書におけるナショナル・アイデンティティの内容分析）"（2003年）がある。初等1年から6年までの価値教育の教科書を分析し，その中でナショナル・アイデンティティに関わる価

値がどの程度，どの文脈で語られているかについて研究している。ナショナル・アイデンティティが語られる文脈を，（A）エスノセントリズム，（B）ナショナル・アイデンティティを反映する文化的側面の評価，（C）民族的忠誠を超えた国家共同体への忠誠，（D）市民性のための役割要請への関与，の各内容に分類し，結果としてどの学年でもナショナル・アイデンティティに関わる価値が高い頻度で示され，特に（B）と（D）に関わる文脈で記述されていると分析している[21]。この２つの文脈に特化した記述は，ナショナル・アイデンティティの可能性を矮小化するものであり，多様な文脈で語られる必要があると結論づけている。

　フィリピンでは教科書分析が盛んであり，アルモンテの論考もその系統に入るものと考えられるが，その理由として，日本の教科書検定にあたる制度がなく教科書が多数出版されている背景がある。このアルモンテの論考は本研究にも関わるものであり，その成果は評価されるものである。しかし，教科書の１人１冊の配布ができていない地域もあるミンダナオなどでは，教員によって教授される価値の頻度は異なるとともに，教員による裁量を価値教育は認めている。教科書分析だけでは価値教育の現状を正確に把握することは困難ではないかと思われる。また，ナショナル・アイデンティティに注目するあまり他の価値との関係性が論文としての制約もあり，十分に分析されていない。本研究では，アルモンテの論考で語られていない価値教育全体の動向を踏まえて，生徒の立場から価値教育を捉え直すことにより，アルモンテの論考をさらに発展させるものである。

　また，日本人のフィリピンの価値教育に関するまとまった研究として認められるのは，平久江祐司の「フィリピンの国民統合に果たす教育の役割――中等学校における『価値教育』を事例として――」（1992年）である[22]。同研究はフィリピンにおける価値教育の成立過程，教授される価値，教科書に示されている価値を分析しているが，これは民主化革命を受けて成立したアキノ政権下において，価値教育が教育分野の民主化を促進する意図をもって導入されたとの仮説に基づき研究されたものである。その中で，現在明らかとなる価値教育分野の先駆的試みを行っていたことが示され，特に価値教育

において用いられているユネスコの普遍的価値と愛国心の価値について言及されている。このマルコス政権からアキノ政権への移行を示す価値教育の変容について，平久江は「国家統合」から「国民統合」への教育目的の転換があると分析する。これは本研究が平久江研究と問題意識を共有し，その研究の系譜に位置づけられることを示すものである。

ただ，平久江の研究はアルモンテに類似し教科書分析を主にしており，価値教育が実際にどのように教授され，子どもたちにどのように受容されているかについては考察していない。フィリピンの価値教育の実態を調べるには，子どもたちが実際に教授されていると認識している価値を調べる必要がある。その意味において，平久江研究からさらに10年以上が経過し，統合科目に内包された価値教育が現地でどのように発展，展開しているかを分析するものとして本研究はさらなる意義を持つと考えられる。

他に，近年の日本のフィリピン教育研究では，阿久澤麻理子『フィリピンの人権教育——ポスト冷戦期における国家・市民社会・国際人権レジームの役割と関係性の変化を軸として——』(2006年) もまた，本研究と問題意識を共有する[23]。それは，分析対象が価値教育の一部にもなっているフィリピンの人権教育の展開を研究対象としているからだけでなく，価値教育の中でも理解を深めるべき「国家」，「市民社会」，「国際人権レジーム」の観点から分析を行っているからである。これらをポスト冷戦期の国際社会における主要なアクター（主体）と捉えると同時に，人権政策，人権教育の推進主体とも阿久澤は捉えている。このような分析項目を提示しているのは，阿久澤の問題関心が国際関係法規の遵守・履行にあり，フィリピンの人権状況とその改善の方途としての人権教育の展開を考察することを目的としているからである。

阿久澤によれば「国家」の観点からは，国際人権レジームの影響の下で人権への配慮が国家の政策の中でも見られるようになってきているが，人権意識の拡大は国家への批判を拡大させる恐れも考えられるため，学校教育などでは価値教育や道徳教育，表面的な憲法学習などに読み替えられていると指摘する[24]。また，同時に「市民社会」の観点からは，冷戦構造の解体による

国際関係の緊張緩和により，外圧がなくなり国内の人権状況と人権を抑圧する構造がより明確になってきているとする。その中で NGO や政府からは一定の距離を保つ人権委員会などが市民社会の人権を守り，人権教育を推進する活動も担っていると指摘している。このように，人権状況を改善する上で，国家は市民社会とも同様の主張をするとは限らず，以前と変わらず人権を抑圧する主体と推進する主体として対立，交渉する関係にあると述べている[25]。

「国際人権レジーム」とは「国連などの国際機関によって定立された一連の人権基準と，それを促進し履行を確保するために設けられたシステムの総体」を指すと阿久澤は定義している[26]。この「国際人権レジーム」の示す普遍的人権が国家主権を超えたものであり，そこで「国家」が国際人権レジームの機関を設置することを認めること自体，国家主権を超える論理からの影響を，「国家」自身が受け入れるという矛盾が生じると展開する。よって，阿久澤の論では，国家と市民社会，国家と国際人権レジームの間には緊張関係，あるいは異なる利害関係があり，それが国内の人権状況の改善という目的に問題となっているということであり，人権教育の必要性が期待される理由となっている。

以上のような観点から，阿久澤の著書では学校教育における価値教育及び社会科の一部として教えられている人権教育について，フィリピン人権委員会という国内人権機関による人権教育の取組み，そして各種 NGO による人権教育の取組みが人権教育の実践として考察されている。

また，同著において，フィリピンの価値教育について，価値教育と人権教育の相違点から次のような価値教育の問題点が指摘されている。フィリピンにおける価値教育の成立過程では，NGO 側との交渉において意見対立，交渉の棚上げといった状況が起こったが，それは，フィリピン政府・教育省と NGO の間では人権観に相違があるためであると指摘するのである[27]。この教育省と NGO の価値教育に関する協議不調の事例が示すのは，価値教育の示す政府（国家）が国民に期待する価値であり，国民（市民）の人権を守る NGO の価値観からは距離があるということであるが，それは市民の人権を解放・開発するような価値は政府にとって不利益となり，反政府的な行動を

表0-1 先行研究の主たる内容と本研究との相違点

先行研究	研究の主たる内容	本研究との相違点
『価値の教育』 Esteben, E. J.	キリスト教の立場からの歴史観、宗教的価値理念に基づく価値教育。	テキストとしても使用されているが、あくまでキリスト教の観点から記述されている。
『人間として生きることを学ぶ』 Quisumbing, L. R.	UNESCO Bangkokから出版された価値教育の教授法と理論をまとめた書。	普遍的価値の教育が国民形成に与える影響についての分析ではない。
「グローバリゼーションとフィリピンの教育システム」 Cawagas, V. F.	価値教育に普遍的価値を導入することを批判。	開発、近代化の概念に無批判になりがち。
「リサールの伝説―フィリピンにおけるキリスト教徒とイスラム教徒の対話教育プログラムの土台―」 ヴィラ、ノルミタ.A.	共通の国民的英雄であるリサールについて学ぶことにより、宗教間の対話を促し、国民意識の形成に寄与する教育を行う。	リサール以外にも、ムスリム（イスラム教徒）には自らの英雄が存在する。
『イスラームのアイデンティティ、ポスト植民地性、そして教育政策』 Jeffery, A. M.	ミンダナオ・ムスリムに対する学校教育の現状が形成される歴史的展開を分析。	現在のムスリムが学校教育において、どのような価値を学び、獲得しているかについては言及していない。
『フィリピンの公教育と宗教』 市川誠	フィリピンの近代学校教育制度の成立について精緻に分析。	学校教育とカトリック教育の影響については分析されているが、イスラームは分析の対象とされていない。
「フィリピンの初等科教科書におけるナショナル・アイデンティティの内容分析」 Almonte, S. A.	教科書分析を通して、ナショナル・アイデンティティに関して、強調されている内容を分析。	多数の教科書が出版されているフィリピンでは、教科書分析の限界にも一定の限界があるのではないか。
「フィリピンの国民統合に果たす教育の役割」 平久江祐司	アキノ政権成立と価値教育が成立した歴史的展開と教授されている価値について分析。	問題意識を共有するが、分析が教科書分析である点で、生徒の価値理解までは記述されていない。
『フィリピンの人権教育』 阿久澤麻理子	市民の人権の観点から、特にNGOによる人権教育の取組みを研究。	NGOによる人権教育の分析が中心であり、学校教育における人権を含めた価値教育の研究はなされていない。

も容認しなければならなくなるというジレンマを招くからであるとする。
　このように，本研究の問題意識といくつかの共通項を持つ阿久澤の研究であるが，一方で，分析視点，研究内容に多くの相違点が見出される。まず，阿久澤の研究においては人権教育とのテーマを示しながら，フィリピンの人権状況と人権教育の関係性を概念的に強調するあまり，実質的な人権教育に関わる教育内容については十分に分析されていないのではないか。また，NGOなどの推進する地域での人権教育が中心であり，政府内での人権教育などにも言及しているが，フィリピン全土において人権教育を取り入れて教育実践している学校教育の中での価値教育，統合科目については十分な分析がなされていない[28]。
　これまでフィリピンでは，国家による人権抑圧だけでなく，社会においても，人権活動家に対するバッシングや虐待などが続いてきた。現在，国家による直接的な抑圧はないが，大土地所有制や財閥などの経済的不平等を指摘する人権活動家は依然として厳しい状況に立たされる場合が多い。このような途上国フィリピンにおける状況を考えた場合，阿久澤の規定する人権の教育のスタンスからの分析も可能かとは思われる。しかし，最も大多数の子どもたちが影響を受ける学校教育からの分析・考察が不足した場合，実際に子どもたちの心に人権意識をどのように醸成していくかという具体的な課題については十分な検討ができないのではないか。
　これらの観点より，問題意識に共通項を持ちつつも，学校教育の中での価値教育の展開を分析することで，本研究は今後のフィリピンの教育動向をより正確に把握し，学校教育の限界の中で実践されている価値教育の可能性を明らかにしたいと考える。
　以上のような先行研究に照らした研究上のポイントに留意しながら，本研究では特に平久江の問題意識を継承しながらも，学校教育現場での価値教育の展開，及びその価値教育への現場の評価と効果を中心に研究を進める。次節では本研究の分析枠組みと個々の分析項目について検討する。

第3節　本研究の分析枠組み

1. フィリピンの価値教育の特質に関わる分析

本研究は，価値教育と統合科目の特質に関わる考察の上に現地調査をクロスさせることで，価値教育の理念を実証的に分析することを特色とする。図0-1は本研究の分析構造を図示したものである。第1に考察するのは，価値教育と統合科目において教授される価値理念についてである。特に，"愛国心"を意味する「マカバヤン」が価値教育を内包する統合科目の名称となっているように，世界を結び付ける普遍的価値を同時に教えながらも，フィリピン人としての誇りを持つ国民の育成を目指す価値理念について分析

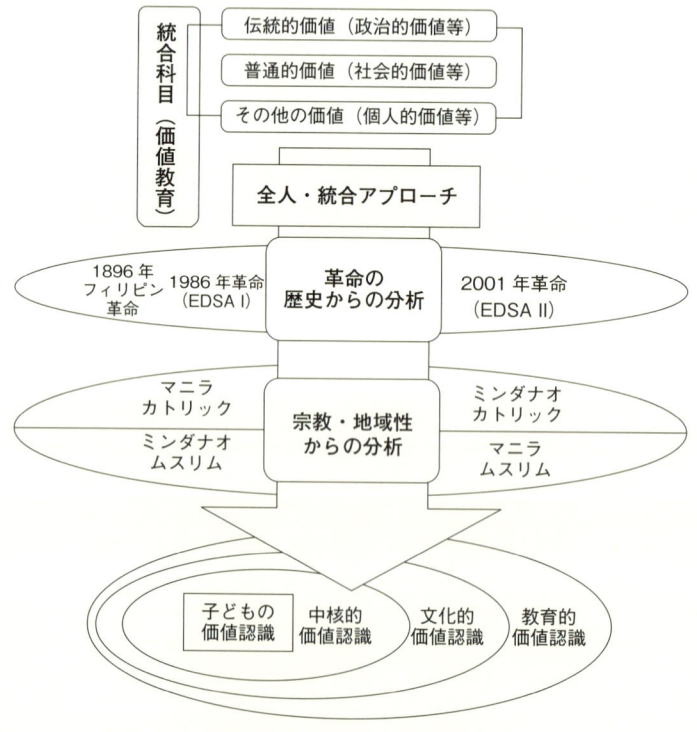

図0-1　本研究の分析構造

する。この愛国心と世界市民としての意識を育成することに成功し，実際に教育の現場においても一定の成果を挙げているのであろうか。価値教育における愛国心と普遍的価値の関係を明らかにすることは，マルコス開発体制以後のフィリピン教育の特質と方向性を見極め，現在の国民意識の醸成に価値教育がどのように機能することが期待されているかを考察するために不可欠であると考える。

　第2に，価値教育と統合科目が採用している全人・統合アプローチ (holistic and integrated approach) と呼ばれる教授法と価値教育の理念との関連について[29]考察する。フィリピンの統合科目は，日本の総合的な学習とは異なり，教科目の枠を維持しつつも，価値教育の理念を中心に教科目を統合する機能を持たせている。この教授法の教育理念は，これまでも'全人教育'として示されてきた教育思想の系譜に含まれるものであるが，現在は'ホリスティック教育'として，その教育思想は研究が続けられており，その教授法は，それまでの教育思想としての全人性の観点からだけでなく，その他の分野からの影響も受けながら開発され発展を続けている。特に，フィリピンの統合科目において，この"ホリスティック（全人性）"はどのような思想・理論を論拠に持っているのかを明らかにすることによって，第1の価値教育の理念が第2の統合科目の教授法によって，どのように学校教育に展開しているのかを考察する。

2．フィリピンの革命の歴史からの分析

　上述したフィリピンの価値教育の特質がどのように展開しているかを分析するためには，フィリピンの歴史的・社会的特殊性を踏まえたものでなければ，学校教育の子どもへの価値形成作用を明らかにすることはできない。そのため，図0-1に示すように，以下で説明する2つの価値認識の「分析フィルター」を通すことで，統合科目における価値教育のより正確な成果が反映されると考える。

　まず第1の価値認識の分析ではフィリピンの3度にわたる革命の歴史的展開をフィルターとし，それらに対する歴史認識を明らかにすることで，フィ

リピンの革命と価値教育への正確な理解を問う。学校教育の調査において歴史認識を対象とした理由は，価値教育の成立過程とそこで教授される価値に革命の歴史が大きく影響を与えているからである。

フィリピンは大きく3度に及ぶ革命を経験してきた。第1の革命は，スペインからの独立を目指した1896年のフィリピン革命，第2の革命は1986年に大統領府のあるEDSA通りを埋め尽くしてマルコスを追放したピープル・パワー革命（EDSA I），第3の革命は不正蓄財等を重ねたエストラーダ大統領を罷免した2001年のピープル・パワーII（EDSA II）である。

価値教育が導入されたのは1986年の民主化革命以降であるが，それは，マルコス権威主義体制下の上からの統一がフィリピン社会の多様性を抑圧する過程において，マルコスの提示する国家的なアイデンティティの正統性が疑われたためである。「多様性の中の統一」もこの権威主義的政策に代替するものとして標榜されたのであり，依然として「フィリピン人とは何か」について確かなコンセンサスがフィリピン社会に根づいていないことを意味する。マルコスの上からの教育に代わり，価値教育・統合科目の導入が人々の内発的なフィリピン人意識の生成に成功しているのかどうかを明らかにする。

3. フィリピンの宗教と地域性に着目した分析

第2の分析フィルターでは，現在のフィリピン社会を特徴づける2つの観点に着目した分析を行う。それらは「宗教」と「地域性」（中央・地方）についてである。

日本社会における道徳・礼節と同様に，フィリピン社会における宗教的信条は，当然受容すべき生活上の規範意識である。各地域の宗教分布において，北部ルソン，中部ビサヤ諸島では約90％に及ぶキリスト教，南部ミンダナオ地域では約60％のキリスト教と約40％のムスリム（国民全体では約5％にあたる），そして5％弱の少数民族による自然信仰が存在する。国民的アイデンティティの精神的支柱となるケースも多い宗教の存在が，フィリピンの場合にはその形成を阻害してきた経緯がある。14世紀以前より現在のフィリピン南部ミンダナオ島，スルー諸島に根づいていたムスリムと，その

後現在のフィリピン地域にスペインによる植民地化で伝播し，北部のルソン島，中部のビサヤ諸島に根づいたキリスト教との間では，植民地支配を正当化，あるいは援護する宗教と植民地支配に抗するものとの宗教間対立の歴史がフィリピン近現代史を象徴している。

　さらにそれらの地域の文化は，それぞれに異なる形で多くの文化を他の東南アジア諸国や東アジア諸国から，さらに西欧文化を植民地支配下で受容してきた。特に地域によって異なる外来宗教の定着過程はそれぞれの地域の歴史観・価値観の違いを際立たせ，現在に続く宗教対立の主因となっている。つまり，現在の島嶼国家フィリピンの社会発展を阻害している異教徒間の対話の問題について，それぞれの宗教が主体となる地域は，それぞれに独自の地域性を形成してきたのであり，その地域性が宗教の正統性を高めている側面が強いと考えられる。このように，宗教と地域性はフィリピンの国家としての多様性を象徴しているため，国民としての共通した価値の創出を目指すフィリピンの価値教育の役割もまた，宗教と地域性の観点からその効果を分析することが必要となる。

　このような宗教と地域性の分析を試みる上で，中央・地方都市間の相違に着目する。それは，首都（大都市）は国家の，地方都市は地方の文化創出機能を持ち，地域性に基づいた宗教の役割を決定づける作用があると考えられるからである。

　フィリピンの社会状況を反映する価値分析を行う上で，以下の4つのカテゴリーによる分類が現地調査の結果を有効にすると考える。マニラのカトリック（キリスト教徒多数学校），マニラのムスリム（ムスリム多数学校），ミンダナオのカトリック，ミンダナオのムスリムである[30]。

　また，「宗教」，「地域性」の相違に着目した分析はこれまでにもいくつか提示されているが，本研究は地域研究で示される相違を明らかにするだけでなく，それらの相違の中でも存在する，あるいは形成されつつある子どもたちに共有される価値理念を提示することを特色とする。

4. 価値認識に関する分析

　価値認識に関する分析では，価値教育において教授される国民的アイデンティティの基礎となる伝統的価値及び普遍的価値が，以上の分析フィルターを経過した後にどのようなレベルにまで認識されているかを評価・分析する。この評価・分析には現地で行った調査の中で主に意識調査を用いる。特に子どもの価値認識のレベルを表層的な理解からより内面的理解へと至る①教育的価値認識，②文化的価値認識，③中核的価値認識の段階に分けて分析する。ここで用いる認識（cognition）とは，心理学では，場合によって「認知」という訳語が相応しい場合があるが，心的な過程を指し，外界から得た情報が意味づけされた上で適切な行動を選択したりするための能動的な情報収集・処理活動を総称する[31]。この概念に基づき，ここで言う価値認識とは価値の明確化理論の項にて詳述するが，学んだ価値が自身の中で価値づけされ行動の規範となるレベルにまで至ることを意味することとする。

　本研究では，①教育的価値認識とは，学校教育による成果として子どもに形成される価値認識と定義する。これは子どもの価値形成に関して，一定の学校教育の成果が見られる場合に該当する。次に，②文化的価値認識は，学校教育でも教授される価値が宗教や地域性の影響を受けて，教育的価値認識とは異なる形態で表出した価値認識と定義する。③中核的価値認識は，教育的価値認識や文化的価値認識のカテゴリーにも分類できるが，子どもの価値選択において極めて決定的な役割を担うであろうと考えられる価値認識と定義する。即ち，教育的価値認識，文化的価値認識よりも中核的価値認識は子どもの価値選択を規定し，子どもの人生の規範意識となるものが中核的価値認識として分類される。そして，本研究は，これらの3つの段階の価値認識を構成する価値について分析していく。

第4節　本書の構成

　序章における研究の分析枠組みを受けて，本書は5つの章より構成されている。以下に各章の概略を示す。

第1章では価値教育の成立過程についてマルコス，アキノ政権の価値教育に関わる展開を考察する。マルコス政権は権威主義体制であったが，マルコス政権末期に価値教育が試験的に実施された。また，民主化政権として誕生したアキノ政権も，価値教育を新たな教育政策の柱として推進している。この成立過程について考察する。

　第2章では統合科目における価値教育の理念について分析する。統合科目に統合されている価値教育の諸価値は，アキノ政権にて示された価値のフレームワークを発展させながら用いている。その価値のフレームワークの基礎となる価値理念の特質について分析する。

　第3章では教授法である全人・統合アプローチの分析とそれに基づく現地において観察した授業実践について分析を加え，統合科目において価値教育がどのように教授されているかについて考察する。特に，全人・統合アプローチの特色が授業実践にどのような影響と特色を与えているかについて明らかにしていく。

　第4章では，本研究の分析フィルターである革命の歴史からの分析と宗教と地域性に着目した分析について，現地での意識調査の成果を基に考察していく。ここでは，フィリピン史において重要な位置づけにある革命の影響と価値選択の相違について，先述したマニラとミンダナオ，キリスト教カトリックとムスリムの分析軸を用いて比較検討する。

　第5章では，第4章の意識調査の分析結果を基に，本研究において定義づけた価値認識の観点から，フィリピンの子どもたちの伝統，学校教育，選好に関わる意識調査の分析を再検討する。この分析では，対応分析の一つであるコレスポンデンス分析を用いる。また，試案として，教員に対して行った同様の分析とも比較考察する。

　第6章では，フィリピンの価値教育の展開と比較考察するため，市民性教育を推進してきたオーストラリアの価値教育導入過程について論及する。両国の比較考察により，グローバル化する社会に対応する価値教育の可能性をより客観的に分析できると考える。同時に，現在推進されはじめたフィリピンの教育改革について考察し，今後のフィリピン教育と価値教育について展

望する。

　終章では，本研究で得られた知見を概括し，価値教育の国民的アイデンティティ形成への影響を明らかにするとともに，異教徒間対話を促進する可能性について考察する。そして，価値教育の可能性と教育実践における留意事項についてまとめるとともに，最後に，今後の課題について述べる。

　加えて，参考資料において，フィリピン・マニラ首都圏タギッグ市，およびミンダナオ州立大学附属中等学校のタガログ語と英語による授業を英文にまとめた。実際の授業実践に近い英文による訳出は，よりリアリティを持って授業の展開を理解してもらえるものと考える。

［注］
1）価値教育は，他の主要科目においても教授されることが求められている。しかし，基礎学力を求められる主要科目以外で，より価値に基づいた（value-oriented）学習が不可欠であるとされる。Department of Education, *The 2002 Basic Education Curriculum*, 7th Draft, April 15, 2002, p. 10.
2）アンソニー・ギデンズ『国民国家と暴力』松尾精文・小幡正敏訳，而立書房，1999年，247-253頁。
3）このナショナリズムの分析の観点として，ギデンズは以下のポイントを指摘している。第1にナショナリズムの《政治》性，つまりナショナリズムが国民国家と密接に結びつくこと。第2に，ナショナリズムと工業資本主義との関係。明確には，階級支配と深く関係するナショナリズムの《イデオロギー的特徴》。第3に，ナショナリズムの《心理学的力学》。ナショナリズムを一組の制度化された習わしではなく，むしろ一連の感情や態度ととらえられた場合，独特な心理過程がいくつか深く関係しているとする想定に反対することはできないからである。第4に，ナショナリズムの《象徴的内容物》である。先述の「人々が一体感をいだく集合体の中に包まれたいという一人ひとりの欲求」は，ナショナリズムの心理学的力学にあたるが，それは，常に日常生活において人々に意識されるものではないとギデンズは述べる。しかし，国家的指導者の人物像が人々にナショナリズムを意識させる。さらに，国民的象徴が供給する共同性によって，ナショナリズムの空間に所属する存在論的安定感が与えられると解釈する。他に，国家的指導者の人物像が人々にナショナリズムを意識させる要素と指摘する。同上，251-255頁。
4）同上，252-253頁。
5）現在，この1986年のピープル・パワー革命は，EDSA通りを民衆が埋め尽くして達成されたので，2001年にエストラーダ大統領を罷免したピープル・パワー2（EDSA Ⅱ）と分けて，EDSA Ⅰと呼ばれている。
6）市川誠「フィリピンの公立学校における宗教教育──過去の論争と近年の動向

──」江原武一（研究代表者）『公教育の宗教的寛容性および共通シラバスに関する国際比較研究（課題番号 11610262）』平成 11 年度～平成 12 年度科学研究費補助金（基盤研究（C)(1)）研究成果報告書，2001 年，129-132 頁。
7) Madale, Nagasura T., "The Islamic Concept and Teacher Education: Re-defining, Peace Education," *Essay on Peace and Development in Southern Philippines*, Capital Institute for Research and Extension, Monograph No. 2, Cagayan Capital College, 1999, pp. 212-220.
8) 鶴見和子「内発的発展論の系譜」鶴見和子・川田侃編『内発的発展論』東京大学出版会，1989 年，43 頁。
9) 同上，50-53 頁。
10) 同上，47 頁。
11) 同上，49-50 頁／若原幸範「内発的発展論の現実化に向けて」『社会教育研究』，北海道大学大学院教育学研究院社会教育研究室，2007 年 3 月，39-49 頁。
12) 2010 年，2011 年，2012 年の実質 GDP 成長率が，それぞれ 7.6 ％，3.9 ％，6.6 ％と堅調に推移している。「フィリピン基本情報・統計／基礎的経済指標」『日本貿易振興機構（JETRO）国・地域別情報（J-FILE)』http://www.jetro.go.jp/indexj.html〔2013/08/31〕
13) フィリピン経済の課題については，以下の中西徹による以下の論稿を参照。中西徹『スラムの経済学』東京大学出版会，1991 年／『アジアの大都市：マニラ』（小玉徹，新津晃一共編）日本評論社，2001 年／「深化するコミュニティ」高橋哲哉・山影進編『人間の安全保障』東京大学出版会，2008 年。
14) Esteban, Esther J., *Education in Values: What, Why, & For Whom*, Manila: Sinag-Tala Publishers, Inc., 1989.
15) UNESCO-APNIEVE, *Learning to Be: A Holistic and Integrated Approach to Values Education for Human Development*, UNESCO Bangkok, 1997, pp. 53-55.
16) Toh, See-hin, and Floresca-Cawagas, Virginia, "Globalization and the Philippines' Education System", Mok, Ka-ho and Welch, Anthony (Eds.), *Globalization and Educational Restructuring in the Asia Pacific Region*, New York: Palgrave Macmillan, 2003, pp. 217-225.
17) ノルミタ・A. ヴィラ「リサールの伝説――フィリピンにおけるキリスト教徒とイスラム教徒の対話教育プログラムの土台――」庭野平和財団『平成 11 年度研究・活動助成報告集』佼成出版社，1999 年，93-98 頁。
18) Milligan, Jeffery A., *Islamic Identity, Postcoloniality, and Educational Policy: Schooling and Ethno-Religious Conflict in the Southern Philippines*, Palgrave Macmillan, 2005.
19) 江原武一編『世界の公教育と宗教』東信堂，2003 年／J. ウィルソン監修『世界の道徳教育』押谷由夫・伴恒信編訳，玉川大学出版部，2002 年。
20) 市川誠『フィリピンの公教育と宗教――成立と展開過程』東信堂，1999 年。
21) Almonte, Sherlyne A., "National Identity in Elementary Moral Education Textbooks in the Philippines: A Content Analysis," 日本比較教育学会編『比較教育学研究』第 29 号，2003 年，193-200 頁。

22) 平久江祐司「フィリピンの国民統合に果たす教育の役割――中等学校における『価値教育』を事例として――」筑波大学大学院教科教育専攻社会科コース修士論文, 1992年／平久江祐司「フィリピンの価値育成のための教育――中等学校における「価値教育」を事例として――」『筑波社会科研究』第14号, 筑波大学社会科教育学会, 1995年, 35-45頁。
23) 阿久澤麻理子『フィリピンの人権教育――ポスト冷戦期における国家・市民社会・国際人権レジームの役割と関係性の変化を軸として――』解放出版社, 2006年。
24) 同上, 16-17頁。
25) 同上, 51-52頁。
26) 同上, 14-15頁。
27) 同上, 51-52頁。
28) 阿久澤の以下の発言は十分な考察なしにはできないのではないかと考える。「価値教育は人権教育を含んでいるが, その学校教育での取り組みは, 人権問題に対して道徳的な解決策に子ども達を向かわせる」。同上, 51頁。
29) 本研究ではHolisticの訳語としてはホリスティック, 全人的, または全面などが考えられるがここではすべての教科目全体で児童・生徒の全人的発達を展開させるという意味で"全人"と訳すことにした。Integratedについては, 以前よりフィリピン教育の特徴として"統合"と訳されていた。
30) これらのカテゴリーは, カトリック, ムスリムが, それぞれ多数を占める学校にて調査したことを意味する。通常フィリピンでは, キリスト教徒はカトリックとプロテスタントと分けて呼称するが, カトリックがほとんどであるため, キリスト教徒多数の学校をカトリック, イスラーム教徒については, 先述したムスリムをカテゴリー名として使用する。
31) 本文は長文のため大意を要約した。藤永保識他編『心理学事典』平凡社, 2004年, 657-658頁。

第1章

マルコス政権とアキノ政権下の価値教育の展開

　本章では，フィリピンにおける価値教育の成立過程に着目し，米国支配下における近代学校教育制度の成立，そして，戦後の権威主義体制から民主化政権を経て成立した価値教育が民主化政権の教育政策として採用された背景について，米国の近代学校教育制度の展開を踏まえ，マルコス・アキノ政権の教育政策の展開とそれぞれの政権が強調した価値の類似点・相違点を明らかにすることで，フィリピンにおける価値教育成立の意義について考察する。

第1節　米国によるフィリピン植民地教育の展開（1898-1946）

1.「親愛なる同化」政策と比国委員会

　フィリピンにおける米国植民地支配は，米国がスペイン独立戦争を支援する名目で，フィリピンを領有することに始まる。特に，米国がフィリピンをスペインから領有した際，共和党大統領マッキンリー（William McKinley）が掲げた「親愛なる同化（Benevolent Assimilation）」政策（1900年）が後のフィリピン政策を決定づけたと考えられる。これは米国内で賛否が分かれていたフィリピン獲得の帝国主義的色彩をなくすための標語であった[1]。これを受けて大統領は，初めシャーマン（Jacob Gould Schurman）を中心とした第1次比国委員会（The Schurman (first) Philippine Commission, 1899）を派遣し，英語を普及させ，普通教育を導入する報告書を作成させた。さらに，後に大統領になるタフト（William Taft）率いる第2次比国委員会（The Second Philippine Commission, 1900-13）が第1次委員会の報告事項を実行に移す植民

地政府としてスタートする。1901年1月21日に,初代文部省視学長 (General Superintendent of Public Instruction) となるアトキンソン (Fred Atkinson) によって比国委員会の報告を成文化して出された教育法74条 (Educational Organic Act No. 74) によって,無償の初等教育,英語による教育と米国型の学校教育の導入が決定された[2]。この法律は結果的に後の米国による教育政策の大枠を方向づけ,第2次比国委員会の13年間に米国式学校教育が確立したと考えられる。また,その後教育行政官に米国人に混ざってフィリピン人も就くようになるが,彼らの教育政策もほぼ変化しなかったように,学校教育は一定の普遍性も備えていた。それは宗主国米国の民主主義の理念,普遍的公教育の導入が「白人の責務」といった植民地主義的思惑を隠蔽するのに役立ったからだと考えられる。そして続く教育行政官たちによって,ほぼその後のフィリピン教育は方向づけられていく[3]。特にアトキンソン (Fred Atkinson, 在任1900-2) は教育法74条を作成して後の植民地教育の方向性を決定づけ,バローズ (David Barrows, 1903-09) は,トーマス・ジェーファーソンの理念に基づく初等教育の普及・拡大に尽力し,ホワイト (Frank White, 1909-13) は職業教育の導入とそれに伴う初等教育改革を行った。1935年よりフィリピンは自治領となり,比国自治政府はタガログ語を公用語とするフィリピン人による教育を始めるが,1942年の日本によるフィリピン占領により頓挫する。

2. フィリピンの植民地教育の目的・行政組織・教員

次に,フィリピンの植民地教育政策の特質を考察する。まず,植民地化当初の教育の目的である。法的にフィリピン教育を方向づけたのは先述した教育法74条であった。これはタフト委員会の教育上の目的が,①フィリピン人に市民権の知識を与え,それらを主張し,そしてそれらに責任を持つことに精通させ,②自治政府のためにフィリピン人を教育することであったとされるからである[4]。しかし,植民地化した真意が本当にそこにあったかには疑問が残る。マッキンリー大統領が第2次比国委員会に与えた訓令には「すべてのものにとっての無償の,市民としての責務と,文明化した共同体にみ

られる普通の職業に就くことができる住民のための初等教育制度がつくられる」とある[5]。しかし，一定の民主的体裁を整える作業は植民地主義的思惑を隠蔽する行為であり，それが正に米国当初の植民地主義そのものであったと理解できる。

また，フィリピン植民地政府は各部門に部局を設けそれに局長をおいていた。教育部門は，衛生，警察などの部門と同様に中央集権的で，上部部局が内部，財務司法，商務警察とともに政府内に設けられていた[6]。そして教育部（文部省）の各局は教育，供給，監獄，印刷，冷凍，さらに図書館，社会事業，博物館に一般監督権を有していた。そして，比国委員会の時期の政府部局では，実際の教育に関する責任職にあったのが，長官であったモーゼス（Bernard Moses, 在任1900-1902）ではなく，視学長であり後の教育部局長であった[7]。このようにフィリピン植民地政府が文部省内に多くの他の部局を含んでいた背景には，植民地化当初より教育政策が重要な社会政策として位置付けされていたからである。

無論，そこでの行政的決定を実行したのは現場の教師たちであるが，フィリピンにおいては，1902年に米国本国よりトーマス号に乗ってフィリピンに派遣された"トーマサイト"（Thomasites）と呼ばれた教師たち約1,000人が派遣され，各地に配属された。島嶼国家ゆえに中央の政策どおりに授業を行えない地域も多数あったことが教師たちの体験記等に見出されるが，そのような状況では派遣されてきた米国人教師への裁量が大きくなったと推測される。フィリピンにおける米国の植民地の理念はほぼ彼らの努力によって伝播されたものと言ってよい。一方，米国人教師に関する文献・研究は現在でも活発であるが，それは，米国人教師自身がフィリピン各地の開拓者であり，現地で米国の文化や思想を体現していた存在であったからと考えられる[8]。

前述したように，フィリピンの教室では米国人の教師に多分の裁量を与え，現地生徒との交流が個性的，個別的であったし，初代視学長であったアトキンソンに対しても，その指導要領がフィリピンの現状に即していないと現場の教師たちから批判も出されている[9]。

3. 教育制度の展開

まず初等教育では，4年の初等コース（primary course），及び3年の中等コース（intermediate course, or higher primary course）による，計7年の初等教育（primary education）があった。この教科内容は当時の米国での教育内容に近いものであった。

次に4年の中等教育と留学生については，フィリピンの植民地政府を官吏として支える実務家育成のために不可欠なものと認識されていた。中等学校（high school）における就学率も年毎に拡大する。1903年には357名の男子と93名の女子が，これが1929年には45,526名の男子と28,937名の女子にまで増加した。しかし，卒業率がそれほど高くなく，1907年には3名のみが卒業し，1929年には8,953名が卒業している[10]。一方で中等教育を補助する制度として"ペンショナド"（Pensionado）と呼ばれる米国への国費留学生制度が積極的に導入されていった。ペンショナドは米国の高校から一流の大学まで多くの人材を送り，後の指導者群を輩出していった。1903年100名，04年43名，05年36名，1906年から14年に31回送られ，1907年に在米する学生数が187名となる。予算不足により14年からなくなるが19年から再開され，1928年に中止となった。この国費留学生制度は中等学校の教師養成を行うことも目的とされていた[11]。

高等教育機関を代表するものとして，フィリピン大学（1908年）は医学校（1907年設立）が大学となり，それに農学部，工学部，人文学部，教育学部，薬学部，経営学部が加わる。1909年に67名，1921年に3,838名，1930年には7,849名の学生が学んだ[12]。

職業教育においては，フィリピンでは1909年に職業教育に関心を持つホワイトが教育局長に就任してから小学校でも盛んになる。また，中等教育における職業教育は機械製作，木工，農業，商業部門，家事，保育を含んでいた[13]。初等教育では園芸，手芸，男子生徒への工芸と女子生徒への家庭科が組まれた。そして，1914年には19の職業訓練学校があり，2,304名の学生が学んでいた。1925年にはその数は21に増えている。しかし，フィリピンでの職業教育は必ずしも効果的であったとは言えない。それは産業界と連動

した形で計画されたものではなかったからであり，高等教育を受けた人材が政府に実務家として起用されることが最初から計画されていたのとは対照的であった。1925年からは職業訓練学校は中等学校にレベルが上げられ，より高い技能とより成人した学生を教えるようになった背景には，それまでの職業教育への再考があったものと思われる[14]。フィリピンにおいても職業教育は労働を尊重しない慣習を軽減したが，専門学校卒が学歴として社会に認識されていった面が影響したと考えられる。

植民前から存在した私立学校の処遇には米国の植民地政策の最も大きな特徴の一つが表れている。米国は植民地経営をするための妥協として，有力者たちの要望するキリスト教神父などによる時間外での学校の宗教的利用を認めたり，スペイン時代からの教育機関をそのまま継続させ公教育の補充としての重要性を伴いつつビジネスとしての教育機関の価値も高まった（サント・トマス大学，アテネオ・デ・マニラ大学やミッション・スクールなど）が，これは米国が有用な人材を育成することに柔軟に対応したものと言えよう。

4. 植民地教育の特質についての考察

このようなフィリピンの植民地教育から理解できる特質は何か。まず，植民地における教育制度においては，植民地統治の重要な歯車として位置づけられた点であり，それは後発の帝国主義国家による植民地支配の顕著な特徴と言える。加えて，実際の植民地教育を担った教育行政官たちが，当時の西洋式の教育を受け，それを基本とし，当時の西洋社会・教育の思想的基盤であった社会進化論的な考え方を共有していたことが挙げられる[15]。

例えば，当時台湾総督府の持地六三郎も，多分無限の財政支援を必要とするであろう一見理想主義的な植民地政策が植民地経営としてうまくいくのだろうかと注目し，フィリピンに視察にも赴いている。そして教育だけでインフラや経済の向上がなければ日本の植民地経営の方がよいと結論づけている。それはただ単に批判しているのではなく，マッキンリーの「親愛なる同化」政策が，時とともにその意味合いを変容させ，フィリピンのためのフィリピ

ンとの標榜に変わって，さらに米国資本家の誘致を念頭に置いた機会均等を言い出したことなどを冷静に分析していることから導かれている。それは，本国人本位主義でも現地人主義でもなくそのバランスをとる中で植民地経営を行い本国と植民地の発展を期すべきであるというものであり，台湾ではそれがなされていると自己評価している[16]。持地の意見は非常に現実的でもあり米国植民地主義との立場の相違を明確にしている。

　次に最も影響力のあった言語政策について考察する。フィリピンの初等学校は全島に普及したが，教育現場では英語の得意な生徒が優等生として評価される基準となった。その過程において母語を奪い新たな言語を植え付ける行為は，新たなアイデンティティを上から刷り込むような行為，つまり二重アイデンティティ（dual identity）あるいは重層的アイデンティティの状態であり，フィリピン人も宗主国の登場人物を使った教科書から擬似的に米国の国家アイデンティティに学校教育を通じて集団的に感化されていたと言える。宗主国語はそれ自体，一つの精神的な権威であり，宗主国語それ自体がイデオロギーとして作用したと考えられる。

　フィリピンではムスリムに改宗を求めたわけではなかったが，米国の普通教育によりフィリピン国家に再編され，現在に至る分離独立の紛争を経験しながら，フィリピン人として意識する機会を持ち始めた。しかし，彼らの文化的アイデンティティを他のフィリピン人と同等と捉えていたかは疑問である。それは，これまでのムスリムに対する差別的処遇にも現れていると考えられ[17]，一方で，米国の「自由」，「民主主義」の名の下に行われる文化政策は，正当性を持つかのように解されやすく，無自覚に価値意識の変容をもたらす点でも問題であると言えよう。日本の植民地支配については，駒込武が重層的差別の構造と分析したが，このような擬似的な文化的アイデンティティの重層性こそが重層的差別の構造であり，米国植民地主義にも確かに内在していたのである。同時に，教育を含む文化政策は，植民地主義を隠蔽しようとする行為そのものであったと言えるであろう[18]。フィリピン全土で現在最も理解されるのが英語であることも言うに及ばない。言語教育政策は文化的統合を可能にさせた最たる契機であった。そして，最終的に米国がフィ

リピンの独立を承認したことで，米国の文化政策は更に正当化されたと考えられる。

こうしたことは，必ずしもフィリピン領有が国益とはならず，自国の民主主義の理念にも反すると感じはじめていた米国の植民地政策は，結果として民主主義の理念がアジアへ定着する先駆けとなった。また，米国の支配が極端な帝国主義的支配でなかった点でも民主主義を正当化する要因となった。学校教育において，カトリックの宗教の時間を一部容認するなど，米国側の旧社会との妥協が功を奏した面も多い。それは植民地支配が国家・地域全体を統治する事を目的とし，旧帝国主義の搾取的支配に比べれば自国の領土に近い状態で統治したからとも言えよう。このように，米国の支配は現在のフィリピンにおける国民的アイデンティティの形成に深く影響を与えるものとなったのである。

5. ミンダナオにおける近代学校教育の成立

他のフィリピンの地域とは異なる歴史的展開を経験した南部ミンダナオでは，どのように近代学校教育は受容されていったのか。

フィリピンは16世紀からのスペインに始まり，米国，そして第二次大戦期の日本による，約4世紀とも言われる植民地支配を経験した。また，フィリピンは80前後の少数言語と，100以上の少数民族が併存する多民族・多文化，そして多宗教国家である。3世紀以上のスペイン支配は，植民地政策の一環でもあったキリスト教カトリックを，フィリピン社会に根づかせる契機となった。一方で，イスラームはスペイン支配の始まる2世紀以前から，モロッカよりミンダナオに拡大し，1450年代に成立したとされるスールー王国，17世紀にミンダナオ全域を支配したマギンダナオ王国などスルタンを中心とした安定したイスラーム中心の社会を形成していた。マギンダナオ王国は，19世紀にスペイン領東インドに征服され，スールー王国は，1898年に米国によってフィリピンに併合された。しかし，このミンダナオに対し，スペイン植民地政府は，限定的な影響力を及ぼすことはできたが，米国の支配に至るまで，完全な統治下に置くことはできなかったのである[19]。その意

味でもミンダナオのムスリム[20]（イスラーム教徒）には，現在のキリスト教に傾くフィリピン政府に対して，強い対抗心を持てるだけの歴史的背景があると解釈できる。

　現在のフィリピンの領土が国家として捉えられるようになったのは，1898年のスペインからの独立革命の後に続く，米国による植民地支配からである。ムスリムが米国植民地政策を受け入れたのは信教の自由を認めたからであるが，それによって，近代公教育制度による英語教育はミンダナオにまで達した。その意味でも，スペイン支配の残したキリスト教カトリックと米国の残した英語教育は，フィリピンにおける植民地支配という抑圧の歴史の象徴となっている[21]。現在フィリピンのムスリムは，スペイン人が8世紀にイベリア半島を征服した北アフリカのイスラーム教徒ムーア人に対して用いた，差別語であった"モロ（Moros）"を言語・文化の異なる諸民族をまとめてムスリム・フィリピノとしての団結を意味する言葉として用いている。また，イスラーム分離独立闘争を展開していたモロ民族解放戦線（MNLF）[22]のフィリピン政府との1996年の和平合意後も，MNLFより分離したアブ・サヤフなどのグループとの対立は鎮静化しつつも，モロ・イスラーム解放戦線（MILF）との紛争は依然として続いてきた。2012年10月15日，フィリピン政府とMILFとの和平に向けた枠組み合意がついに宣言されたが，これはフィリピン政府がムスリム・ミンダナオ自治区（ARMM, Autonomous Region in Muslim Mindanao）において，イスラーム系住民らによる自治政府「バンサモロ（Bansa Moro）」を認めるものであり，40年以上続いた戦闘を終結し，2016年の発足を目指すものである[23]。今回の和平合意が実行に移されることは，ミンダナオだけでなく，フィリピン社会全体の安定と経済発展の契機になると期待される。

　一方で，それまでARMMの自治を任されてきたMNLFであったが，2013年9月9日，MNLFの部隊がミンダナオ島南部の商業都市サンボアンガ市内の沿岸部の集落を占拠し，住民を楯にしてのフィリピン軍との紛争に至った。この紛争の背景には，それまでMNLFがARMM自治区の政治経済的権限を握ってきたにもかかわらず，MILFが政府との和平に至り，

ARMM を自治政府「バンサモロ」として承認することが決定したことに対する危機感がある[24]。紛争自体は，同年9月14日に政府との停戦に合意している。政府軍によると，サンボアンガ住民の1割，約10万人が避難を余儀なくされ，同年9月末までの死者数は MNLF 側 183人以上，政府側（国軍，警察官）23人と民間人12人が犠牲となったと報告されている。このほか MNLF 側は292人の拘束者を出しており，武装組織として大きな打撃を受けたと報告されている[25]。

このような困難な状況が生じたのは，イスラーム勢力が分裂しており，それぞれの勢力と交渉しなければならないフィリピン政府の困難な立場も示しているが，紛争ではムスリム住民が最も多く被害を被っており，和平交渉，また平和に関する価値教育を受け続けてきた現時点においては，武装勢力から人心は離れ，フィリピン政府はイスラーム勢力との包括的な交渉が今後より具体的に進展される状況に入ってきていると分析できる。

以上のように，フィリピンの近代教育の成立も，国家建設と同じく非常に困難の多いものであった。そして，第2次世界大戦期の日本軍の占領からの解放が米軍によって達成されたため，1946年の独立以後も，米国のプレゼンスは正当化され，フィリピンはアメリカ寄りの強い冷戦構造下に置かれてきた。よって，アメリカ式の近代公教育制度も，公用語としての英語も維持され，戦後教育制度の基礎となってきた。南部ミンダナオの現状が示すように，フィリピンの学校教育は極めて米国的な要素の上に形成されてきたのである。

第2節　マルコス政権下における価値教育

1．マルコス政権の教育政策

第二次大戦後のフィリピン史は，長期独裁政権となったマルコス (Ferdinand E. Marcos) 政権期までとそれ以後に大別される。

では，戦後のマルコス政権期（1965-86）までのフィリピン教育の特質とは何か。マクロな歴史的観点から分析した教育行政学者のコルテス

(Josefina R. Cortes) の分析は，コルテス自身がフィリピンの開発教育行政に関与していた経験から，マルコス時代の教育について次のように総括する。マルコス時代の一連の5ヵ年計画は"すべてのフィリピン人のための，生活の質の向上の達成と維持"を標榜していた。しかし，そこから生み出される教育の目標とは，自国の経済開発政策を支えるマン・パワーの育成と確保という開発促進のための教育となったと分析する[26]。さらにコルテスは，1980年までの過去30年以上にわたり，フィリピン教育が強力な米国志向と，教育についてのむしろ保守的な視点と米国政策思想の誤った概念化を脱ぎ去るという，長くゆっくりとした過程を経験したとも分析している。そのプロセスにおいて，よりフィリピン社会に基礎を置き，より実用的な学習へのアプローチに教育制度が移行してきたと分析している[27]。本節で述べるマルコス時代の教育の特色とは，開発政策推進のための教育をどのように解釈し導入するかが主題となったと理解することができる。

　フィリピンの学校制度は6-4-4制を採用しており，6年間の初等教育 (elementary school) と4年間の中等教育 (high school) の上に，高等教育機関である4年制大学 (university)，短大 (college) あるいはさまざまなタイプの中等後教育機関や技術専門学校が続く。1957年には，4年間の中等教育が2年間ずつ前期・後期で区切られ，前期では普通教育，後期では大学準備教育と職業技術訓練に分かれる「2-2」プランが施行された。しかし，マルコス政権下において同プランは廃止される。4年間という短い中等教育期間ではあまり実効性の高い制度ではないと考えられたからである。

　また，フィリピンの行政システムは，住民1,000人以上のバランガイ (barangay) と呼ばれる最小の行政単位から構成される。それらが集まって，町 (municipality)，市 (city)，州 (province) が順に形成されている。その上に地方 (region) がくる。フィリピン全土はマニラ首都圏 (national capital region)，コルディレラ行政区 (Cordillera autonomous region)，ムスリム・ミンダナオ自治区 (Autonomous region of Muslim in Mindanao) を加えた17の地方に区分されるとともに，すべての地方を合わせて79の州を持つ[28]。

　教育行政機関については，フィリピン教育省を基点にし，その下に地方支

庁（regional office）が存在する。この地方支庁が学校支区を統轄するが，それら学校支区は，各地の州，または特別市（city）に配置されている。さらに，その下に地区支所がある。これら学校支区と地区支所の長官が，それぞれ学校督学官（school superintendent），地区視学官（district supervisor）である。地区視学官は各学校長を監督する。カリキュラムの作成および教員の給与に関しては本省の各部局が責任を持ち，教職員の任命・異動，予算・経常費用の学校間配分などは地方教育長官の職務である。また，学校長は教員の監督，採用に関する推薦を行う[29]。

　フィリピンの教育システムは中央集権的であるといわれる。これは米国植民地期からの伝統でもあるが，島嶼国家フィリピンにおいては各地のさまざまな状況に対応する必要性からも，このシステムが永続していると考えられ，それを補う意味でも各地の地方支庁には一定の裁量権が認められ，財源の地方負担が行われてきた。だが現在では，地方分権教育開発プログラム（PRODED, Program for Decentralized Education Development）などにより，世界的な分権化の流れを受けて地方への権限の委譲が推進されている[30]。

　戦後の教育政策の大きな転換は，1965年のマルコス政権に入ってからである。フィリピンは戦後，英語及び，タガログ語を基にしたフィリピノ語の二言語政策を推進してきたが，それとともにフィリピノ語の識字率も上昇した。しかしながら，多民族・多文化社会の国家統合は容易ではなかった。1972年9月，当時大きな脅威をフィリピン社会に与えていた毛沢東の革命理論に基づく新人民軍（NPA, New People's Army）の活動を抑えるため，マルコスは戒厳令を布き，「新社会」建設をスローガンに権威主義的開発体制を確立する。その経済的成長で自らの政権の正統性を維持しようとしたマルコスには，マルコス政権以前のフィリピン経済の好調さと全土に普及した教育制度への信頼があったと考えられる。

　教育分野において1972年に，本節第5項において考察する大統領令6-A号（教育開発令）が公布され基本目標が示される。1974年には教育文化省令25条が公布される。この省令に基づき，フィリピノ語と英語の「二言語政策」を採り，国語としてのフィリピノ語の識字率上昇を図ることで，さら

に国家統合を促進させる政策が採られた。1980年代初頭には初等教育入学者は約93.1％，初等から中等教育への進学者は約54％と，アジアの中でも高い教育水準を維持していた[31]。しかしながら，長きにわたった戒厳令とマルコスによる権威主義体制は民意を逸し，教育現場においても暗い影を落としていたのである。

　1983年の政敵ベニグノ・アキノ（Benigno S. "Ninoy" Aquino）の暗殺に端を発し，マルコス政権は急速に正統性を失っていく。これは，国民のマルコス政権への不満を反映していた。同年には停滞していた経済は債務危機に陥り，開発政策の失敗を露呈させる。続いて1986年には，フィリピンは歴史的な民主化革命（ピープル・パワー革命，EDSA I）を成し遂げてコラソン・アキノ（Corazón Aquino）政権の成立をみるのである。

2. 開発体制下における道徳教育から価値教育への変遷

　1972年の戒厳令以降，開発権威主義体制を堅持してきたマルコス政権の，教育政策に対する政策は，反人権的な開発優先政策と国際的な教育の動向を折衷する中途半端なものとなっていた。またマルコス政権はフィリピノ語を重視し，社会科教科書をフィリピノ語で書くように文部大臣指令を出している。一方で非識字者をなくすために成人教育でもある学校外教育も推進している[32]。

　このマルコス開発独裁への民意の乖離は，先述したベニグノ・アキノの暗殺より顕著なものとなり，教育においては，同年のマリア・ルイズ・ドロニラ（Maria L. C. Doronilla）の調査によって明確に表面化した。ドロニラは低所得地域の都市公立小学校の児童を対象に調査を行い，フィリピン人になりたがっているかどうかを検証しようとしたが，その結果は児童生徒の大多数がフィリピン人であるよりも，他の先進国の人間になりたいと考えているというものであった[33]。これは戒厳令下の抑圧された社会状況から人心が離れてしまっていたことに加え，開発に適した人材の育成を目指すあまり児童・生徒の間に国家への愛着が生まれにくい学習環境ができ上がっていたことを示す。これはマルコス体制下の教育が必ずしも成功していなかったこと，特

に愛国心教育は生徒たちの精神性にまで深化していなかったことを証明するものであった。

しかし，当時のフィリピン教育省もこのことを認識し転換しようとしていた。実質的に最初に道徳教育を価値教育に転換する政策を指揮したエスペランザ・ゴンザレス（Dr. Esperanza A. Gonzales）によれば，教育システム自体の調査，教育関係者らへのインタビューから，キャラクター・ビルディング（人格形成）の科目が依然弱く，自分自身が何者であるかを認識する力が生徒たちの間で十分ではないと評価・確認されていた[34]。特に初等レベルでの「礼儀と作法（Good Manner and Right Conduct）」に比べて，中等教育レベルでの道徳教育が人格形成により重要であると結論づけられたのである。ここに，1983年に初等教育カリキュラムに初めて価値教育が試験的に導入される運びとなる。さらに，「中等教育発展プログラム（Secondary Education Development Program）」も継続性を持ちながらスタートされ，1985年からの試行期間を経て1989年に実施されたのである[35]。ここで価値教育は，単独の教科目としてだけでなく，全教科の中でも展開されることに（教科としては中等の4年間毎日学習する科目）なったのである。

このように権威主義体制下にもかかわらず，価値教育を生み出す素地をフィリピンは持っていた。この教育政策の転換はもともと民主主義を政治理念として標榜する国家だったからであるが，東南アジアの民主化を象徴したアキノ政権によって内実化され，本研究が研究対象とする統合科目（分野）を形成する価値教育へと展開する。

3. ユネスコ協同学校の展開

上述のようなフィリピノ語の重要性が高まるなどのマルコスの権威主義体制下での教育が進められた一方，フィリピン外務省内に設けられたユネスコ国内委員会は，当時の教育文化省[36]，さらに地方教育当局の協力とともに，協同学校計画や国際理解教育を推進した。まず，フィリピン大学附属中等学校，アラウロ中等学校の2校からユネスコ協同学校が1954年にスタートし，平和建設というユネスコ理念をめぐってのプロジェクトが実験的に取り上げ

られた。その後，ユネスコ協同学校の試みはフィリピン全土に拡大し，1977年までに協同学校関係の全国集会が6回行われ，1979年時点では，ユネスコ協同計画参加校は119（小学校50，中等学校56，教員養成校10，職業・技術専門学校1，大学2）にまで拡大している[37]。

例えば，太平洋戦争の勃発と同時にフィリピンに侵攻し，植民地支配下では従軍慰安婦などの住民への蛮行を繰り返した日本に対する苦々しい思い出をどう解消するか，といった極めて困難な課題についても取り上げられた。そこでは，日本研究の採択，日本文化の肯定的側面，日本人の創造性，芸術や科学の分野での日本人の貢献などが授業の中で取り上げられ，数週間の集中学習の結果，プリテストとポストテストの結果の比較では，驚くほど日本への嫌悪感が減少していたと報告されている[38]。

他のテーマとして，地球共同社会の協力と平和に関心が寄せられている。公害，住居，飢餓，農地改革，感染症，人口制御の問題（環境教育），多民族・多文化社会の反映として，人種間の人権尊重や文化間理解の教育は，国際理解教育の不可欠の要素となってきている。他に，世界の相互依存の問題，開発，人種，植民地主義，軍縮，植民地解放，社会的・経済的発展，文化遺産の保全，人口問題，衛生・保健，食糧問題，海洋法などがテーマとして挙げられ学習されていた[39]。

東西冷戦下，米ソ対立が激しさを増すとともに，ユネスコがイデオロギー対立の場と化していく中，米国を中心とした西側陣営のユネスコ離れが加速していく。その中でも，フィリピンはユネスコとの協調を維持してきた。それは，マルコス開発体制下においても堅持され，マルコスの民主主義の擁護者としての立場を示す政策となっていた。しかし，民主主義と開発体制の矛盾が経済停滞とともに顕著になってくる中で，ユネスコとの取組みは，マルコス教育政策の反民主主義的側面を教育関係者に認識させる契機となっていったと考えられる。

4. マルコスの強調した教育的価値

以上のような歴史的変遷と特色を持ったマルコス政権の教育政策は，どの

ような教育的価値に基づいていたのか。

　はじめに，1969 年に出された大統領令 No. 202 によって，マルコス政権の教育目標は具体的に提示されたと言える。同大統領令により，フィリピン教育を研究するための大統領委員会（PCSPE）が組織され，先述の大統領令 6-A 号（教育開発令）が公布される。この大統領令は，自由で民主的なシステムの中で，3 つの大きな国家目標と，それらをサポートする 4 つの教育目標よりなっている[40]。

(A) 経済開発と社会発展を促進する割合を達成し，維持すること。
(B) そのような成長の利益の獲得と享受において，すべての人々の最大限の参加を保証すること。
(C) 変容する世界において国民意識を強化し，望まれる文化的価値を奨励すること。

この大統領令の具体的な教育制度の目標は，以下のようなものであった。

(a) 各々の個人自身の，社会の特定の生活環境において（1）人間としての潜在的能力を開発し，（2）社会の基本的機能において個人と集団の参加の幅と質を高め，（3）生産的で多才な市民の中に，発展のための基本的な教育的土台を獲得するために，個人を助ける広範な一般教育を施すこと。
(b) 国家発展のために求められる中級レベルの技術において，国家のマン・パワーを養成すること。
(c) 国家のための指導力を与え，研究を通じて知識を進歩させ，人間生活の質を向上させるために新しい知識を適用させる高度な専門職を開発すること。
(d) 教育的計画や評価のシステムを通じて，国家の変化する必要性や状況に効果的に反応すること。

　そこには，マルコス政権の明確な経済発展，開発促進の意図が見て取れると同時に，この時期の教育法には，その後の教育発展の方向性も垣間見ることができる。例えば，1982 年教育法（Education Act of 1982）として知られる Batas Pambansa Blg. 232 は，「教育の統合されたシステムの確立と維持のた

めに規定する法令」として知られるが，これは PCSPE レポートや，大統領布令 6 - A 号をさらに精緻に述べたものである。そこでの「新社会」の教育的目標について，アウレリオ・エレバゾ（Aurelio O. Elevazo）とロジータ・エレバゾ（Rosita A. Elevazo）は以下の 10 点にその特徴をまとめている[41]。

①社会の有用なメンバーとしての個人，②万人のための教育，③教育の統合されたシステム，④生産性，⑤研究の強調，⑥変化する必要性と状況に対する敏感な反応，⑦質の高い教育，⑧学校外教育，⑨選択的な宗教指導，⑩国家監督と学校管理。

これらの特徴における注目すべき前提は，中・高級レベルでの技術開発や専門職開発の基礎としての教育を強調している点である。よって，③で述べられている「教育の統合されたシステム」とは，主に広範な普通教育が中級レベルの技術の開発，及び高度な専門職開発の段階的運用の基礎となるということであり，国家的発展と結びついた教育の統合的システムの必要性を強調していたのであり，公立・私立間の差別の是正も含めて，学校システム全体の構造を規定しようとしたのである[42]。また，ユネスコ憲章においてもすべての人に教育の充分で平等な機会が与えられることが明示されていたが，マルコス政権下において軽視されていたエスニック・コミュニティや，学校を持たない遠隔地においては掛け声だけのものであり，識字率は上昇していると同政権は公表したが，実際は読み書きのできない割合は増加していたことも隠蔽されていた[43]。ただ，1982 年教育法の内容自体は多くの普遍性を有しており，後の 1987 年憲法における教育に関する条項にも影響を与えた。それとともにフィリピンにおける教育的価値を示した法律としてその重要性が保持されたことは特筆すべきであろう[44]。

マルコス時代の教育の特質について，教科書分析などを含む綿密な調査で解明してきた先述のドロニラは次のように指摘している。「ナショナル・アイデンティティの象徴的で，特別に文化的な側面が比較して強調され，一方では歴史的に設定されており，個人的に集約された志向はそれほど重視されてはいない。一般化された国家に対する誇りのようなものが強調され，国民としての個人のアイデンティティは比較的強調されていない。これは，結果

的に国家に対する抽象的な誇りを与えるだけである」。この指摘は，この時期の教育的価値，特に個人と国家のアイデンティティの関係性を捉えている[45]。フィリピンにおける上からの民主主義は，必ずしも国民の民主的価値を保証するものではなかったのである。

　第3節では，アキノ政権下での本格的な価値教育の展開を考察するとともに，第2節でも言及したマルコス政権の標榜した価値とを比較し価値教育の目指した概念を明らかにする。その分析を基にして，第2章で見る統合科目における価値教育の分析において，価値教育の示す価値への政治理念の変容の影響を考察する。

第3節　アキノ政権下における価値教育

1．価値教育の成立と展開

　まず初めに，アキノ政権下での価値教育の正式な成立過程について考察する。1986年2月に"ピープル・パワー（人民の力）"と呼ばれた無血革命によりマルコス政権は崩壊し劇的な政権交代が実現したが，そこで誕生したアキノ新政権は権威主義体制から実質的な民主主義体制への移行実現の好機と受け止められた。以下にこの新政権における価値教育の展開とその特質を分析する。

　アキノ新政権は当時の教育省（教育スポーツ文化省：Department of Education, Culture and Sports）長官に民間からローデス・キソンビーン（Lourdes R. Quisumbing）を迎え，価値教育のためのタスク・フォースが設置され，88年5月の第1回教育関係者会議において「価値教育のフレームワーク」草案が提出された。それは1986-1987年度中に様々な分野の国民からの意見を集約して改訂が行われ，1988年教育省通達第6号（価値教育プログラム）として発効され，ガイドラインとなったのである[46]。そして1989年からの中等教育における価値教育の実施は，教科として，また全教科目の中で展開されるものとなり，教科としては中等の4年間毎日1時限学

習することになったのである。

　ここで注意しなければならないのは，1986年2月にマルコス政権は歴史的な民主化革命により打倒され，アキノ新政権に変わったことである。この歴史的な転換にもかかわらず，価値教育が残されたことには理由があると思われる。第1に，革命の混乱を防ぎ，なおかつ，革命による社会変革を促進するため，第2に，価値教育によって，子どもたちの健全な人格形成がなされる必要性があったからである。実質的に1983年のマルコス政権時の立案段階から，1986年のアキノ政権からの実質的な道徳教育から価値教育への転換において教育省内のタスクフォースの責任者であった先述したエスペランザ・ゴンザレスは著者とのインタビューに次のように答えている。

> マルコス政権を打倒した民衆は自らの力を過信するあまり，どんな無謀な行動でも"自由"だからやってよいと考える危険な社会的無秩序に向かう可能性も孕んでいた。ましてや，民主主義では自らの自由な行動には責任が伴うことに気づいていない傾向もあった。当時のフィリピン教育文化スポーツ省の官僚たちは，そのような当時の社会状況に危惧の念を持ち，社会に今一度理性ある規律が必要であると感じていた。（当時の）教育省長官になったローデス・キソンビーンもこの考えに理解を示し，価値教育において進むべき明確なビジョンを示すことに賛同したのである[47]。

　アキノ政権は，1988年から1998年を"フィリピン・ナショナリズムの10年"と宣言したが，そこには，革命が成立した後の国家・社会・人心の安定と健全で新しい国民形成が志向されたからであり，価値教育にも同様の目的が期待されていた。

2. アキノ政権の教育政策と教育的価値

　この新たな教科目として成立したアキノ政権の教育的指針となっている1987年憲法の教育に関する条項（第14条1項）とその他の重要な教育目標の観点から，アキノ政権の教育政策の特質と，その中での価値教育の位置づけを確認する。

1987年憲法において打ち出された「人権としての教育」の概念は価値教育の論拠である。1987年憲法第14条1項において，国家は「すべての段階における質の高い教育へのすべての市民の権利を擁護・推進し，教育をすべての人々にアクセス可能にさせる適切な段階へと進む」と条文化している[48]。

　その一方で，再編された国家経済開発庁（NEDA, National Economic and Development Authority）の「中期的計画における教育目標」は注目に値する。NEDAは新執行部の新しい思考に沿った，国家開発のための中期的計画形成の先頭に立っていた。しかしながらそこでは，以前とさほど代わり映えのしない「開発」志向の教育・人的パワー部門の目標が提示されていたのである。例えば，①教育と養成（training）の質を改善し，その関係性を深めること，②すべての教育分野において利益を得ていない人々のアクセスを増加させること，③中度・高度なマン・パワーの雇用可能性，生産性，自助独立を高めることと同様に，経済回復と持続可能な成長によって得られるマン・パワーの発達を増進させること，④社会変容と刷新において必要とされる価値を教え込むこと，⑤国家に望まれる文化的遺産と財産を保全し，高め，宣揚すること，⑥スポーツや文化活動における目覚，利益，参加の度合いを向上させること，そして⑦あらゆる建設的な意見との対話が示された。一方で，国威に反目する影響には警戒する方向性をもって真にフィリピン的である教育システムを維持すること，が挙げられている[49]。ここに政権が大きく交代したからといって，フィリピンの社会政策と同様に教育政策のすべてが変わったとは言えないことが分かる。

　これには，国際機関の動向が常にフィリピンの教育計画に反映されてきたことにも起因している。戦後はユネスコの教育政策が，現在は「万人のための教育（Education for All）」をはじめとする世界銀行，アジア開発銀行の人間開発・社会開発指標の目標達成が，計画や理論の中心となっている。

　1980年代前半には，構造調整と財政緊縮政策がとられ，1985年度教育支出の対GNP比は1.5％まで減少している[50]。しかし，先述した1987年憲法第14条1項の「人権としての教育」の成文化により，アキノ政権のGNPにおける教育関連支出の割合は，1986年の4.9％から1997年の6.9％にま

で増加している。

　1990年代には,「フィリピン2000年開発計画」が策定,実行されている。これは,基礎教育を充実させ,すべての国民に基礎教育を与えることを目的としており,公立初等教育が重視されていた。もう1つは,経済的に恵まれない優秀な若者への政府の援助制度を作り上げることであり,初等・中等・高等のいずれの教育レベルも対象とされた。これにより,かつては少なくとも1冊の教科書を10人の子どもが共同使用できるように目指されていたが,現在ようやく教科書は1人1冊に行き渡るようになってきた[51]。

　しかし,1997年のアジア経済危機によりフィリピンも大きな打撃を受ける。それでもフィリピン政府は,教育部門全体の予算を削減させることはなかった。1997年の教育支出は92,404百万ペソ（約3,788.5億円,1ペソ＝4.1円換算）であったが,1998年は102,934百万ペソ（約4,220億円）になっている。その中でも人事給与が最も優先されたが,一方でそのしわ寄せは教科書配布,学校備品,校舎建設の更なる遅延となって損害を与えている[52]。

　この予算の一定の増加に合わせて,公教育全体の入学者数は,1981年から1997年の間に人口増加率よりも高い年平均2.8％の増加をみた。高等教育の上昇率は,4.3％ともっとも高く,次に中等教育が3.4％,初等教育が2.3％と続いている。1997年の総入学者数は小学校で119％になり,中等学校で76％,高等教育では21％になっている[53]。

　さらに,フィリピンの教育財政の特徴として,後に述べる私立学校部門のうち,特に高等教育の予算において1997年時点で76％もの支出を行っている。これは国家が,初等,中等教育予算の,92％,72％を各々支出しているため,高等教育への財政的負担を私的部門に依存していることを明らかにしている。しかし,高等教育への国家予算の支出の増大は,現在のフィリピン教育財政の継続的な傾向であり,教育予算全体の20％台を常時目指している。ただ,それに伴い,国公立の高等教育機関（SUCs, State Universities and Colleges）への入学者数は,1990年代で2倍に伸びている。この高等教育機関への財政的なシフトに対して,否定的な評価も国際機関からなされている[54]。

このようなアキノ政権以後のフィリピン教育の特徴は，一つは国民に対する基礎教育の保障を志向したものであり，もう一つは他の国々との競争において，負けない教育制度の充実を志向するものである。だが，この両者を充実させていくことは，これまでのフィリピンでは大変困難な課題であったと考えられる[55]。

その他のアキノ政権以後の教育的特徴として，「教育の統合されたシステム」が挙げられる。それまでの教育に関する法律においても，例えば1935年憲法，1973年憲法，先述の1982年教育法などでも，変わることなく"教育の統合されたシステム"について言及されてきた。しかし，アキノ政権，特に1987年憲法制定後のフィリピン教育の進展を考察する時に，この教育の"統合された（Integrated）"システムは真に意識され，目指すべき教育の方向性を示唆するものとなってきたのである。

最後に，1982年教育法でも取り上げられていた「学校外教育」である。つまり，"ノンフォーマルでインフォーマルな，地域に固有の学習システム"を教育機会として公的に支援することが目指された[56]。これも成文化された条文の真の実践として評価されるものである。フィリピン教育の課題は高い就学率の一方で，急激な人口増加と貧困のために退学率が高く，また仕事などを続けるために求められる読み書き能力（機能的識字）に問題のある児童・生徒が多く存在することである。1989年のアジア開発銀行の調査では，少なくとも1,100万人が機能的に非識字状態にあると報告されている。現在その状況は改善されてきているが十分とは言えない。また，地域間格差も明らかで，ミンダナオ南部では初等教育で最終学年まで残る割合が4割ほどであり，機能的識字率も5割しかない。またマニラ首都圏においても貧困層の流入によるスラム街の形成により，就学していない児童・生徒数が増加している[57]。このような状況に対し，政府とNGOなどを中心とした民間団体との協働により学校外教育が大きな役割を担っている。政府では特に教育省と社会福祉開発省が，基本的な学校外教育と恵まれない人々への家族を中心とした訓練を提供している。また，技術教育技能開発庁（TESDA）は地域を中心とした技術教育に取り組んでいる。これらの政府による支援以上に，多く

の全国規模の連盟やネットワークの中で，地域主体の学校外教育を行っているのがNGOである。NGOの活動は，政府機関の活動が実現できない地域ベースの支援を可能としており，政府側が学校外教育におけるNGOの活躍を評価し，連携を求めているのが現状である。このように，労働・雇用・農業・健康といった，あらゆる学校外教育でのNGOの重要性はさらに高まっていくものと考えられる。

このように，1987年憲法以後フィリピンの価値教育は極端な国家統合の思惑を離れ，国民生活の向上を目指すものに転換されてきた。ここに，革命を成し遂げたことで新たな国民統合の機会をコラソン・アキノ政権は獲得したのであり，民主的な形でフィリピン人の創出を目指し，新時代の機運を十分に国家統合・国家形成に取り入れようとの意図が作用していたと考えられる。また，価値教育の導入は，アキノ政権を成立させた革命を正当化するとともに，その革命を支持する児童・生徒の形成を目論む意図もあったと考えられる。

3. マルコスとアキノが強調した価値の相違点・類似点

ここより具体的に，マルコスの目指した価値からアキノの民主化の価値がいかに変容しているかを考察する。それにはマルコス政権が戒厳令以後に制定した1973年憲法第15条の（4）と，アキノ政権発足後に制定された1987年憲法第14条「教育，科学技術，芸術，文化，スポーツ」の3項（2）を比較考察することが法的論拠を確認する上で有効である。

1987年憲法には「教育制度は，愛国心とナショナリズムを教え，人類愛を育て，人権を尊重し，国家の発展の歴史の中の国民的英雄の役割を賞賛し，市民としての権利と義務を教え，倫理的，精神的な価値を強化し，道徳的品格や自己規律を発展させ，批判的創造的思考を奨励し，科学的技術の知識を広め，職業的効率を高めなければならない」とあり，下線は新たに1973年憲法より書き加えられたものである。平久江は「経済的発展に関する価値」が削除されていることに注目している[58]。また，教育制度の持つ価値が広範囲に多様化したことが窺える。この変化は，後に分析する価値教育にも反映

していると仮定される。

さらに第14条14項では,「多様性の中の統一」に基づく国民的文化の振興に関して規定し,17項では,「国家は土着の文化的コミュニティの文化や伝統や制度を発展させるために彼らの権利を認め,尊重し,保護し,これらの権利を国家の計画や政策の形成過程で考慮していく」と述べている。これもマイノリティに対する新たな姿勢であり,フィリピンの国民的統一に向けての現実的な対応を示すものと言えよう[59]。1987年憲法においてもナショナリズムと国家といった語句の重要性に変わりはない。しかし,その語られる文脈においても,言説においても明確な相違がある。別の視点から観れば,マルコスからアキノへの価値の変遷は,経済開発から人間開発という国際的な教育と開発をめぐる理念の変容に歩を合わせていたとも解釈できる。人間開発については,1990年から明確に打ち出された概念であるが,1980年代の経済開発から経済・社会開発への貧困を指標化する概念の変化が,既に人間開発の概念への下地となっていたと考えることができる。しかし,各政権の政策方針は開発概念の変容以上に強い影響力を持つことは言うまでもない。

人間開発の考え方が明確に教育分野で示されたのは,ユネスコによる『学習：その秘められた宝』(1996年) においてである[60]。この中で,4つの教育の重要性が示された。それが,「知ることを学ぶ (Learning to know)」,「なすことを学ぶ (Learning to do)」,「共に生きることを学ぶ (Learning to live together)」,「人間として生きることを学ぶ (Learning to be)」である。特に最後の「人間として生きることを学ぶ」は,1972年にもユネスコによって出版された本のタイトルも『*Learning to Be* (邦題：未来の教育)』でもあったが[61],改めて途上国開発における教育の重要性が提唱されたのであり,アジアの価値教育においては,先述したローデス・キソンビーンによって編纂された『人間として生きることを学ぶ——人間開発のための価値教育への全人・統合のアプローチ——』(1997年) として,フィリピンの価値教育概念の骨子に採用されたのである。ここに,マルコスからアキノに政権が移行し,変容した価値教育の目指すべき指針があると思われる。

これまで考察してきたように，マルコス政権からアキノ政権への移行の過程においては，全く新たな教育目標と政策が目指されたわけではないことが分かる。開発を至上命題としてきたフィリピンにおいて，経済に関わる人材（マン・パワー）の育成の観点は不変である。一方，価値教育に関しては，マルコス政権末期の民主化政策として計画されていた価値教育が実際にアキノ政権において施行されている。ここで価値教育の政策的意義は大きく転換される。教育省の政策立案者はともかく，マルコスは必ずしも民主化を望んではいなかったからである。一方のアキノ政権では，フィリピン革命による民主化が教育分野を開放した象徴として価値教育を機能させる。そこでは，マルコス政権下での躊躇もなくなり「民主化」の諸価値が挿入される。それらがどのような意味での「民主化」の価値を現したのか，フィリピンの価値教育における理念を次章において検討する。

[注]
1) Zaide, Gregorio F. *Philippine Political and Cultural History, Vol. 2, The Philippines since the British Invasion*, Re.ed., Manila: Philippine Education Company, 1957, pp. 228-232／第1節に関しては，「フィリピンと台湾における植民地教育政策の比較研究，1900-1945～植民地教育の特質と類似点・相違点を中心に～」（九州教育学会紀要）『平成15年度九州教育学会研究紀要』第30巻，九州教育学会，2003年7月，243-250頁を主に参照。
2) Atkinson, Fred W. "The Present Educational Movement in the Philippine Islands," *Report of the Commissioner of Education for the Year, 1900-1901*, vol. 2, Washington: Government Printing Office, 1902, pp. 1330-1333.
3) 比国委員会のアトキンソン（Fred Atkinson, 1900-02），バローズ（David Barrows, 1903-09），そしてホワイト（Frank White, 1909-13）の3代の部省視学長の時期に米国の植民地教育行政の方向性が決定していったと考えられる。May, Glenn Anthony, *Social Engineering in the Philippines: The Aims, Execution, and Impact of American Colonial Policy, 1900-1913*, Praeger Pubublishers, 1980.
4) Lardizabal, Amparo S. "Pioneer American Teachers and Philippine Education" Ph. D. diss., Stanford University, 1956, pp. 95.
5) 中里彰「フィリピンにおける米国植民地支配（1898-1946）が望んだフィリピン人像」『九州国際大学論集教養研究』1-1，1989年，2-3頁。
6) D. P. バローズ『フィリピン史』法貴三郎訳，生活社，1941年，307頁。
7) 1910年には農務局が教育部に移管された。同上，331頁。
8) Pecson, Geronima T. and Racelis, Maria eds., *Tales of the American Teachers in the*

Philippines, Manila: Carmelo & Bauermann, 1959, pp. 123-125.
9) Lardizabal, Amparo S. pp. 97.
10) Encarnacion Alzona, *A History of Education in the Philippines: 1565-1930*, Manila: University of the Philippines Press', 1932, pp. 240-241.
11) Gleeck, Lewis E. *American Institutions in the Philippines (1898-1941)*, Quezon City: R. P. Garica Publishing Company, 1976, pp. 49／中里彰「アメリカ統治下のフィリピンにおける教師養成制度に関する一考察」『九州教育学会研究紀要』第 7 巻，1979 年，195 頁。
12) Taylo, Donata V. "Bartlett as First President (1911-1915): Laying the Foundation of the University," in *University of the Philippines: The First 75 Years*, ed., Alfonso, Oscar M. Quezon City: University of the Philippines Press, 1985, pp. 23.
13) D. P. バロウズ，368-369 頁。
14) Encarnacion, Alzona, pp. 247-248.
15) Tsurumi, E. Patricia, *Japanese Colonial Education in Taiwan, 1895-1945*, Cambridge: Harvard University Press, 1977, pp. 40-41.
16) 持地六三郎『台湾殖民政策』冨山房，1933 年，452-464，527-543 頁。
17) 伊藤潔『台湾』中公新書，1990 年，95-97 頁。
18) 駒込武『植民地帝国日本の文化統合』岩波書店，1996 年，5-8 頁。
19) Gowing, Peter Gordon, *Muslim Filipinos-Heritage and Horizon*, Quezon City: New Day Publishers, 1979, pp. 11-44.
20) 現在のフィリピンのイスラーム教徒は，自らを Muslim-Filipino（ムスリム・フィリピーノ）と呼んでいる。よって，本書においてもフィリピンに住むイスラーム教徒を"ムスリム"と呼ぶこととしたい。フィリピンのムスリム（イスラーム教徒）に関しては，上述の Growing とともに，次の論文が参考となる。宮本勝「ルソン島に渡ったムスリム――フィリピン」片倉ともこ編『講座イスラーム世界 1　イスラーム教徒の社会と生活』栄光教育文化研究所，1994 年，117-152 頁。
21) 清水によると，キリスト教と英語はフィリピン人が他のアジア諸国に対して，自らに優越心を起こさせるナショナル・アイデンティティの核ともなっており，植民地支配を全面的に否定することができずにいる。フィリピン人はナショナル・アイデンティティについて語る際に，必ずコロニアル・メンタリティに悩まされなければならない状況にあると分析している。清水展「植民地支配を越えて―未来への投企としてのフィリピノ・ナショナリズム――」西川長夫・山口幸二・渡辺公三編『アジアの多文化社会と国民国家』人文書院，1998 年，148-171 頁。
22) MNLF は Moro National Liberation Front の略。Mercado, Eliseo R. & Floirendo, Margie Moran, *Mindanao on the Mend*, Manila: Anvil Publishing, Inc., 2003.
23) AP 通信によると，統治や徴税の権利などを規定し，今後，移行委員会を設けて基本法の内容を詰める。また，MILF は武装を段階的に解除するとしている。「比政府とイスラム武装組織，和平向け合意署名」『読売新聞』〔2012/10/15〕
24) "Misuari showing frustrations-MILF," Manila Bulletin HP, http://www.mb.com.ph/misuari-showing-frustrations-milf/〔2013/09/10〕

25)「比政府軍,「武装勢力ほぼ制圧」ミンダナオ島衝突」http://www.afpbb.com/articles/-/3000410〔2013/09/30〕
26) Cortes, Josefina R., "The Philippines," Postlethwaite, T. Neville and Thomas, R. Murray, *Schooling in the ASEAN Region*, Oxford, New York, Toronto, Sydney, Paris, Frankfurt: Pergamon Press, 1980, pp. 145-179.
27) *Ibid.*, pp. 173-177.
28) 拙稿「フィリピンにおける教育計画」杉本均・山内乾史編『現代アジアの教育計画(下)』学文社,2006年,188-189頁。
29) 文部省大臣官房調査統計課編『フィリピンの教育』教育調査第115集,文部省大臣官房調査統計課,1985年,33-60頁。
30) 拙稿,前掲書,190-191頁。
31) 中等学校の総数は5,430校で,約62%が公立校,約38%が私立校。中等生徒総数の約60%が公立,約40%が私立であった。文部省大臣官房調査統計課編,前掲書,33-38頁。
32) 永井滋郎「東南アジア地域における国際理解教育の現況――韓国・タイ・フィリピンの場合――」『広島大学教育学部紀要』第2部,1979年,69-80頁。
33) Quisumbing, Lourdes R., "Philippine History in the Classroom," Quisumbing, Lourdes R. and Maria, Felice P. S[ta.], *Values Education through History: Peace and Tolerance*, Manila: UNESCO National Commission of the Philippines, 1996, pp. 35-36。詳しくは以下を参照。Doronilla, Maria L. C., *The Limits of Educational Change: National Identity Formation in a Philippine Elementary School*, Quezon City: University of the Philippines Press, 1989.
34) 1984年から1987年までの中等教育局長であり,アキノ政権下での価値教育タスクフォースの委員長であった,エスペランザ・ゴンザレス (Dr. Esperanza A. Gonzales) 氏へのインタビューによる〔2003年9月6日〕。
35) 平久江祐司「フィリピンの価値教育のための教育――中等学校における「価値教育」を事例として――」『筑波社会科研究』第14号,筑波大学社会科教育学会,1995年,38-39頁。
36) フィリピン教育省は,その名称を変えている。1978-1984年は,Ministry of Education and Culture (教育文化省),1984-1986年は,Ministry of Education, Culture and Sports (教育文化スポーツ省),1987-2001年は,Department of Education, Culture and Sports (教育文化スポーツ省),そして2001年から現在は,Department of Education (教育省) となっている。そのトップに関しては,1978-1986年は,Minister (文部大臣) であり,1987年以降は,Secretary (教育省長官) と変更されている。http://www.deped.gov.ph/ (フィリピン教育省ホームページ) を参照〔2012/12/10〕。
37) 永井,前掲書,70-74頁。
38) 同上,74頁。
39) 同上,74-75頁。
40) Elevazo, Aurelio O. and Elevazo, Rosita A., *Philosophy of Philippine Education*, Manila:

National Book Store, 1995, pp. 61-62／中里彰「第 10 章　フィリピン―植民地的状況からの脱却をめざして」馬越徹編『現代アジアの教育――その伝統と革新』東信堂，1989 年，181-182 頁．
41) Ibid., pp. 64-77.
42) Ibid., p. 67／文部省大臣官房調査統計課編，前掲書，59-60 頁．
43) Ibid., p. 67.
44) 1982 年教育法では，「ナショナル・アイデンティティ，文化的意識，道徳的高潔さ，そして精神的活力を促進する普通教育プログラムを与えること」と明記している．Bauzon, Prisciliano T., *Essentials of Values Education*, second edition, Manila: National Book Store, 2002, p. 152.
45) Doronilla, Maria L. C., *op.cit.*, pp. 130-131／平久江，前掲書，37 頁．
46) 同上，39 頁／渋谷英章「フィリピンの『価値教育』における学校と地域社会」金子忠史研究代表『学校と地域社会に関する国際社会比較研究：特別研究「学校と地域社会との連携に関する国際比較研究」・中間資料集①』1996 年，469 頁．
47) エスペランザ・ゴンザレス（Dr. Esperanza A. Gonzales）氏へのインタビューによる〔2003 年 9 月 6 日〕．
48) それは 2 項以下により具体的に述べられている．Sison, Carmelo V., *The 1987, 1973, and 1935 Philippine Constitutions: A Comparative Table*, University of the Philippines Law Center, 1999, pp. 143-144／Elevazo, Aurelio O. and Elevazo Rosita A., *op.cit.*, pp. 81-82.
49) Ibid., pp. 80-84.
50) 野口純子「フィリピンの初等教育」代表者廣里恭史『発展途上国における教育開発過程の構造と特質に関する研究――アジア・モデルの模索と将来展望』平成 8・9 年度科学研究費補助金（萌芽的研究）研究実績報告書，1998 年，115-129 頁．
51) 同上，117 頁．
52) 拙稿，前掲書，191-192 頁．
53) 同上，191-192 頁．
54) Asian Development Bank and World Bank, *Philippine Education for the 21st Century: The 1998 Philippine Education Sector Study*, Asian Development Bank, 1999, pp. 9-11.
55) 中里，前掲書，118 頁．
56) Elevazo, Aurelio O. and Elevazo, Rosita A., *op. cit.*, pp. 84-87.
57) 非識字率と貧困，人口増加率，出生率などの指標には高い因果関係があることが，1994 年の機能的識字とマス・メディアに関する調査によって確認されている．Asian Development Bank and World Bank, *op.cit.*, pp. 1-3.
58) 平久江「フィリピンの価値教育のための教育――中等学校における『価値教育』を事例として――」38 頁．
59) 同上，39 頁．
60) Delors, Jacques, *Learning: The Treasure Within*, Report to UNESCO of the International Commission on Education for the Twenty-first Century, Paris: UNESCO Publishing, 1996／ジャック・ドロール『学習：秘められた宝』ユネスコ「21 世紀教

育国際委員会」報告書,天城勲監訳,ぎょうせい,1997年,7-23頁。
61) Faure, Edgar, Learning to Be: The World of Education Today and Tomorrow, Paris: UNESCO Publishing, 1972／エドガー・フォール・ユネスコ教育開発国際委員会『未来の学習』代表 平塚益徳訳,第一法規出版,1975年。

第2章
フィリピンの統合科目における価値教育の理念

　第1章では，マルコスからアキノへと引き継がれた価値教育の変遷と教授されようとした価値理念の類似点・相違点について考察した。本章では第1章の考察を踏まえて，アキノ政権において成立した価値教育が新たに統合科目に再編される過程を分析するとともに，現在の統合科目にも用いられている価値教育の理念について考察する。特に，1987年に成立以降，1997に価値教育の理念は改訂されているが，そこに見出される価値教育の方向性を比較検証していく。

第1節　価値教育の確立と統合科目の成立

　価値教育は1988-89年度に正式に成立するが，革命直後には価値教育に関するタスク・フォースが設置されている。この価値教育の特長は，その他の文化政策と協働して推進されていることにも見出される。その一つが1992年のラモス政権下において実施された社会政策「道徳心回復プログラム（Moral Recovery Program）」である。ここでもアキノ政権成立にあわせて，調査研究のタスク・フォースが組織されている[1]。このプログラムの着想のヒントになったのは価値教育であり，その調査成果が後に価値教育に取り入れられるなど，多くの影響を与え合っている。

　1986年以後もフィリピンでは価値教育は随時改革・改善，理論構築がなされてきた。その特徴は，ユネスコ（UNESCO）などの国際機関で多く検討されている教育理念を大胆に取り入れてきたことにある。例えば，ユネス

コ・フィリピン国家教育プロジェクト委員会による 1997 年価値教育プログラムの改訂などがある[2]。教育部門における道徳教育プログラムの強化は道徳心回復プログラムによって引き継がれたが，その主意は国家発展のためのナショナリズムの認識を喚起することにあったのである。同時に「フィリピン教育の近代化」が 1996 年から 2005 年に制定され，固有の文化，芸術，スポーツの強化を謳っている[3]。

　この価値教育成立過程において，1988 年より当時の教育文化スポーツ省は NGO の代表とも意見交換の場を設けていた。しかし，それが必ずしも NGO の意見をそのまま受け入れるものでなかったとの報告もある。人権に関する NGO との交渉において，フィリピン教育省は「軍隊や警察の問題を強調して人権を教えたら，教師や生徒の怒りを煽るだけ。私たちは，自由や正義，寛容，平等などの積極的な価値とバランスをとって人権を教えたい」と NGO との人権に関する教材開発の協議を中止している[4]。このことはフィリピン教育省や官僚の保守性を明示するものであるとともに，諸価値を統合し，伝統的な価値もユネスコの示す価値などに関連づけて教えようとするフィリピンの価値教育の特徴も暗示していると考えられる。

　このような教授される価値選定および基準をめぐる諸派の対話と対立の背景の中で，1998 年の教育省令第 46 条を受けて，2002 年度基礎教育カリキュラムと，その中核となる統合科目（分野）がスタートする。統合科目はマカバヤン（Makabayan）と呼ばれ，maka とは「～のために」，bayan とは「郷土，国」の語意から「国（あるいは郷土）への愛情」を意味し，初等教育 6 年，中等教育 4 年全体において実施されることになった[5]。この統合科目とは，フィリピノ語で講義する科目（社会科，家庭科，体育，芸術，価値教育）に関して，価値教育を中心に連携を強めることを目指したカリキュラムである[6]。

　これら統合科目は，主要 4 科目（フィリピノ語，英語，数学，科学）のさらなる強化とともに，価値教育をマカバヤンの諸科目に内包して全面的に展開し，より効果的な価値教育を目指すものである。また，統合科目の中に価値教育が内包されたことで，価値教育は諸教科目を統合する機能を果たして

いる。そこでは，より実践的かつ具体的に価値教育が展開されることが目指される。この統合科目における価値の教授・教える価値の選択において，各学校・各教師に多くの裁量が与えられたこと，また，そのために教えられる価値や価値解釈に差異が生じる可能性があることも指摘されている[7]。

ただ，2002年度基礎教育カリキュラム（BEC）において，新たに目指すべきこととして，フィリピン人としての4つの国民性が示されたことには注目しなければならない。それは，「理想的な学習者は，急速に変化する世界において，生涯に渡って学習する能力を付与され，いかなる新しい状況においても学ばなければならないことを何でも学習することのできる人物である。そのような人物はいかに学ぶかを学ぶ能力があり，ライフ・スキル（人生を生きる知恵や技術）を持って自己開発できる次のような要素を持った人物である。すなわちMakabayan（マカバヤン，patriotic）：愛国心があること，Makato（マカタオ，mindful of humanity）：人間性が豊かであること，Makakalikasan（マカカリカサン，respectful of nature）：自然を敬愛する精神，MakaDiyos（マカディオス，godly）：神への信仰，である」[8]。

これら4つの社会的人格のうち，「自然への愛情」以外の3つが，先述した道徳心回復プログラムの研究成果に既に示され，1986年革命以後の道徳心のポイントとして指摘されている[9]。つまり，統合科目は一連の価値教育改革の帰結として実施され，「国への愛情（マカバヤン）」を第一義としながらも，各教科目にあわせてその他の諸価値を教授することを可能にしている。一方では，先述の4つの社会的人格を掲げながらも，明確な定義は述べられていない。それらの解釈が教授する教師に，教授される生徒個人に任されているのも注目すべき特色である。

第2節　統合科目を基礎づける価値教育の理念

前節まで考察してきたように，アキノ政権下で正式に成立した価値教育は，2002年に統合科目に再編された。しかし，このことは必ずしもフィリピン教育における価値教授の重要性が低下したということではない。というより

も，価値教育を中心とした教科教育を含むすべての学習分野の活性化が目的とされた[10]。本節では，フィリピン統合科目の中核をなす価値のフレームワークとその価値理念の起源について考察するとともに，統合科目において価値教授を推進するために用いられている全人・統合アプローチの教授法が，どのようにフィリピン価値教育の理念を反映しているかについて考察する。

表2-1 「価値地図」（Values Map）：価値フレームワーク

分類		1987年DECS（教育文化スポーツ省）価値教育フレームワーク		1997年改訂価値教育フレームワーク	
		中心価値	関連する価値	中心価値	関連する価値
1 個人としての人間	身体的価値	健康	肉体の健全さ	健康と自然との調和	肉体の健全さ
			清潔		清潔
			物質的な世界との調和		全人的健康
			美		生命への敬意と尊重
			芸術		環境への配慮
	精神的価値	精神性	神への信仰	グローバルな精神性	神への信仰
					内的平和
					宗教的寛容
					あらゆるものの調和
	知的価値	真理	知識	真理と寛容	真理への愛
					他者の受け入れと尊重
					創造性
			創造的かつ批判的思考		批判的思考
					未来志向
					科学指向
	道徳的価値	愛	誠実	愛と徳（善性）	徳（善性）
					同情心
			正直		正直／誠実
					信頼
			価値観／自尊心		自負心／自尊心
			自己の規律		自律
					勇気

2 コミュニティにおける人間	経済的価値	経済効率	職業倫理	持続可能な人間開発	職業倫理
			自立		経済的公正
			生産性		生産性と品質
			科学・技術に関する知識		経済と社会発展の均衡
			倹約		責任ある消費主義
			資源の保護		資源の賢明な利用
					環境の保護
			企業家精神		企業家精神
	社会的価値	社会的責任／家族	相互の愛／尊敬	平和と正義／家族	家族への尊敬と愛
			貞節		家族の団結
			親としての責務		親としての責務
		社会的責任／社会	他者への関心／共通の善	平和と正義／社会	共通の善への関心
			自由		協調性
			平等		公平さ
			社会的正義		社会的責任と責務
			平和		創造的な善意
			積極的非暴力		積極的非暴力
			大衆参加		多様性の賞賛
			人権尊重		人権尊重
	政治的価値	世界の団結	国際理解と協力	ナショナリズムとグローバリズム／グローバリズム	国際理解と連帯
					相互依存
					世界遺産の賞賛
					文化的自由
					世界の平和
		ナショナリズム	国への忠誠	ナショナリズムとグローバリズム／ナショナリズム	愛国心
			国家的統合		国家的統合
			国民的英雄への評価		英雄的行為と英雄への感謝
			共通のアイデンティティ		文化遺産の賞賛
			献身		自由と責任
			市民意識／誇り		市民意識と積極的参加
			国民的団結		民主主義
					関与される指導性

出典）以下の文献を基に作成。Bauzon, Prisciliano T., *Essentials of Values Education*, Second Edition, Manila: National Book Store, 2002, pp. 107-109／UNESCO-National Commission of the Philippines Education Committee Project, *Values Education for the Filipinos*, 1997 Revised Version of the DECS Values Education Program, pp. 6-11.

1. 1987年憲法と価値地図

　まず，価値教育において教授される価値のフレームワークである価値地図について考察したい。フィリピンの価値教育の理念は 1987 年憲法に依拠している。冒頭で触れた「多様性の中の統一」とともに，それまで言及されることのなかった，詳細な人権と教育に関する施行内容が 1987 年憲法に条文化されている。第 14 条 1 項では，「人間の権利としての教育」の概念，また同条 3 項の 2 では，ナショナリズムや愛国心を学ぶことの重要性が述べられている。つまり，1986 年革命（EDSA Ⅰ）という歴史的背景において，ナショナリズムや愛国心を"人権の一部"とする思想が成立しているのである[11]。この 1987 年憲法の思想を価値教育の理念として体系化したものが，1987 年価値教育プログラムの「価値地図（Values Maps）」と呼ばれるフレームワークである。それは，理想とされる「フィリピン人」が備える価値を提示したものである。この価値地図は 1997 年に改訂されている。それらを比較したものが表 2-1 である。どちらの価値地図においても，公正で人道的な社会と自立した民主国家の建設に貢献する人間の育成という 1987 年憲法条文に基づいた目標が定められている[12]。

　このフィリピン価値教育フレームワークの価値地図の目標は，2002 年度基礎教育カリキュラム（BEC）においても同様である。すなわち，価値教育の実際の展開に関するプログラムは様々に開発されているけれども，その根幹であるフレームワークの構成自体には目立った修正も加えられずにきているのである。そこでは具体的に次のようなフィリピン人を育成することが目的とされている[13]。

①自己を実現し，人間の尊厳意識にめざめ，全人的に発展する。
②コミュニティや環境に責任を持った社会的存在となる。
③家族や国家の経済的安定や発展に貢献する生産的人間となる。
④市民として，深いナショナリズムへの意識を持ち，グローバルな団結を通して国際社会全体や国家の進歩に貢献する。
⑤現実の生活の中で，精神的な存在の反映としての神への永遠の信仰を明

らかにする。

　この価値地図は，「個人としての人間」と「社会における人間」の価値群によって構成される。さらに，それらが計7つの「中心価値（Core Values）」に分類され，それぞれにいくつもの「関連する価値（Related Values）」を内包している[14]。

　特に，中心価値の一つである「政治的価値」の関連する価値群が，多くの識者が共有する伝統的なフィリピノ・ナショナリズムの思想と符合する。例えば，平久江の研究では，イエズス修道会の神父であり，歴史家でもあったホラシオ・デ・ラ・コスタ（Horasio de la Costa, S. J.）の5つの「国民的伝統」に着目し，価値教育と比較している。デ・ラ・コスタの挙げる伝統とは，パグササリリ（*pagsasarili*，自立心），パキキサマ（*pakikisama*，協力），パグカカイサ（*pagkakaisa*，国民的団結），パグカバヤニ（*pagkabayani*，愛国者），パキキパグカブワ・タオ（*pakikipagkapuwa-tao*，人間同士の連帯）である[16]。価値教育においては，デ・ラ・コスタの示した伝統は，政治的価値の「ナショナリズム」と「世界の団結」の諸価値に対応するものとして，表2-2のように関係性を提示できることが分かる[17]。

　エミリアノ・アバーリン（Emiliano A. Aberin）らによると，フィリピンの伝統的価値が表現される中心には，アサル（*Asal*，振舞いの意）の価値があるとされる。それは，3つの基本的要素，ダンガル（*Dangal*，名誉または評

表2-2　国民的伝統と価値地図の関係[15]

デ・ラ・コスタの示す国民的伝統	政治的価値「ナショナリズム」「世界の団結」
自立心（パグササリリ）	市民的意識／誇り
協力（パキキサマ）	献身
団結（パグカカイサ）	共通のアイデンティティ，国民的団結
愛国者（パグカバヤニ）	国民的英雄への評価
人間同士の連帯（パキキパグカブワ・タオ）	国への忠誠，国際理解と協力

価の意)，ダンダミン（*Damdamin*，感情の意)，カプワ（*Kapwa*（他者との）関係性，共有されるアイデンティティの意）から成っており，それらがアサルの形成に関与していると解釈される[18]。このようにフィリピン人の価値については多くの見解があるが，デ・ラ・コスタの示す価値は，より具体的な伝統的価値であり，アバーリンの示す価値は，それらの根底にある基底的価値概念と考えられ，伝統的価値の成立ちを理解する一助となる。

価値地図では，デ・ラ・コスタのいうフィリピン人としての独立心を促す言葉である「自立心」は，フィリピン人としての社会への責任感を促す「市民的意識／誇り」へと，より民主化以後を意識したものに言い換えられる。また，「人間同士の連帯」というキリスト教的価値は，国家と国際社会における連帯，「国への忠誠」と「国際理解と協力」という2つの価値を用いて表現されている。しかしながら，ギデンズのいうナショナリズムと同じく諸価値の基礎として，国民的伝統の価値は政治的価値に組み込まれている。さらに，社会的価値，経済的価値はもとより「個人としての人間」の諸価値にもこれら政治的価値は連動しており，フィリピン人的振舞いを形成していると分析できる。つまり，1986年革命においても，それ以前においても知識人の間でも議論されてきた，フィリピン人としてのアイデンティティの模索をそのまま，新生フィリピンの価値教育は継承しているのである。

2. 1997年改訂価値地図とユネスコの理念

2つの価値地図におけるナショナリズムに関する項目に着目すると，1997年の中心価値が「ナショナリズムとグローバリズム」に統合され，フィリピン社会のグローバル化を意識した要素がさらに強調されている。つまり，ナショナリズムと国際社会への関心の融合が図られているのだが，その解釈の萌芽は1987年価値プログラムにも見て取れる。そこでは，個人―家族―地域社会―国家―地域（アジア）―国際社会へと，フィリピン人のアイデンティティが同心円状に拡大していくと解釈している[19]。それは，頭脳流出，海外出稼ぎなど，国際社会の抱える第三世界の課題をフィリピンが多く抱えるため，世界市民としての自覚とフィリピン人としての誇りを連動させるよ

うな国民的アイデンティティの概念が不可欠であると多くの識者が考えるからである。この同心円状の理解が，デ・ラ・コスタの示した「人間同士の連帯」にも通じる，キリスト教的世界観に共鳴しているからである[20]。

さらに，この国際社会の理解の仕方は，長年ユネスコと歩調を合せてきたフィリピン教育界においては当然の帰結であり，アキノ政権時の教育省長官であったローデス・キソンビーンが，長年ユネスコ・フィリピン国内委員会の委員長として価値教育のフレームワーク作成に影響を与え続けていたことも一因と考えられる。特に，ユネスコ21世紀教育国際委員会がまとめた報告書『学習：秘められた宝』(1996年)が，1997年価値地図作成にも大きな影響を与え，そこで言及されるキーワードが価値地図に多用されている[21]。つまり，価値教育の必要性と関心が1987年時点の民主化から国際社会におけるフィリピンの在り方へと移行し，また教授される価値においても，統合科目において教授されやすい価値に細分化されたと理解できる。しかし，価値教育の中心は，常に国民的アイデンティティの涵養であり続けている。

このフィリピンのユネスコとの共同歩調は，国際会議で議論されたユネスコの価値との類似性からも確認できる。溝上泰は1991年の日本でのユネスコ・アジア地域会議において，アジアにおける価値教育の特質として，人間的価値，倫理的価値，文化的価値の3つの側面があると指摘する。人間的価値は親切，同情・共感，優しさ，慈悲などである。倫理的価値は，正直，誠実，真正のように倫理的に善であること，また職業に関連したものや公民に関連したものがある。文化的価値は，文化の精神的要素及び社会的文化的価値，すなわち信念，習慣，伝統などの価値である[22]。

具体的には人間的価値では，次の5つのポイントが指摘されている。
①自己及び他人に対する思い遣りを学ぶ。
②家族や友人に対する思い遣りを学ぶ。
③隣人，社会，国民に対する思い遣りを学ぶ。
④グローバル社会に対する思い遣りを学ぶ。
⑤地球の将来及び住み易さへの思い遣りを学ぶ。
これらは人間的価値に重点を置く，フィリピン価値教育の特色と重なる。

次に倫理的・道徳的価値は，宗教，国家原則，倫理性，職業，公民に基づくものが考えられるとする[23]。フィリピンの場合は，宗教（神への信仰）の重視と国家原則である民主主義の重視が挙げられる。文化的価値については，生活様式，風俗習慣，伝統的価値，社会，家族，結婚，緊張，紛争などが挙げられる[24]。これら3つの側面は，先に見たフィリピン価値教育のフレームワークである価値地図の目的・目標とも類似している。

第3節　フィリピンの基層文化と価値

では，前節まで考察してきた，価値教育に引用されている価値は，フィリピンの基層文化とどのような関連性があるのか。フィリピンは，外来の宗教が土着化する以前から，独自の文化圏を形成していた。それは，宗教の違いを問わず，現在の国家としてのフィリピンの統一性とその国土に住む人々の国家を想起する際の類似性に大きく影響していると考えられる。

1. フィリピンの基層文化を形成する諸要素と要因

それは，社会の構成原理にもみられる。その第1が，双系的親族関係である。東アジアの男系的親族関係に比して，女性の社会的地位が東南アジアにおいては高い。そして，親族関係は父方も母方も継承するため，非常に広い親族関係が成立する。さらに，宗教的にはカトリック教徒の洗礼に伴う儀礼的親族関係がある。裏返して言えば，このような親族関係からは，日本のような歴史的な系譜をもって自身の家系を見なすことが難しい。このような親族関係にみられる伝統的な社会原理は，様々なフィリピン特有の伝統的価値理念を生み出す。その一つは相互扶助の精神である。ホルンスタイナー（Mary Racelis Hollnsteiner）によると，これはどの社会においてもみられる価値理念であるが，フィリピンのものはより複雑であるとし，レシプロシティ（reciprocity）の言葉を用いて表現する。「こちらから頼んだと否とを問わず，個人が受けたあらゆるサービスに対して返報しなければならないという行動原理」と解釈する。そして，状況に応じて多様なレシプロシティの形態が想

定される[25]。日本社会においても相互扶助の歴史はあるが，フィリピンでは異なる社会的文脈において基層文化を規定する社会規範である。

　また歴史的には，長い植民地支配の経験もフィリピン文化の特質に影響を与えた。特に，350 年以上に及ぶスペイン支配は，多くのスペイン文化をフィリピンに持ち込むとともに，スペイン系の支配階級と現地人を中心とした被支配階級によるパトロン＝クライアント関係を持ち込んだ。これは，そのまま大土地を所有する地主と小作人との関係に当てはまる。エンコミエンダ制（大土地所有制）にみられる社会関係からは，フィリピン人歴史家のレナト・コンスタンティーノ（Renato Constantino）が指摘するように，被植民の文化の文化化と解釈できるような価値意識が生まれている。この受動的で，自己否定的ともとられる被植民の文化の国民性は常に社会における主従関係を生み，政治的・経済的なネポティズムの温床をつくり出す契機となっている[26]。

　そして，フィリピン近現代史の観点から，フィリピン社会を規定してきた第 1 の要因として，フィリピン史と革命の在り方に関連性を見出すことができる。文化人類学の知見から清水展は，「フィリピンでは，歴史や伝統に着目し，過去に遡行して固有なものの起源と継承を描き，それを賞揚することによって国民国家の基盤を明示しようとする指向性がきわめて弱い。逆に，その政治・社会・文化的な自画像は，あるべき本当の姿がいまだ出現しておらず，今ある姿は仮であり，したがって現状を批判あるいは否定して，別の姿を未来に構想し，その実現に向けた不断の企てのなかに徐々に形成されてゆくものとして描かれることになる」[27]とフィリピンにおける文化の語られ方や描かれ方について解説する。それは，フィリピン人という概念は，19 世紀半ば以降，民族意識の覚醒とともに生まれたものであり，もともとはフィリピン生まれのスペイン人（インスラール）を指し，本国生まれのスペイン人（ペニンシュラール）と区別するための言葉を意味していた。それが 19 世紀後半には，原住民（インディオ）との混血層（メスティーソ）や，経済的に富裕層に入ってきた原住民エリートなどに対しても用いられるようになり，現在の意味を指すように変わってきたことにも起因する[28]。フィリ

ピンの革命の歴史の観点に立ったならば，スペイン支配，米国支配，日本軍政，そして戦後の米国の新植民地主義に抗するもの，あるいは仕方なく受容していく過程において醸成されていったのであり，現在でも，国家としての統合や，国民としてのフィリピン人という概念を支える基盤は脆弱であると分析する[29]。

さらに，清水はレナト・コンスタンティーノの言葉を引きながら，フィリピンの革命が成就することなく，外国による「解放」とその「恩人」による支配を繰り返してきたことを指摘する。よって，過去にではなく，「未完の革命」を希求しようとする。1896年のフィリピン革命でもなく，1986年の革命（EDSA I）でもない，次の革命がフィリピン人とフィリピン国家の形成に期待される[30]。

フィリピン社会を規定してきた第2の要因として，現在の"フィリピン人の価値"分析自体の持つ問題点も指摘できる。清水は，米国的な社会科学に基づくフィリピン社会論・フィリピン人論を批判し，フィリピン人によるフィリピン人の心理学を提唱したエンリケス（Virgilio G. Enriquez）の価値分析を取り上げる。エンリケスは，フィリピン人の行動様式と価値構造として，3つの層，表面価値，中核価値，社会的価値を提示されているが，その中核価値であるカプワ（*Kapwa*）について考察を深める。カプワについては価値地図の節でも言及しているが，エンリケスによると「共有された内的自己」，あるいは「自己と他者たちとの統合」，「他者たちと共有されている内的自己，共有されているアイデンティティの認知」を意味する。清水の解説によると「他者に共感共生的な，関係性としての個我」，あるいは，他者と共有し互いに交通し合うようなものを互いが内包し合っているとの認識の中で成立しているところの「共有された内的自己」となる[31]。分かりやすく説明すれば，日本の「気」の概念に置き換えることで，よりカプワの意味合いをイメージしやすい。しかし，清水は，「気」と同様に，カプワについても，それを唯一特別な卓越した価値として意味づけ，あるいは宣伝することは，基本的に政治的言説であると論断する[32]。そのエンリケスの示すフィリピン人の行動様式と価値構造をまとめたものが表2-3である。清水の論に従えば，この

表2-3 エンリケスによるフィリピンの行動様式と価値構造：表面的，中核的，社会的価値[33]

植民地的／順応的な表面価値	hiya 妥当性／尊厳	utang na loob 感謝／連帯	pakikisama 仲間づき合い／尊敬
関連する行動様式	biro 冗談	lambing 甘え	tampo 感情的な失望
対抗的な表面価値	bahara na 決断	sama/lakas ng loob 憤慨／ガッツ	pakikibaka 抵抗
中心的な人間関係の価値	Pakiramdam /Pakikipagkapwa-tao/ 共有される内的知覚		
中核的価値	KAPWA /Pagatao/ 共有されるアイデンティティ		
連結する社会・個人的な価値	Kagandahang-loob /Pagkamakatao/ 共有される人間性		
関連する社会的価値	karangalan 尊厳	katarungan 正義	kalayaan 自由
還元論的／機能論的解釈	社会的受容	社会的公正	社会的上昇

　表で示される表面的価値，社会的価値にしても，中核的価値であるカプワから「派生してくる」過程について，なぜそれらの価値が提示されているのか，他の価値の重要性はないのか，そしてカプワが個人の行動すべてを還元できる価値であるのかなどの疑問が生じる[34]。それは，人間の行動規範ともなる諸価値が容易にリスト化されることへの根本的懐疑とも言い換えられる。

　この観点に立った場合，統合科目にて教授される価値のフレームワークである表2-1の価値地図も，デ・ラ・コスタの言う国民的伝統と対比した表2-2のナショナリズムの価値も，それらが個々のフィリピン人の諸価値を代表しているかどうかは，さらに厳密な考察・分析が必要であり，デ・ラ・コスタの示す国民的伝統の価値もまた，清水の言う政治的言説を帯びていると考えるほうが正しいであろう。

　そして，近代学校教育制度の観点に立った場合，教育の影響力を考慮して，あえて公教育を組織的に行わなかったスペインに対して，米国はフィリピン全土に学校教育を広め，フィリピン人はそこで教授用語として使用された英

語を不可欠な言語とみなしたとする楽観的な解釈も独立以前はあったが[35]，タガログ語を基に開発されたフィリピノ語が母語であり，公用語として英語とフィリピノ語が併存する状況は，多くの識者からの批判の対象となってきた。レナト・コンスタンティーノは，現在のフィリピンの学校教育は「間違った教育（miseducation）」であるとし，「経済の分野ではアメリカなしでは生き残ることができないとフィリピン人は信じている。同じように，教育においても，英語による有益性に基づいていなければ，教育は真の教育であるはずはないと信じているのだ」[36]と厳しく批判する。

　ここで明らかに言えるのは，上述の文脈の中では，学校教育とそこで説かれる価値は極めて政治的であり，そこで示される教育目標もまた政治的，あるいは社会工学的な恣意性を孕む解釈である。しかし，それでもなお，フィリピンから学校教育がなくなっていいという結論には至らないであろう。それは，国民的英雄ホセ・リサールが公教育の欠点を理解しながらも，その教育を通して自らを開明させ，当時形成されつつあった'フィリピン人'のための教育への改善を願ったように，教育は人に問題意識と内発性を与える可能性を持つ。

　たとえばエンリケスの示す価値構造は，フィリピン人像を提示するための基層文化を支える価値体系を分析したものであり，知識人はそれに一定の賛同や批判を述べるであろう。しかし，学校現場で価値を教えるためにそれらはリアリティをもって生徒たちに教えられるものではない。生徒たちは，あくまでも家庭の中で，学校でのクラス仲間や先生方との交流の中で，不可避的な社会問題に直面する中で，個人の価値を形成し学校で学ぶ諸価値を経験的に取捨選択していくのである。教育現場で教えられる教育内容は，児童・生徒の発達段階を考慮しながら，現場の教員と政策立案者，そして子どもたちとの協働の中で形成されなければならない。それが子どもたちの向上心を育む価値となりうる可能性が高いからである。

　抑圧された人々を解放するための識字教育（成人教育）を提唱したパウロ・フレイレ（Paulo Freire）が指摘したように，従来の教育や教授法ではなく，教える者と教わる者の平等な関係性に基づく'対話'による教育が行わ

れたならば，公教育の意義は全く異なるものとなる。フレイレは，これまでの教授者によるこれこそが本質的な知識であるとの教え込み教育は「銀行型教育（banking education）」であり，その教育では「知識は，自分はもの知りと考える人々が，何も知っていないと考える人々に授ける賜物である。他者を絶対的無知としてみなすのは抑圧イデオロギーの特徴であり，探究の過程としての教育と知識はそれによって否定される」[37]と論じる。つまり，そこで行われる教育は人間と世界（社会）を二元論的に捉え，人間を'意識を持った身体そのもの'ではなく，'意識は人間の一部'と解釈する。そのような人間関係で成立する社会では，人間（被抑圧者）は自分の存在を規定している抑圧—被抑圧の関係に気づくことを妨げられ，知識ある抑圧者に従うことが社会の秩序に従うものであると学習する。知識あるもの，抑圧する側への強い憧れはありながらも，自己卑下させる歴史的現実の構造，制度，イデオロギーを盲信し，"より豊かな人間になるという存在論的使命"を自ら否定することをこの銀行型教育は正当化する。この「植民地化された意識」によって，人間として自由になることからおしとどめられる[38]。

これは，マルコス政権まで続いてきたフィリピンの学校教育にも符合する指摘である。国家への忠誠のみが教授され，貧富の格差や大土地所有制に基づくパトロン＝クライアント関係は，所与のものとして肯定されていたのである。もちろん，アキノ政権以後も社会的矛盾や不平等が解消されたわけではない。しかし，少なくとも学校教育が「銀行型教育」からフレイレの提唱する「問題解決型教育（problem-posing education）」に向かい始めたことは事実であろう。フレイレは，問題解決型教育について，意識の本質，すなわち意識の方向性に対応するもので，誰かが一方的に情報を伝達されるのではなく，双方向のコミュニケーションの存在を必要とするものであると述べる。それは，教える者と教えられる者が平等な立場で学びあえる「対話」の中に共感とコミュニケーションとして生まれ，知識を伝達するためだけでなく，認識するための営みとして生まれると説く[39]。つまり，「教育は認識をつくり上げる場であるが，認識対象はひとりに認知されて終わるのではなく，複数の認識主体による認識行為を相互に媒介する。教育する者，教育される者

双方の行為を通じてつくられ，両者の矛盾を超えていくことが求められている。対話があってこそ，いくつかの認識の主体が同じ認識対象をめぐって認識を広げていくことが可能なのであり，両者の矛盾を超えていくことが強調される」[40]。これは，まさにフィリピンの価値教育が目指す教育実践である。そして，この教育実践の本質は，抑圧―被抑圧の状態からの人間の自己解放あるいは相互解放の実践の中にしかないとフレイレは述べる。被抑圧者が意識化を通して自己の解放を図り，現実社会の変革への参加を促すことが可能となったならば，現実の社会及び他者とともにある人間が，相互に，主体的に問題あるいは課題を選びとり設定して，現実の変革と限りない人間化へ向かっていくための教育が可能になるからである[41]。

この教育実践論をそのままフィリピンの価値教育において実現することは困難な面もあるかもしれない。しかし，児童・生徒中心の教育，教授法を模索することが，より効果的に教育を提供するための不可避的な努力の要請でもある。フィリピンの価値教育における意義は，フレイレの教育思想に通じている。

2. キリスト教とイスラームからの価値

これまではキリスト教の文脈において語られることが多かったが，フィリピン社会におけるイスラームの価値についての考察もまた，今後の価値教育の展開を推察していく上で不可欠な課題である。

キリスト教もイスラームも，世界の連帯や恒久的平和を希求する世界宗教であり，その点である意味偏狭な思想に陥りがちなナショナリズムとは一線を画する理念に基づいている。キリスト教側からも，イスラーム側からも，現在のフィリピノ・ナショナリズムの在り方には多くの批評がなされている。しかし，キリスト教徒は，依然として社会の多数派であり，権力の中心にあり，ムスリムは少数派であり，権力の周辺に位置している。

キリスト教徒からの論点は大きく3点に分けられると考えられる。一つは途上国としての社会状況，経済状況をフィリピンが脱却できないことへの自己批判であり，もう一つは，ミンダナオにおけるムスリム過激派による社会

不安が，ミンダナオとフィリピン全体の社会開発の足かせになっているということへの批判である。そして，もう一つは，ミンダナオの約5％のムスリムへの配慮もあり，キリスト教国としてのナショナル・アイデンティティを確立することができないことへの不満である。これは，明確なナショナル・アイデンティティが社会発展には不可欠であるという，フィリピンの開発主義者の間に多くみられてきた論評である。

　一方，ムスリムからの論点も大きく3つに分けられると考察される。一つは政治的状況がムスリムに対して不当と思われる処遇・政策への批判である。もう一つは，ムスリム過激派が，キリスト教徒や中華系フィリピン人などの富裕層だけでなく，同じムスリムにも危害をもたらしていることへの自己批判ともとれる論評である。これには，一定のムスリムの置かれている境遇へのシンパシィを認めつつも，テロや暴力行為では社会変革はできないとの視点が示される。また，もう一つの論点は，新しい国家概念の創出を求めるものである。イスラームの思想においては，最終的には国家がなくなり，イスラームの思想の下に世界平和が達成されることが希求されているが，その一方で，イスラーム社会を安定させるウンマ（*Ummah*, Islamic Community）という共同体概念もみられる[42]。これは，イスラームからの国家概念の見方として提示され，社会の発展段階にあるフィリピンにおいても，このウンマの概念からフィリピン社会の在り方を考察する意見が出されている。

　このようにみてくると，フィリピノ・ナショナリズムへの考え方は，キリスト教徒，ムスリム問わず多くの課題を抱えていることが理解できるが，やはり，独自の歴史的背景を持ち，社会的マイノリティでもあるムスリムにとって，フィリピンという国家へのスタンスは極めて複雑である。このような宗教間の意識的な隔たりを考えた場合，普遍性を説くユネスコ的価値は，共に普遍的価値理念を多く含む世界宗教としての共通項を見出しやすいという利点を活かすことは，自然な，あるいは不可避的な選択であり，国民意識とともにグローバルな観点からの市民性（citizenship）教育が注目されている現在，国際社会に移動する機会の多いフィリピン人には不可欠な教育内容でもあると考えられる。

以上のように考察してきた価値教育の理念であるが，その特色は，ユネスコの示す普遍的な価値理念の導入であり，フィリピンの伝統的な価値との統合にあった。また，それらはフィリピン社会に根づいているキリスト教的価値とも整合性を見出すことができる。しかし，フィリピン社会の基層文化や宗教を取り巻く状況は複雑であり，それであるがゆえに地域性も多様である。教育の現場では，フィリピンの伝統的価値や求められる価値とは何かを規定し，教授する困難さが常に存在する。それらの価値教育の正当性や子どもたちに与える影響については第4章からの現地調査の分析において考察する。また，価値教育は全人・統合アプローチ（holistic and integrated approach）の教授法によって推進されているが，この教授法を用いた価値教育実践の特色と効果について，現地での授業実践の観察に基づき次章において分析する。

［注］
1 ）Ramirez, Mina M., *Movement Towards Moral Recovery: Value-Clarification for Social Transformation: A Trainer's Manual*, Manila: Asian Social Institute Printing Press, 1990, pp. 18-19.
2 ）UNESCO-National Commission of the Philippines Education Committee Project, *Values Education for the Filipinos*, 1997, Revised Version of the DECS Values Education Program.
3 ）Almonte, Sherlyne A., "National Identity in Elementary Moral Education Textbooks in the Philippines: A Content Analysis," 日本比較教育学会編『比較教育学研究』第29号，2003年，187頁。
4 ）阿久澤麻理子『人はなぜ「権利」を学ぶのか――フィリピンの人権教育――』解放出版社，2002年，19-21頁。
5 ）マカ（maka-）とは，「好意」や「支持」を示す接頭詞であり，バヤン（bayan）とは，町，国家，郷里，生まれた土地を指す語である。Ramos, Teresita V., *Tagalog Dictionary*, The University Press of Hawaii, Honolulu, Second Edition, 1974, p. 42, p. 177.
6 ）SIKAP は以下の訳語である：Sは公民［シビカ（Sibika, civics）］と芸術［シニング（Sining, arts）］を表し，Iは情報技術［Information (and Communication Technology)］，Kは文化［カルチュラ（Kultura, culture）］，APは社会科［アラリン・パンリプーナン（Araling Panglipunan, Social Studies）］，保健［パンカルスガン（Pangkalusugan, Health）］，家庭科［パングタハナン・アト・パンカブハヤン（Pangtahanan at Pangkabuhayan, Home Economics）］である。Departmento ng Edukasyon Kawanihan ng Edukasyong Sekondari, *Patnubay sa Operasyonalisasyon ng Makabayan: 2002 Kurikulum sa Batayang Edukasyon sa Level Sekondari*, Departmento

第 2 章　フィリピンの統合科目における価値教育の理念　　　73

ng Edukasyon, 2002, pp. 246-248. しかし，フィリピン教育省によると，特に統合分野マカバヤン成立の背景として，途上国特有の問題である教室や教員の不足，12 科目もあったことへの以前からの不評，短い授業時間内でのより効果的な授業への模索なども統合の理由であると指摘している。Department of Education, *The 2002 Basic Education Curriculum*, 7th Draft, April 15, 2002, p. 5.

7) UNESCO-National Commission of the Philippines Education Committee Project, *op.cit.,* pp. 38-45.
8) Department of Education, *op.cit.,* pp. 8-10.
9) Ramirez, Mina M., *op.cit.,* pp. 18-19.
10) Department of Education, *op.cit.,* pp. 8-10.
11) Sison, Carmelo V., *The 1987, 1973, and 1935 Philippine Constitutions: A Comparative Table*, University of the Philippines Law Center, 1999, pp. 143-144; Elevazo, Aurelio O. and Elevazo, Rosita A., *Philosophy of Philippine Education*, Manila: National Book Store, 1995, pp. 81-82.
12) UNESCO-National Commission of the Philippines Education Committee Project, *op.cit.,* p. 2.
13) *Ibid.*, pp. 2-3.
14) *Ibid.*, p. 3.
15) 以下の論稿を参考に著者作成。平久江祐司「フィリピンの国民統合に果たす教育の役割――中等学校における『価値教育』を事例として――」筑波大学大学院教科教育専攻社会科コース修士論文，1992 年，44-45 頁／Aberin, Emiliano, A., "Cultural, Traditional and Education in the Era of Globalization," a paper presented to the World Forum on Comparative Education, Beijing Normal University, Beijing, China, October 14-16, 2002.
16) ホラシオ・デ・ラ・コスタ「フィリピンの国民的伝統」メアリー・ラセリス・ホルンスタイナー編『フィリピンのこころ』山本まつよ訳，めこん，1979 年，96-129 頁。
17) 同上，96-129 頁。
18) Aberin, Emiliano, A., *op.cit.*
19) 渋谷英章「フィリピンの『価値教育』における学校と地域社会」金子忠史研究代表『学校と地域社会に関する国際社会比較研究：特別研究「学校と地域社会との連携に関する国際比較研究」・中間資料集①』1996 年，470-471 頁。
20) Andres, Tomas D., *Positive Filipino Values*, Quezon City: New Day Publishers, 1989, pp. 35-37.
21) Delors, Jacques, *Learning: The Treasure Within*, Report to UNESCO of the International Commission on Education for the Twenty-first Century, Paris: UNESCO Publishing, 1996／ジャック・ドロール『学習：秘められた宝』ユネスコ「21 世紀教育国際委員会」報告書，天城勲監訳，ぎょうせい，1997 年，22-90 頁。
22) 溝上泰，「ユネスコの価値教育の展開」国際理解教育学会編『国際理解教育』Vol. 3, 創友社，1997 年，29-30 頁。
23) 同上，30 頁。

24) 同上, 30-31 頁。
25) メアリー・ラセリス・ホルンスタイナー編『フィリピンのこころ』山本まつよ訳, めこん, 1977 年。
26) Constantino, Renato, *A History of the Philippines: From the Spanish Colonization to the Second World War,* New York: Monthly Review Press, 1985.
27) 清水展「未来へ回帰する国家――フィリピン文化の語り方・描き方をめぐって――」立命館言語文化研究所『立命館言語文化研究』第 9 巻, 第 3 号, 1998 年, 169 頁。
28) 同上, 187 頁。
29) 同上, 187-188 頁。
30) 同上, 187-192 頁。
31) 同上, 176-177 頁／Enriquez, Virgilio G., *From Colonial to Liberation Psychology: The Philippine Experience,* Quezon City: University of the Philippines Press, 1992.
32) 清水, 179-180 頁。
33) 以下の文献の Table 5.2 を基に作成。Enriquez, Virgilio G., *Indigenous Psychology and National Consciousness,* Institute for the Study of Languages and Cultures of Asia and Africa, Tokyo University of Foreign Studies, 1989. p. 66.
34) 清水展, 180-182 頁。
35) Hayden, Joseph Ralston, *The Philippines: A Study in National Development,* New York: Macmillan, 1942, p. 590.
36) Constantino, Renato, "The Miseducation of the Philippines: The Filipinos in the Philippines," *Philippine Social Science and Humanities Review* 23 (June-December 1958), pp. 54-55.
37) パウロ・フレイレ『被抑圧者の教育学』小沢有作・楠原彰・柿沼秀雄・伊藤周訳, 亜紀書房, 1979 年, 67 頁。
38) パウロ・フレイレ『新訳 被抑圧者の教育学』, 三砂ちづる訳, 亜紀書房, 2011 年, 59-101 頁。
39) フレイレによれば, 意識の特性について, 「意識とは常に何ものかについての意識であるが, 何ものかを指向する意識であるのみならず, 意識自らに向かうものである」と解説する。同上, 100 頁。
40) 同上, 100-101 頁。
41) 同上, 101-115 頁。
42) Gowing, Peter Gordon, *Muslim Filipinos-Heritage and Horizon,* Quezon City: New Day Publishers, 1979, pp. 201-202.

第3章
価値教育の全人・統合アプローチによる展開

　フィリピンの価値教育の教授法は，全人・統合アプローチと呼ばれる。この'統合'は「教育の統合されたシステム」としてマルコス時代より追求されていた教育目標の一つである。そこに'全人的（Holistic，ホリスティック）'な発達を意味する語がともに記されている。この教授法では，①生徒間，生徒と教師間，そして教師間でのグループ学習，②各教科目の教師間での知識と経験の共有，③各教科目の教授法と学習内容の統合（連携），④価値教育の教師が，他の統合科目の教師と共同して授業を行うチーム・ティーチング，などが特徴として挙げられている[1]。以下にこの教授法の特色を示し，授業実践から統合科目における価値教育の役割を考察する。

第1節　全人・統合アプローチの理念

　第2章でも考察したように，ユネスコの影響も多く見られるフィリピンの価値教育の教授法である全人・統合アプローチは，どのような教授を目指しているのか。「統合アプローチ」の語が最初に示されたのは，アキノ政権発足以後においてであるが，それがより体系的に示されたのは，そのアキノ政権の教育省長官を務めたキソンビーンによる『人間として生きることを学ぶ——人間開発のための価値教育への全人・統合アプローチ』[2]（2002年）においてである。この本はユネスコ国際教育と価値教育のアジア太平洋ネットワーク委員会の著作として UNESCO Bangkok により出版されている。しかし，この本を一読すれば，それが1986年以後のフィリピンにおける価値教

育の経験の上に著されたものであることは明白である。この本はまた，現在のフィリピン教育省が行う価値教育の教員研修コース・マニュアルの原本となっている。

この本の第3章「価値教育のための全人的で統合的なアプローチとしての価値形成プロセス——モデル，チャレンジ，そしてインプリケーション——」では，その全人・統合アプローチの目的について，「教育的プロセスを考え方や観念として学習する代わりに，学習者は全体的人間になるという術(すべ)を経験すること」[3] が目標とされる理念として記されている。これはそれまでの伝統的な価値教育とは違う人間主義的なモデルであり，内容よりもプロセス（過程）に基づいた，価値よりも価値の実践に着目した，そして教師よりも生徒を中心とした教育を指向していると説明している[4]。これには第3節で考察する4つの段階（挑戦，Challenges）があり，それらの段階を通して，学習者は精神的な正直さや誠実さを獲得できる環境を確立することができるとしている。また，価値形成プロセスが教育の場で可能になるために，ファシリテーター（推進者）としての教育者が非常に重要になってくることも指摘されている[5]。

アジア地域における価値教育推進を目的とした同書であるが，この本のフィリピン国内向けの本は2000年12月にすでに作成されている。『心豊かな人間となることを学ぶ：価値教育への全人・統合アプローチ』というタイトルで，同じくユネスコ国際教育と価値教育のアジア太平洋ネットワーク委員会のフィリピン人メンバーで構成されるフィリピン国際教育と価値教育のアジア太平洋ネットワーク委員会により出された冊子の内容は，ほぼ前者の内容に等しいと同時に，フィリピンの識者や国際機関等の言葉を引用してフィリピン国内での価値教育の重要性を強調している。例えば，2000年3月の平和，人権，民主主義，国際理解，そして寛容のための教育に関するユネスコ諮問委員会の第5回討論会において，当時のユネスコ事務局長である松浦晃一郎氏が，統合された教育概念への革新的なアプローチの必要性を強調したことが述べられ，21世紀の求めにより効果的に応えるために，ユネスコにその教育的使命と法的な権限に再び生気を与えることが可能であろう

と述べたことも記されている[6]。さらに次のような同委員会の決議が示されている。

> 平和の文化のために必要とされるものとは，統合された，包括的な教育であり，それは人権，民主主義，国際理解，寛容，非暴力，多文化主義，そして学校のカリキュラムを通じて伝えられる他のすべての価値を含んでいる……平等，調和，連帯のような価値を伝達し……それは教育システムのあらゆる段階においてであり，そこでは平和の文化に関連した価値が見出されるのである[7]。

この全人・統合アプローチの理念はどのような理論に依拠しているのか。その主要なものである価値の明確化理論について次節において考察していく。

第2節　価値の明確化理論の変容

本節では，全人・統合アプローチの基礎にある，米国において開発された価値の明確化理論の成立過程を押さえ，理論と実践のポイントを確認する。次に，フィリピンの価値教育について考察し，その中での価値の明確化理論の位置づけを分析する。最後に，米国とフィリピンにおける価値の明確化理論の在り方を比較検討し，一つの教育理論が変容し，フィリピンの教育政策としてどのように展開しているかについて考察する。

1. 価値の明確化理論の成立過程
1.1　米国における価値の明確化理論の時代背景

価値の明確化理論が開発された1960年代の米国は比肩するものなき超大国であり，世界の政治経済だけでなく，文化，社会システムなど，資本主義諸国のあらゆる分野に影響を与えていた。それはアジアの国々，例えばフィリピンや日本に対しても同様であった。しかし，スペイン，米国，日本（第二次大戦時）の植民地支配を経験し，冷戦構造下における米国のアジア戦略の要衝であったフィリピンにとって，1946年の独立後においても米国のプレゼンスなしにフィリピンのいかなる外交政策も講ずることはできなかった。

1960年代，ベトナム戦争への突入と公民権運動の高まりの中で，それまで米国社会を支えてきた伝統的価値観への懐疑の念が米国社会に惹起する。それは，これまでの米国型民主主義の正統性についても再検討を迫るものとなった。また，第3次産業の拡大とともに，米国の社会システムも人々の生活様式も変容期を迎えていた。

価値の明確化理論は，このような既存の価値への正統性が揺らぎ，規範意識が不明確になり始めた米国社会において開発された。価値の明確化理論は道徳理論であり，子どもの自主的な生活経験を重視するJ. デューイ（John Dewey）の教育理論を引き継ぐものである。フロリダ州立大学のラス（Louis E. Raths）は人間生活の経験の中で生まれ，培われた自らの価値を自覚し，提示されたいくつかの価値から自主的に選択させていく道徳理論を開発した。それは，価値相対主義が浸透する社会において，自らの生きる指針を内発的に導き出すことを目指したものであった。この理論は，ハーミン（Merill Harmin）やサイモン（Sidney B. Simon）によって道徳教育の実践運動として発展していく[8]。

1.2 価値の明確化を目指す教育実践

以下ではサイモンの価値の明確化理論の具体的実践に基づいて考察する。価値の明確化理論は教室などのグループによる実践を想定している。授業方法として，基本は価値シート（授業用プリント）を活用する。それを基に，教師と生徒との対話や討論を行って授業を進めていく。特に，教師がファシリテーター（推進者）として，生徒の発言を活かしながら授業を展開することが期待される。生徒との対話は価値シートの記入時にも個別に行い，個々人の関心を喚起したり，小グループ分けした場合における問題意識を高める場面に用いられる場合が多い。討論に関しては，話し合いの形式を決めておき，結論の出ない自由な討論で終わらないように工夫が求められる。この価値明確化の授業のどの段階においても期待されるのは，生徒自らの価値判断を客観的に理解し，自己理解を深めるように導くことである。そして，価値の明確化の授業を通して，あるいは授業の後に意識するようになった日常生

活の中での経験を経て，ファシリテーターとしての教師が生徒の学習したことを引き出すように援助する必要がある。

　この価値を明確化していくプロセスは，①価値を選ぶこと，②価値を大事にすること，③価値を実行することを中心として行われる。そして，この3つのキーワードは以下の7つの価値選択を行うことと同義であると解釈され，この価値選択を満たすものが生徒自身の最も大切とする価値と明確化される。①～③は選ぶこと，④⑤は大事にすること，⑥⑦は実行することに分類することができる[9]。

　①自由に選択すること
　②複数の選択肢の中から選択すること
　③各々の選択肢の結果についての十分な考慮の後で選択すること
　④尊重し，大切にすること
　⑤肯定すること
　⑥選択に基づいて行為（行動）すること
　⑦繰り返すこと

　上記の④にあるように，価値は肯定的に評価されるものでなければならない。そして，指導の指針となり賞賛し尊重されるものでなければならない。また，価値は持続性があるものと解釈される。限られた場所や時でのみ有効な価値は，人の行動規範となる明確化された価値とは言えない。

　サイモンは，この価値明確化の事例として次のような授業実践を提示する。

　「私は一体何者だろうか」（「はい」，「いいえ」，「たぶん」のうち1つに○印を入れる。あまりたくさん「たぶん」を選ばないように最初に指示しておく。）

　　私は，1．一人でいることを必要とする人間だろうか
　　　　　　　　はい　　　　いいえ　　　　たぶん
　　　　　2．家庭の主婦向けの連続テレビ番組をみる人間だろうか
　　　　　　　　はい　　　　いいえ　　　　たぶん
　　　　　3．正当防衛のために人を殺す人間だろうか

　　　　　　　はい　　　いいえ　　　たぶん
　　4. 自分の子どもに酒を飲ませる人間だろうか
　　　　　　　はい　　　いいえ　　　たぶん
　　5. 子どもがマリファナを吸うことを容認する人間だろうか
　　　　　　　はい　　　いいえ　　　たぶん
　これらの価値シートの記入の後，1人の場合は振り返り，複数の場合は討論を行う。
　そして，それらの後に以下のような文章を埋めて，学習したこと，獲得した価値について再確認する。
　　もし_____だったとしたら，一体どういうことになっただろう，と思う
　　もし_____だとしたら，一体どうなるだろうと思う
　　私は_____ということを学習した
　　私は_____ということを再発見した

　これらの授業実践を繰り返す中で，自己理解，他者理解，社会理解を深め，日常の生活においても実践することが求められる[10]。

1.3　価値の明確化理論への批判とその後の展開

　上記の価値の明確化理論の実践を繰り返す中で，それまで考えることがなかった多様な価値観を受け入れ寛容性を身につけることが期待されている。しかし，この理論に関しては，次のような問題も指摘されている。第1に，価値相対主義に陥るのではないかとの指摘。それは，何が正しい価値なのかという問いに対して，意見の一致が見られない場合が考えられる。子どもは，親や教師，牧師，メディア，友達などから様々な異なる価値観に絶えず影響される状況にあるからである。第2に，間接的な価値注入になっているのではないかとの指摘。つまり，意図する場合としない場合にかかわらず，教える側の価値が反映する可能性は否定できないとの指摘である。また，「これは個人的な意見ではあるが」と予め断わって述べた意見であっても，その発

言や意見が教師によってなされる場合，価値の明確化のプロセスを越えて，価値の正当化を回避した教え込みになる場合も考えられる[11]。

このように，子どもの価値の恣意的な自己決定に何ら基準を示せず，教師の指導性を発揮できない実践として，学校現場から子どもの放縦に任せ教室に混乱を招く教育実践として批判が上がるようになる[12]。それ以後も価値の明確化理論の授業実践は各地で継続されていったが，主要な道徳教育理論として米国全土で実践されることはなかったのである。

2. フィリピンにおける価値の明確化の実践

この価値教育の教科書において，開発し育てていかなければならない4つの人間関係が示されている。それは①自己との関係，②他者との関係，③コミュニティ（人々とすべての他の生き物）との関係，④神との関係，である。そして，各学年の価値教育の教科書は，この4つの人間関係に分けて章立てされている。

さらに，この価値教育の教科書における「価値」の説明において，先述したラスの価値の明確化理論の7つの価値選択の基準が明示されるとともに，「人間は選択し，尊重し，行動するという知的な過程によって価値に到達することができる」と価値づけ（valuing）の要点を解説し，授業で学んだ価値を実践するように奨励している[13]。このように，価値の明確化理論がフィリピンの価値教育において積極的に活用され，価値教育の主要な理論として位置づけられていると理解できる。しかし，フィリピンの価値地図に示されたすべての価値の中から，生徒は好きな価値を選択し，学習することができるというわけではない。授業においては，教師が授業の内容に合った価値を選択し，あるいは教科書に示された価値の意味について討論しながら明確化していく。

3. フィリピンと米国における価値の明確化理論の位置づけ

これまで考察してきたように，もともとの米国において開発されてきた価値の明確化理論と教授法に依拠していながらも，フィリピンの価値教育にお

けるこの理論への位置づけは，米国の場合と比べていくつかの相違点を含む。本章において，これまで考察してきたフィリピンと米国における価値の明確化理論の展開を比較考察し，現在もフィリピンの価値教育の中核にある価値の明確化理論の意義を明らかにする。

3.1 フィリピンと米国における時代と社会背景についての比較考察

　米国では，民主主義と正義の国家的理念と国民に共有される物質主義や個人主義的価値観が社会に浸透してはいたが，一方で，コミュニティを支える共同体意識は米国社会を支える伝統的価値観として存在していた。この米国人とそのコミュニティを形成する伝統的価値のモレス（慣習）の構成要素として，聖書の伝統，共和主義的伝統，功利的個人主義（産業社会の公共的生活に適合的な人物像），表現的個人主義（富の追求を退けて自己を掘り下げて表現する人物像）という4つの要素（ロバート・ベラーらの分析による）などがあると考えられるが，1960年代の米国は，キリスト教の信仰心に基づく伝統的価値観は相対化され，伝統的価値観とは乖離した個人主義的趣向が若者を中心に支持された時期でもあった[14]。

　フィリピンでは，1986年2月にマルコス政権は歴史的な民主化革命により打倒され，アキノ新政権に変わった。この歴史的な転換により，革命を支持したキリスト教会の権威は回復し，キリスト教的価値観は再評価されるに至る。その中で価値教育が実施されたことには理由があると思われる。第1に，革命の混乱を防ぎ，なおかつ革命による社会変革を促進するため，第2に，伝統的な価値を再評価し，その中に民主的価値も含めて，子どもたちの健全な人格形成がなされる必要性があったためである[15]。

　フィリピン社会は，国民の9割近くがキリスト教カトリックであり，神への信仰心は第1の伝統的価値である。1986年革命によって復権したカトリックにとって，価値教育の導入は既存の宗教教育の重要性を相対化するものとしての批判もあったが，神への信仰を説く価値教育は，フィリピン社会において，宗教教育に準ずる意義を持つと考えられる。米国においても，米国国民の77％が神への信仰を重要と考えている統計結果が出されている

が[16]．価値の明確化理論がこれらの時代背景において教育現場に与えた影響は，米国では相対化した伝統的価値観をさらに相対化させ，フィリピンでは復興した伝統的価値観と神への信仰心により高い価値づけをしたということになる。このような対照的な結果が導かれたのは，フィリピンの価値教育において，価値の明確化理論の特質の何が評価されたのか。この理論の2つの特質，相対主義と過程主義の理論上の観点から次に分析していく。

3.2 相対主義と過程主義

価値の明確化理論は，万人に通用する普遍的な真理や価値を確定することをせずに，また，実践に参加する人物の発達段階を考慮せずに行うという相対主義の立場をとる。先述したように米国ではこの立場自体が批判の対象となった。ファシリテーターとして高い技量を持つ教師でない限り，当時の米国のように安易な解決策に民意が動きやすい状況にあって，教師が発問を通じて生徒自らの内発的な価値を引き出すことは極めて困難な作業であったと考えられる。一方，国民全体が民主化への期待を共有していたフィリピンにおいては，理論としての価値の明確化理論を採用しながらも，明確な教授すべき価値は決められており，その価値に対して，それぞれ異なる個人がいかに自らの価値として認識するかという点において相対主義が採用された。開発から20年程の経過の後，フィリピンでは自国に適した形で理論が再解釈されたものと言える。また，フィリピン全土で価値教育を実践していく上で，教師の授業実践を補助する形で開始されたことが価値教育の定着を可能にしたと考えられる。

もう一つの価値の明確化理論の特色は過程主義にある。人間の本質を固定されたものと捉えず，人間が感じたり，考えたり，話し合ったり，行動を起こしたりするプロセスに着眼していく。子どもの内面的なプロセスの動向にこそ価値があると考える。この過程主義の考え方は，フィリピンの価値教育の理論として中心に置かれている。これは，フィリピンの価値教育が「価値は教授されるものではなく，獲得されるものである」をテーマとしていることからも理解できる。教師によっては，「教授され，そして獲得されるもの

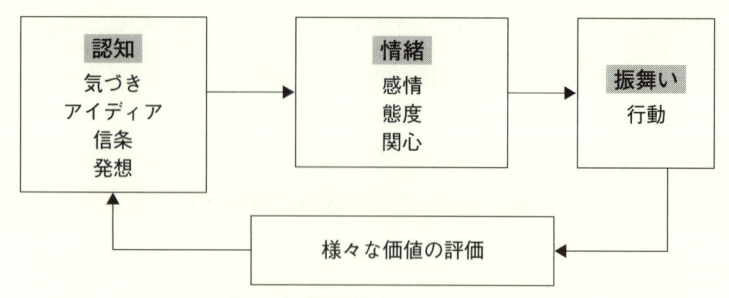

```
┌─────────┐     ┌─────────┐     ┌─────────┐
│  認知    │ →   │  情緒    │ →   │ 振舞い   │
│ 気づき   │     │ 感情     │     │ 行動     │
│アイディア │     │ 態度     │     │         │
│ 信条     │     │ 関心     │     │         │
│ 発想     │     │         │     │         │
└─────────┘     └─────────┘     └─────────┘
     ↑                                │
     │         ┌──────────────┐      │
     └─────────│ 様々な価値の評価 │──────┘
               └──────────────┘
```

図3-1 フィリピンの価値教育における価値明確化のプロセス
(出典) 以下に掲載の説明図を基に著者作成。
HP: "Values are caught & taught" by Marte, Nonita C. and Marte, Benjamin Isaac G.
http://valueseducation.net/ aprrchs_dgrm.htm [2005/05]

である」と言い換える場合もあるが，自分の大切にしている（あるいは，大切にすべき）価値を理解するだけでなく，それを納得し，それを行動に移し，そして自らの生活規範としていけるように導くことである。ここでも，生徒の言動や振る舞いを理解し，価値明確化のプロセスに導くファシリテーターとしての教師の存在が欠かせない。これは，米国のキャラクター・エデュケーションを推進するトーマス・リコーナ（Thomas Lickona）が，価値明確化理論は信ずる価値概念と個人的行為の間隙を埋めるように奨励し，価値あることと行為の一致は確かに掲げるべき目標であると述べている通りである[17]。フィリピンの価値教育において「価値の明確化」が主要な理論として用いられているのは，それが価値教育の目的だからであり，伝統的価値観を再び価値づけしながら新しい「フィリピン人」の育成を目指すための理念とも考えられる。そして，米国においてキャラクター・エデュケーションが「尊重（Respect）」と「責任（Responsibility）」を民主主義社会の基本的な道徳的価値と定め，クラスの中で実践的に身につけさせる価値教育の統合的アプローチを推進しているが，これはフィリピンにおける2002年度からの統合科目の実践にも類似していると考えられる。

　サイモンによれば，米国における価値の明確化理論は大規模な人間性運動の一部をなすものであり，カウンセリングの「再評価（リエバリュエーショ

ン）」やエンカウンター・グループとして知られる認知心理学の活動に含まれることにより，個人に向けられた多くの心理学的，社会学的理論の中の一つとなりうると解説する[18]。米国における価値の明確化理論はその他の教育理論に浸透し，ある場合はその一部となることで価値の明確化を可能にする実践論としてその可能性を希求するであろう。一方，フィリピンの価値教育における価値の明確化理論はフィリピンの学校教育の文脈において再解釈されて中心的な「理念」として提示されるとともに，これまでの一般的な教授法と価値の明確化理論以後の教授法をつなぎ，学習者が自分自身で生きる目的（価値）を獲得（明確化）する「行為」としても位置づけられている。

第3節　価値形成過程の4段階

　以上のように考察してきた価値の明確化理論の導入と変容であるが，このフィリピンの価値の明確化においても強調され，ユネスコの『人間として生きることを学ぶ』の中でも指摘されている，価値形成過程（プロセス）を以下に考察していく。先に述べた価値形成の第1の段階，つまり物事に価値を置くレベルに達する段階では，教育者は，学習者に関わっている学習のレベルを評価し，それは3つの学習段階を含んでいる。つまり，事実，概念，そして学ばれたことが振舞いに移行される前の価値づけである[19]。第2の段階である，実際に物事を整合性を持って価値づけする段階では，L. E. ラスやS. B. サイモン（Sidney B. Simon）などの価値明確化の理論が用いられている。そして，ラスの分析による，価値形成を構成する7つの副次的プロセスを提示している。それは，
　①信条と行いの価値付け（1. 価値付けと希望を抱くこと　2. 適切な時期に公に承認されること）
　②信条と行いの選択（3. 二者択一からの選択　4. 重要性の考慮後の選択　5. 自由な選択）
　③信条に基づいての行動（6. 行動すること　7. パターン，整合性，そして繰り返しを伴い行動すること）

である。この価値明確化の過程により，第1に，学習者は自らの認識構造（認知構造）を調べることに導かれる。第2に，学習者が自らの情緒的な生活を学ぶように仕向ける。そして第3に，学習者自らの行動パターンを考慮するように推進するとされる[20]。そしてこれらの副次的プロセスは，3つの重要な側面を吟味することに学習者を導くとする。つまり，学習者自らの認識構造を調べ，さらに情緒的な生活を吟味し，そして彼ら学習者の行動様式あるいは行動パターンを考慮するように仕向けるというものである[21]。

しかし，この価値形成理論として用いられている価値明確化理論は，欧米で1960年代より多く著されて後，フィリピン国内においても現在まで受容され発展してきた。例えば，ローデス・カストディオ（Lourdes J. Custodio）は，1983年の時点で既に価値明確化理論に取り組み，価値明確化のプロセスについて，「価値とは選択肢の中から選らばれて行動されるものであり，人格形成の創造的な調整と発達を高める」[22]とのブライアン・ホール（Brian P. Hall）の言葉を通して説明している。そして，この副次的プロセスは，最初に意識下の段階として言及される，自らの認知構造を調べることに学習者を導くのである[23]。

次に，第3の段階である目標としての人格の統合に行き着く段階において，学習者は自らの価値あるものに接することができ，それらの価値が属する価値システムをはっきりと見分けることができる段階に入る。つまり，価値の明確化だけで終わりになるのではなく，学習者は，彼らの価値とそれらの属する価値システムの間の調和に導かれなければならないとする。そして，道徳と精神的意識，理想と熱望のような，内面システムの中での統一性を求めなければならないとする[24]。第4の段階である学習環境に民主的な空間が提供される段階は，前の3段階の挑戦が達成される環境としての学校，特にその中でも最大の学習環境である教育者との関係の目標が示される。教育者は学習者のモデルとなるが，完璧であることではなく価値を統合し全人的であろうとすることであると解説される[25]。

このような4つの段階を通じて，教授と学習のサイクルの文脈における価値形成過程がモデルとして示される。それが図3-2の教授と学習のサイク

第 3 章　価値教育の全人・統合アプローチによる展開

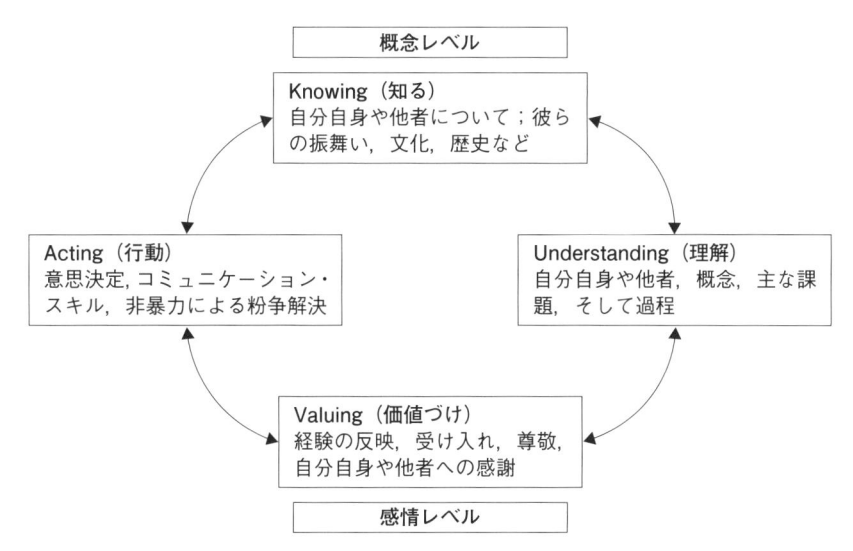

```
              ┌──────────────┐
              │  概念レベル   │
              └──────────────┘
              ┌──────────────────┐
              │ Knowing（知る）   │
              │ 自分自身や他者について；彼ら │
              │ の振舞い，文化，歴史など │
              └──────────────────┘
```

図 3-2　教授と学習のサイクル：価値形成過程モデル
(出典) 次の文献掲載の図より著者作成。UNESCO-APNIEVE, *Learning To Be: A Holistic and Integrated Approach to Values Education for Human Development*, 1997, UNESCO Bangkok, p. 19.

（図中のその他の要素）
- Acting（行動）：意思決定，コミュニケーション・スキル，非暴力による紛争解決
- Understanding（理解）：自分自身や他者，概念，主な課題，そして過程
- Valuing（価値づけ）：経験の反映，受け入れ，尊敬，自分自身や他者への感謝
- 感情レベル

ル：価値形成過程モデルである。この教授と学習のサイクル・モデルは，キソンビーンによって提起されたものであるが，このサイクル・プロセス（知る過程─理解する過程─価値づけの過程─行動に移す過程）のサイクルによって，価値教育の教授と学習のサイクルが循環することが目指されている[26]。フィリピンの価値教育では，価値は教えられるというよりも，獲得されるものであると表現されるが，実際は教えられ，そして獲得されるものであると述べている。その時に学習は，教育者から発せられるものだけでなく，学習者ともその役割を共有できると考える。そう考える時に，教育者はガイドやファシリテーター（推進者）としてばかりでなく，本質的にパートナーとなりうることが期待される[27]。このように，全人性の開発を目指している点において，全人・統合アプローチは価値教育の理念を生徒が内発的に発展させることを目的とした教授法と考えられる[28]。

第4節　フィリピン師範大学における価値教育プログラム

　これまで考察したフィリピン価値教育の全人・統合アプローチは，理論としては大変ユニークなものであるが，それが実践となると有効に機能するのであろうか。フィリピンの現地調査の中でインタビューした教員の多くが，統合科目の中で，あるいはその他の主要科目の中で価値教育を展開していくことは簡単ではないと答える一方，他の教科目を教える教員のほとんどが価値教育との統合は有効あるいは必要であると述べている。ここでは，価値教育の教員養成において，中心的役割を担ってきたフィリピン師範大学の実践に着目し，現在のフィリピン人教員の現状を押さえ，そして，その教員養成の目標，教授法の特色，実践事例について考察する。

1. フィリピンにおける教員の役割
1.1　教員養成と課題

　フィリピンの高等教育機関の数は1991年に809校であったが，2005年には1,605校にまで増加している。しかも，その90％が私立学校であり，米国に次ぐ高等教育機関数に至っている[29]。その高等教育機関において，教員の資格付与コースから教育学の大学院博士課程までの教員養成に関するコースは，1,396校の高等教育機関のうち，約半数の784校にあり，初等教育学士を取得できる大学504校，中等教育学士は564校で取得可能である[30]。しかし，スタッフの質や図書館の充実度の観点から，その多くは基準を満たしていない。また，初等教員養成においてカリキュラムの74％，専門科目別の中等教員養成カリキュラムにおいては約60％が一般教育であり，教授法や教育内容，教科にかかる専門科目は少ない[31]。つまり，教育学・教職課程の学生数は，学生全体の中での学問分野の構成比としては2割弱と経営学関連系，工学・技術系，数学・コンピューター系に並ぶ学生数であるが，教科・教職課程では2005/06年で361,774名，2006/07年370,441名，2007/08年331,416名，2008/09年325,186名，2009/10年352,046名が在籍し，大学

院では，2004/05 年 70,837 名，2005/06 年 66,362 名，2006/07 年 70,711 名，2007/08 年 63,682 名，2008/09 年 56,777 名が在籍している[32]。学校数の増加に比して，教職課程の学生数が増加しない理由としては，フィリピンの教員免許制度と採用状況，採用後の給与が関係していると考えられる。

1.2 教員免許制度と理数科教員の問題点

フィリピンの教員免許制度では，教員として採用されるためには，教職課程の所定の単位を履修し，1 学期（4 ヵ月）の教育実習を経て，国家教員免許試験（LET, Licensure Examination for Teachers）を受験し合格しなければならない。また，現在は教員職専門化法（共和国法 No. 7836: 1994.12.16）により，他学部出身者でも 18 単位の教職科目（教育実習も含まれる）の履修により，国家教員免許試験の受験資格が得られるようになった[33]。そして，1996 年より改訂された LET では，それまで共通試験だったものが，小学校と中等学校それぞれ別の試験問題となり，中等学校では教科別となり，小学校，中等学校とも 3 年ごとの更新が義務づけされた[34]。小学校では一般教養 40 %，教育学 60 %，中等学校では一般教養 20 %，教育学 40 %，専門分野 40 %の配点がなされた多肢選択式である。例えば，科学に関する試験では生物，一般科学，化学，物理の各分野から出題されている[35]。

しかし，困難な国家試験で合格したとしても，必ずしもすべての教員が教職に就いているわけではない。2011 年度の免許試験はフィリピン全土の 14 のテストセンターと香港において 4 月 3 日に行われ，専門規制委員会（Professional Regulation Committee）と専門教科教師会（Professional Teachers Board）は，33,023 人の受験者の中から，5,221 人の初等学校教員（15.81 %）及び，339 人の受験者からの 35 人の教師教育推進プログラム（ATEP, Accelerated Teacher Education Program）の修了生（10.32 %），そして，29,267 人の受験者から 7,690 人の中等学校教員（26.28 %）が合格したと発表した[36]。教師教育推進プログラムとは，ミンダナオ基礎教育支援計画の一環であり，地方 XI（ダバオ地方）の Asatidz（イスラム教徒の教師）を育成することを目的に，フィリピン南東大学（Univ. of Southeastern Philippines）において特

別に，アラビア語などを習得した学生を小学校教員として特別に採用するプログラムであるが，採用枠は制限されている[37]。教員国家試験の各年の平均合格者数が 35,238 人であるのに対して，実際の新任教員数の平均は 7,962 人であり，毎年平均 27,276 人の教員免許取得者が教員になれない状況が起きている[38]。彼らは合格しても自ら学校を回り，就職活動して職を得なければならない。2009 年度の教員総数が 1,157 千人，そして 2010 年度が 1,238 千人と 8 万人の増加をみたが，2011 年度は 1,226 千人となり，景気が回復傾向にある中でも 12,000 人の雇用が喪失している[39]。他の産業，サービス業分野などに比べれば安定しているが，教員数は恒常的に不足しているにもかかわらず，教員免許取得者が職に就けない現実がフィリピンの現状を示している。それは冒頭に述べたフィリピン人教員の海外流出と繋がっている。

　特に，理数科教員の不足において，この傾向は顕著である。実際に教員免許状を持つ有資格の教員は十分ではなく，特に理科教員は，1998 年時では，数学は 80 ％であるが，一般科学で 42 ％，生物で 44 ％，化学は 34 ％，物理では 27 ％しか専門分野の課程を終えていない[40]。それは，理数科が必ずしも学生に人気がなく，大学院では学校長など管理職を目指し経営，管理，研究，評価などを研究分野に移す傾向があることなどの理由による。その結果が冒頭に述べた，フィリピン人理数科教員の海外流出である。海外ではフィリピンよりも高給である上，専門性を高める機会が用意されている。また，物理や化学といった理数科が充実した大学は授業料の高い一流私立大学であることも，理数科教員が育たない理由となっている。よって，フィリピン国内では理数科教員の不足を補うために，専門教科でない教員が理数科を教えることになる[41]。これは理数科教育力の低下を招き，教授法の改善に取り組めない環境を生む。この現状は後述する価値教育とは対比をなし，フィリピンの教員に関わる最も改善すべき教育課題の一つである。

1.3　教員の職務内容

　フィリピンでは，日本のような学級会活動は行われていないが，多くの小学校，中等学校において，週 2 回の朝のホームルーム，そして，毎日の帰り

の時間のホームルームが行われている。学校によっては朝に職員会議が行われ，各学年の会議や各教科教員の会議は，昼休みや放課後等に行われる[42]。

初等学校では，各教員が自分の学級を担任し，すべての教科目を教える。中等学校では，各教員が学級の担任を担うと同時に，教科担任制に基づいて自分の専門の教科・科目を担当する。ここまでの学校における教員の役割はほぼ日本と類似している。また，課外活動やクラブ活動は週に2回程度放課後に教員が担当する。これは，教員が複数の学級を担任したり，通常の業務だけでなく，学校に来なくなった生徒への対応などに忙殺されているためである。また，公立学校では転勤はあるが，多くが自宅から通える範囲内に限られている。これは教員の現在の給与では，自宅から離れての勤務は厳しいためである。給与の改善を求める教員のデモは毎年行われてきた。そして，現在のベニグノ・アキノ3世大統領により，公立学校の教員の基礎給与は9,000ペソから12,000ペソに引き上げられたが，学校設備や教員数も不足している状況での給与引き上げは課題も多い。

2. フィリピン師範大学の教員養成の目標

スペイン時代より，フィリピンにはサント・トマス大学（Univ. of Santo Tomas）などの教会系の高等教育機関があったが，フィリピン師範大学（Philippine Normal University）は1901年の教育法に基づいて米国によって設立されたフィリピンにおいて米国が設立した最も古い高等教育機関である。しかし，フィリピン大学（University of the Philippines）が1908年に設立されるまで，教員養成としての性格よりも官吏や専門職者養成の性質が強かった[43]。しかし，継続的な改革がなされ，米国から独立する1946年までには，教員養成大学としての差別化が明確になされ，フィリピンにおける教員養成の中心校となった。1988年，フィリピン師範大学は，当時のフィリピン・スポーツ文化教育省より，価値教育教員養成のためのセンター・フォー・エクセレンス（Center for Excellence, CENTREX）に委任される。それ以降，附属初等・中等学校において価値教育を通した学校教育の在り方を研究，実践してきた。それ以来，マニラを中心に多くの価値教育を専門とする教員を全

土に輩出してきた。特に，その教員養成の研修プログラムは，大学の宿舎に泊り込みで20日から25日間続く。講習受講生は，ともに生活し，ともに学び，そして食事と仕事をともにすることを求められる[44]。

フィリピン師範大学の教員養成モデルは以下の3つの目標を持っている。

①個人として，そして価値教育の教師として，研修生（教員）の感覚的な幸福感（安寧，福利）を発達させること。
②価値教育の存在価値の批判的な分析に必要とされる，十分な思考の構築のシステム（体系）を発達させるのを手助けする，背景となる知識や情報を研修生に与えること。
③価値教育におけるフォーマルと同様にインフォーマルなクラスをまとめることを可能にする，価値教育者の専門的なスキルを発達させること，そして，トレーナーのために必要となるスキルを開発すること。

トレーニングの目標の焦点は，年ごとに変わり，自己，他者，そして神への信仰と展開する[45]。この拡大する関心は，自らのアイデンティティが，自己―家族―地方―国家―アジア（地域）―世界へと拡大するとの解釈に基づき，価値教育のフレームワークとも符合する。

一方，1997年の改訂より，教授されるべき最も重要な価値であるナショナリズムの価値は，政治的な価値として「グローバリズムとナショナリズム」のカテゴリーの中で教授されるようになってきている。これは国際化の中で，グローバリズムの価値がナショナリズムの価値と整合性を持つものとして教えられていることを意味する。

このグローバリズムの解釈は，先述したデ・ラ・コスタの「人間同士の連帯」にも通じるキリスト教的世界観に裏付けられていると解釈できる。また，近代学校教育制度の国家的確立が米国支配下においてなされたフィリピンでは，米国の社会科教育の影響もあったと思われる。戦後，米国式の社会科導入とともに，この同心円的拡大主義が日本でも受け入れられたが，それは，米国の教育制度・思想が正統性を持つと解釈されてきたフィリピンや日本に

おいてより顕著であったと解される。同心円的拡大主義の受容が無批判な米国教育の受け入れであると一定の批判の対象となった日本に比して[46]，カトリックとプロテスタントの違いはあるにしても，キリスト教思想にも近似するこのアイデンティティの解釈は，フィリピンではより積極的に導入・定着してきたと考えられる。

3. 4Aアプローチとストラテジー（ACESモデル）

フィリピン師範大学では，独自の価値教育教授法の開発にも取り組んでいる。それは，ACESモデルというもので，自己実現のための感情―認知的経験（Affective-Cognitive Experiences for Self-actualization）を目指したものである。

4A（活動（Activity），分析（Analysis），抽象化（Abstraction），適用（Application））アプローチと，プロジェクトチームによって考案された偏りのない（折衷的な）モデルを使用している。それらを①教え込み，②価値明確化，③分析，④モラル・ディレンマ，⑤アクション・ラーニング，行動学習，⑥喚起，⑦誘いの方法論に応用している。

このフィリピン師範大学にみられる価値教育モデルの開発は，同大学だけでなく，アキノ政権時の教育省長官であったキソンビーンが教授するミリアム大学（Miriam College）など，主要な大学で開発が進められている。表3－1は，それらの主要な6つの価値教育プログラムの対照表である。これらの価値教育プログラムは，それぞれの教育機関の実際の教員養成課程の中で用いられている。同時に，それらのプログラムには多くの共通項も多いことが見出される。法的な拘束力を持つ日本の学習指導要領に基づく教授などと異なり，多様なプログラムによって，主要な大学や研究機関独自の教員養成プログラムの開発が行われていることが分かる。

しかし，この価値教育プログラムの対照表からも理解できるように，目的・目標，内容，方法論・教授法の多くの点において共通項がある。また，表右のフィリピン教育省のモデルが，その他のプログラムの指針となっている。1992年のラモス政権下において実施された社会政策「道徳心回復プロ

表3-1　6つの価値教育プログラムの対照表

	VOGOR Model（政府更生のための価値統合モデル）	MCF Model（ミリアム大学モデル）	MRP Model（モラル・リカバリー・モデル）
正当性，目標，目的	公共サービスへの関与を高める必要性	自己（個人）の成長と発達を通じて社会の変革に貢献すること；自己変革のプロセスに着手すること；価値明確化を経験すること；フィリピン教育省の目的を強化すること	道徳心回復プログラムを通じて，人民を創り，国家を建設すること
内容	VOWS の行い，価値発達トレーニングの他の形態	フィリピン教育省のコア・バリュー，人格（paersonhood）の発達／肯定；価値明確化；コミュニケーション・スキル；価値の統合	自覚されたフィリピン人の長所と短所・愛国心と国家への誇りの感覚・共通善の感覚・誠実さと責任の感覚・規律と勤勉の感覚・自章と分析の価値と習慣
方法論	サポート・サービスの提供とそのプログラムのためのメカニズム	トータルの個人経営学習；明らかなストラテジー：価値明確化	調査／研究：フィリピン人の性格の長所と短所，短所をなくす戦略；戦略—個人，社会生活，組織，適切サイズ（Bite-size）・アプローチ；重層的で重領域的

（出典）Bauzon, T. Prisciliano, *Essentials of Values Education*, second edition, National Book Store,

グラム（Moral Recovery Program）」も同様に表に示されているが，価値教育が道徳心回復プログラムと協力する形で推進されたように，それぞれのプログラムがフィリピン教育省によって認可されたプログラムであり，それぞれのプログラムの開発者たちが，協力してフィリピン教育省の教員養成コースを担当している。

　この全人・統合アプローチの諸教授法（アプローチ）と使用の目的，そして具体的な方法・ストラテジーは，表3-2の「価値発達アプローチとスト

PNU Model（フィリピン師範大学モデル）	CRC Model（コミュニケーション・リサーチ・センター・モデル）	DECS（フィリピン教育省価値教育モデル）
社会変革を通じた生活の質向上の共通した追究；国家建設；フィリピン人の自己実現；感覚的な幸福感と価値教育トレーナーの技術的で専門的なスキルの発達	以下のものを教育することによって，概念的基礎を与える。知識―行為の真実と基準を知ること；意志―感情よりも理由付けに強くなり，決定すること；感覚的な教育学的アプローチを開発すること	「人間」は教育の主体であり目的である；「人間」は他面的である・自己・社会的・経済的・政治的存在
価値の社会学・哲学的基礎 フィリピン教育省のコア・バリュー；フィリピン人アイデンティティ；教授アプローチとストラテジー―価値教育に関する技術的な知識／情報	自然とモラルの法・神学的な法（十戒）・文化的価値―人々によって異なるが，モラルの法則を否定しない価値教育に関する技術的な知識／情報	人間の本質に関係する価値
ACES（折衷的な，自己実現のための感情・認識的経験）	価値教育は教え込み：指導，道徳的拘束力，典型的な行い・モデル化，自己規律と善の実践	価値の教え込み；価値明確化；モラルの発達：価値分析；行動学習

2002, pp. 110–111.

ラテジー」の教授法としてフィリピン価値教育の方法論として具体化した。表3-2は，現在のフィリピンの価値教育において活用されている主要な教授法をまとめたものである。認知心理学やコールバーグ理論，そしてキャラクター・エデュケーション（Character Education, 人格教育）の方法論も導入され，現在の，特に米国の教授法の潮流を強く意識した方法論が取り上げられるとともに，トランスパーソナル心理学などの先駆的な心理学の分野からの応用も試みられている。しかし，その中でも相対的に評価が低下すると

表3-2 価値発達アプローチとストラテジー

アプローチ	目的	方法／ストラテジー
1. 教え込み (Inculcation) ―最も古く最も一般的アプローチ	生徒の価値に対する浸透化または内在化。よりほとんど特定の望ましい価値を熟考するように，生徒の価値を変える。	モデリング (modeling)，正と負（ポジティブとネガティブ）の強調，操った選択肢 (mocking, nagging, manipulating alternatives)，不完全か偏ったデータの提供；ゲームとシミュレーション，ロールプレイングと発見学習，物語の読み聞かせ
2. モラルの発達 (Moral Development)	生徒がより高い価値に基づく，より複雑な推論を開発するのを援助すること。生徒の推理の段階で，変化を共有するためだけでなく彼らの価値選択と価値の位置づけのために，推論を議論するよう訴えること。	モラル・ディレンマ・エピソード (moral dilemma episode)，小さなグループで議論できる比較的構築されている事例研究の使用
3. 価値明確化 (Clarification)	生徒が彼ら自身の価値と他のそれらに気づき，認識するのを援助すること。生徒が彼らの価値について，公に正直に他とコミュニケーションをとるのを助けること。彼らの私情，価値と行動のパターンを吟味することに対する，生徒の合理的な思考と感情的な認識の両方を助けること。	ロールプレイ・ゲーム，シミュレーション，不自然であるか本当の価値でいっぱいの状況，徹底的な自己分析運動，感度活動，野外活動，小グループ・ディスカッション，反応明確化ストラテジー (CRS) 価値格子，ランクづけ，グループ・ダイナミックス (group dynamics)
4. 分析 (Analysis)	隣接した周囲に固有の社会問題を調査するために，生徒が論理的思考と科学的手順を用いるのを助けること。彼らの価値を相互に関係させ概念化する際に，生徒が合理的で分析的プロセスを使用するのを助けること。	証拠 (evidence) と同様に理由 (reasons) づけのアプリケーションを要求する構造化された合理的な議論，テストの原則 (testing principles)，類似したケースの分析，ディベート，研究。合理的なクラス討議を交えた図書館とフィールドでの個人またはグループ・スタディ。
5. 考えと感覚を越える行動する学習 (Action Learning-goes beyond thinking and feeling Learning-goes)	生徒に彼らの価値を発見し，それに基づいて行動する機会と可能性を提供すること。生徒が，完全には自立してはいないでコミュニティまたは社会システムの一員であるという，個人と社会を行き来する存在 (personal-social interactive beings) と見なすことを奨励すること。	学校とコミュニティにおける行動プロジェクトと同様に分析と明確化のために挙げられたメソッド，そしてグループの組織化と相互関係におけるスキル練習 (skill practice)
6. トランスパーソナル心理学 (Transpersonal Approach)	生徒間で意識と精神的向上をより高いレベルで開発すること。完全に機能する個人になるために，自己発見プロセスと自己実現の重要性を強調すること。	休みとリラクゼーションのエクササイズ，瞑想と空想，想像，創造力とマインド・ゲーム，認識活動 (awareness activities)

（出典）Major Values Development Approaches and Strategies HP: "Values are caught & taught" by Marte, Nonita C. and Marte, Benjamin Isaac G.
http://valueseducation.net/aprrchs_dgrm.htm〔2009/08/01〕

いうことなく，価値の明確化理論は主要な位置づけを維持している。価値の明確化理論を批判的に発展させていったその他の理論もまた，フィリピンの価値教育においては，生徒の人格の向上を促すという目的を共有する点において，共に有効な道徳理論として並置されているとも解される。そして，先の4Aアプローチの活動，分析，抽象化，適用の目指す価値の発達を促し，ACESモデルの方法論を具体化したものである。

また，価値教育における評価基準のポイントに関しては，教員の判断に任せられることになるが，評価のポイントとして重要なのは，価値の知識や価値教育で学ぶスキルの獲得だけでなく，行い（振舞い）として教員から評価される行動をとっているかどうかが評価のポイントとなる。教師の立場からすれば，体験・経験的学習を通じて生徒の行いに影響を与え，価値的判断の技術だけでなく，合理的思考と人格の発達を促すことが価値教育の目的と言える[47]。評価方法の基本は，定期テスト…25％，確認テスト（レポート）…25％，授業への積極的な関わり（Involvement）…20％，暗唱（Recitation）…10％，出席率…10％，態度・行儀（Behavior）…10％によってなされる。これだけを捉えると通常の教科とそれほど変わらない評価の仕方であると考えられるが，(a) 自覚あるいは価値概念（awareness or value concept），(b) 感情と態度（feelings and attitudes），(c) 人格形成と行動（characterization and action）といった人間の行為として表れる3つの価値の測定を重視する点において特色が見出される[48]。

表3-3は，テストの評価方法の事例であるが，この評価基準では，生徒Aは平均84.25×40％の成績を採ったことになる。よって，生徒Aの総点数は33.7となる。それぞれの特質に対する数値での評価は文書での成績に換えることができる。例えば，成績表における特質に関する部分を埋めるために，85点の「誠実」は評価Cに相当する[49]。多様な価値を教授する価値教育においても，授業の理解度とともに，そこから価値教育本来の目的である内発的に生じる人間的成長が客観的な評価のポイントであることが理解できる。

しかし，価値教育の成立過程に深く関わったキソンビーンが述べているよ

表3-3 テストの評価方法（生徒Aの例）

TRAITS（特質）	T-1	T-2	T-3	T-4	T-5	Average（平均）
1. Honesty（誠実）	85	85	80	90	85	85
2. Courtesy（親切さ）	80	80	85	85	85	83
3. Helpfulness and Cooperation（有益さと協調性）	90	90	85	85	85	87
4. Obedience（従順さ）	80	80	85	80	85	82
5. Etc（その他）						
Rating under behavior observation（振舞いを観察した上での評価） A-Outstanding（極めて優秀）-96-100, B-Very Satisfactory（優良）-86-95 C-Satisfactory（良好）-76-85, D-Needs Improvements（要改善）-66-75						84.25

（出典）Grading System, HP: "Values are caught & taught" by Marte, Nonita C. and Marte, Benjamin Isaac G. http://valuesed.homestead.com/files/prfle.htm〔2009/08/01〕
Quisumbing, Lourdes R., *A Study of the Philippine Values Education Program 1986-1993*, UNESCO National Commission of the Philippines, 1993, pp. 126-127.

うに，本質的な価値教育の評価は，短期的な学期ごとの評価だけでなく，長期的な観点からも評価されることが求められる。それだけ人間の精神的，心理的成長を評価することは認知心理学的にも極めて困難な行為であり，また価値教育は人間の成長に潜在的な影響を与えるものとなるからである。キソンビーンは，初等教育の4年生と6年生，中等学校の2年生と4年生など，長期的な観点からの生徒のより一般的な価値認識の発達をはかる評価テストを行うことを提案している。それはまた，価値教育自体の影響を分析する必要性を認めているからである[50]。

4．基礎教育カリキュラムの価値と内容

多様な特色を持つ価値教育の教授法は，実際の授業ではどのように活かされているのか。フィリピン師範大学において授業観察した実際の事例を考察していく。

実際の授業実践の分析に移る前に，フィリピンの公立の中等学校において教授されている学年ごとの学習内容と教科目間の関連について社会科を事例に分析する。表3-4において明らかなように，社会科は学年ごとに学習す

る内容が定められている。中等学校1年でフィリピンの歴史と政府，2年でアジア学習，3年で世界の歴史，4年で経済の動きの学習内容となっている[51]。

　同じく，各学年ごとの他の教科目において教授される価値をみると，それらは社会科の内容と連繋できる学習内容となっている。つまり，フィリピンの学校教育のカリキュラムは，価値教育を中心に教科目が統合されるコア・カリキュラムに近いカリキュラム構成になっている。加えて，その他の主要科目においても，それぞれの教科目の学習体系を維持しつつも，価値教育が導入されるという相関カリキュラムに近いカリキュラム構成になっていると分析できる。フィリピンの学校教育がどのカリキュラムの類型に当てはまるかは分析者によって異なる見解が生じると考えられるが，そのカリキュラム構成がオリジナリティに富むものであることは確かである。

　表3-5はフィリピン師範大学附属中等学校の時間割の一例である。この表からもこの中等学校の特色が理解できる。フィリピン師範大学は小・中一貫学校であるため，中等学校の学年が初等からの累計の学年を指すため，7学年は中等学校1年生を指す。授業観察したフィリピン師範大学附属中等学校では，水曜日には通常の授業はなく，学級活動，生徒会活動，特別活動が集中的に行われる。そして，月曜日と木曜日，火曜日と金曜日は同じ時間割で行われる。主要4教科は90分の授業時間で，統合科目と価値教育は一時間の授業時間で行われる。これは，授業との合間の休み時間が時間割に反映していないからであり，通常1時間の授業のうち50分前後の授業となる。また，科学と社会科は2コマ続けて行われる場合がある。学生は各教員が主に使用する教室に移動して授業を受ける。各学年のクラスには価値のクラス名が与えられており，各学年2クラスで1クラスが50名である。附属学校への入学は通常の公立学校と異なり，10倍以上の競争率がある。この附属学校での実践はどのようなものなのか。統合科目の中でも社会的価値を教授しやすい社会科と価値教育の授業観察を通し，どのように先述したストラテジーが用いられているか考察する。

表3-4 基礎教育カリキュラムで学習される価値と教科目間連携（社会科）
価値教育の評価基準のポイント

学年	社会科（統合科目）	統合科目で学習する価値	フィリピノ語
1年	フィリピンの歴史と政府	焦点：人権 ―歴史 ―事件 ―人権侵害の形態 ―人権侵害の防止 ―事例研究（ケーススタディ）	―政府の法律 ―市民と法 ―民主主義と自由 ―人権：民主的プロセスへの挑戦 ―権利としての宗教
2年	アジア学習	アジアの課題と問題 焦点：上に同じ	―ナショナリズムと独立 ―環境と発展 ―新植民地主義とアジア ―アジアのナショナリズム
3年	世界の歴史	グローバルな人権に関する争点 焦点： ―紛争 ―戦争 ―テロリズム ―人権侵害 ―飢餓 ―事例研究（ケーススタディ）	
4年	経済の動き	消費者の権利 ―法律 ―プログラムとプロジェクト	

（出典）Annex A: Human Rights Concepts Across Learning Areas, "Integrating Human Rights Corazon L., *Human Rights Education in Asian Schools*, Vol. 7, Hurights Osaka, 2004. http://www.hurights.or.jp/pub/hreas/7/03Philippine.htm〔2007/11/10〕

英語	科学	数学
―他人の権利に踏み込んでいいの？	次世代のための土壌，森林，野生生物の保護	―教科内容を助けるために協力的で双方向の学習が用いられる ―グループのメンバーは意見を自由に表現することが求められ，表現のための尊重が保護される
―市民の権利についての関心	環境問題の予防	―人権教育はこの教科と他の学習分野に統合される
―障害を乗り越えよう ―矛盾した行為や言葉の調停・克服	―科学技術において反応を制御することの重要性 ―食糧保持，防火，汚染，腐食，製造等の反応に影響を与える諸要素の使用	
正義のための教育を考えることを学び主張する ―基本的人権の擁護 ―非暴力の文化 ―グローバル化に向かうことなど		

Concepts into the School Curriculum: The Philippine Experience," Miranda, Noel and Echano,

表3-5 フィリピン師範大学附属中等学校 2008-2009 年度前期時間割

月曜日・木曜日

授業時間/学年(クラス名)	7学年(Patience)	7学年(Generosity)	8学年(Nationalism)	8学年(Courage)	9学年(Loyalty)	9学年(Goodwill)	10学年(Resourcefulness)	10学年(Responsibility)
7:30-8:30	価値教育	音楽/美術	技術・家庭	数学	科学	フィリピン語	数学	社会
8:30-10:00	英語	数学	生物	技術・家庭	英語	科学	音楽/美術	フィリピン語
10:10-10:20	休憩時間							
10:20-11:50	音楽/美術	科学	数学	英語	数学		フィリピン語	物理
11:50-12:50	フィリピン語	英語	価値教育	社会	フィリピン語	社会	物理	英語
12:50-1:50	昼食時間							
1:50-2:50	技術・家庭	健康	フィリピン語	生物	音楽/美術	数学	英語/社会	物理/数学
2:50-3:50	科学	技術・家庭	英語	英語	体育/健康	音楽/美術	社会	音楽/美術
3:50-4:50	数学	社会	体育/健康	価値教育/フィリピン語	価値教育/英語	技術・家庭	社会	価値教育

火曜日・金曜日

授業時間	7学年(Patience)	7学年(Generosity)	8学年(Nationalism)	8学年(Courage)	9学年(Loyalty)	9学年(Goodwill)	10学年(Resourcefulness)	10学年(Responsibility)
7:30-8:30	フィリピン語	価値教育	技術・家庭	生物	科学	フィリピン語	数学	物理
8:30-10:00	英語	フィリピン語	生物	フィリピン語	英語	科学	技術・家庭	社会
10:10-10:20	休憩時間							
10:20-11:50	社会	数学	社会	数学	社会		物理	技術・家庭
11:50-12:50	昼食時間							
12:50-1:50	科学	技術・家庭	音楽/美術	数学	数学	英語	英語	フィリピン語
1:50-2:50	数学	科学	フィリピン語/英語	社会/技術・家庭	図書館/数学	社会	フィリピン語	体育/健康
2:50-3:50	技術・家庭/数学	科学	フィリピン語/英語	社会/技術・家庭	技術・家庭	数学	体育/健康	英語
3:50-4:50	体育/健康	英語	英語	社会	フィリピン語	技術・家庭	価値教育	数学

5. 統合科目における授業実践
5.1 社会科の事例(1)

これまで統合科目の一つである社会科について見てきたが，ここでは，実際の社会科の事例を踏まえ，価値教育との統合の在り方について考察する。

ここでの事例は，2008年8月14日（木）3時間目（10:20-11:50）に授業観察した中等学校3年生（9年生）（クラス名：goodwill）のクラスである。社会科を担当されたのは，教授でもあるマブンガ（Prof. S. Mabunga）教員である。使用言語として概ね英語を用いているが，時折フィリピノ語も会話で使用されている。事前の先生からの説明より，古代ギリシャのクレタ（ミノス）とミケーネ文明が栄えた位置を世界地図で確認し，クレタとミケーネ文明の特徴／要素を挙げることができることがその日の授業目標であると伺った。

○ニュースシェアリング

まず，教師は，生徒に最近の国内のニュースについて聞く。それに対し，女子生徒がミンダナオのARMM（ムスリム　ミンダナオ自治区）の選挙において，初めてコンピュータが導入されたと述べる。また，世界のニュースについてはどうですかとの教師の問いに対し，男子生徒が，北京オリンピックが開催されていると答える。それに対し，「私たちはオリンピックから何かを得ることができますか？」と教師がその男子生徒に質問する。生徒は「協力です」と答える。「なぜなら，世界で環境問題を解決していく際に，各々の国が互いを助けることが必要だからです。オリンピックに参加するのが必要なのではなく，オリンピックに参加することが問題の解決につながります。」と答える。また，次のようにフィリピノ語で答える。「政府があまりよくスポーツを促進しないので，フィリピンはメダルを取ることができません。ですが，裕福な国だけが，例えば，水泳，サイクリング，格闘技といったスポーツを日頃から行うことができます。」これには教師もフィリピノ語でそうですねと返答する。

○**Visionary Game**（ピクチャー・ゲーム）

次に，教師はゲームの仕方について次のように説明する。男性対女性のVisionary Game（見た目ゲーム）をしましょうと呼びかける。ゲームは視覚だけを用いることをルールとする。1人の人に語が与えられ，生徒は黒板に絵を描くことだけができる。そして，他のグループの仲間は相手グループの語が何であるかについて推測していく。グループは3回の推測を出すことができる。

〈ラウンド1〉男子グループは，結果Chinese（中国人）を推測して正解，女子グループは『sumer』を推測し，正しい答えのように聞こえると答えたが，正解はSumerians（シュメール人）であった。

〈ラウンド2〉男子グループはUrban（都市）を推測したが，正解はDevelopment（開発），女子グループは，People（人々）を推測し，正解もPeople（人々）であった。

見た目ゲームでホワイトボードに貼られた言葉：最も幸せな人々が，すべて最高のものを必ずしも持つというわけではありません。彼らは，単に彼らが途中で発見するものを評価します。

教師が生徒にもとめる。「この言葉の例はありませんか？」それに対して一男子生徒が答える。「それには「満足（contentment）」と答えます。貧しい人々がいても，彼らが持っているものを評価するならば，彼らは幸せです。私たちは，私たちが持っているものに満足していなければなりません。私たちが少なくとも問題ない古い車を持っているならば，私たちの家族と友人が車に乗ることができるからです。」

教師が黒板に書く。「我々全員は，一緒にこの電車に乗り，その途上にいます。とりわけ，我々全員は，それぞれが最後に電車の最終的な停止を行うまで，我々ができるのと同じくらい楽しくて忘れがたくするよう努めようとしなければなりません。」

男子生徒「私たちの人生で，私たちのこの小さな瞬間を忘れがたくしなければなりません。私たち自身だけでなく，また，我々が電車で会う他の人々を幸せにするために。人々のために援助できるだけの人生を，

希望を持って送っていくべきです。」

○迷宮（ラビリンス）についての問いと意味のウェブ（semantic web）
教師：私たちはギリシャ（について学んだこと）を覚えていますね。迷宮（ラビリンス）は，どういうものでしたか？　それは，囚人または悪魔が逃げるのを防ぐことための迷路でしたね。最初に，ギリシャに落ちついた文明はミノス人のクレタ（ミノス）文明でした。それに続いたのがミケーネ人のミケーネ文明でしたね。クレタ（ミノス）文明が紀元前4000年から3000年，ミケーネ文明が紀元前1600年でしたね。

○地図の確認とグループ学習
教師：まず，ミノス文明とミケーネ文明がどこで起こったのか確認して下さい。
　男子生徒が後ろの地図に走る。「先生，場所を見つけました。」生徒が黒板の地図で場所を皆に教える。

社会科の授業の様子1　生徒は積極的に前に出て自らの意見を発表する。

教師：はい，そうですね。ありがとう。では，これから資料を配ります。ミノス文明とミケーネ文明の特徴をグループごとに挙げて下さい。あなたがこれらの文明から思い出せるものの意味のウェブ（semantic web）を書き出して下さい。グループの代表は黒板に書いたものを貼り出して下さい。

　黒板に生徒が意味のウェブを貼り出す。ミノス人：陶器類，女神，噴火，線形B，アクロポリス，アガメムノン，トロイ，アカイア人，線文字A，イリアッド，ホメロスなど。

教師：これらは文明の構成要素ですね。これらのいくつかは以前考えました。ですが，これは非常に良い話題ですので，先生はこれらもチェックすることに決めました。うまくいけば，みなさんはこれらを評価することができます。この文明はクレタ島から始まりました。海に囲まれて，この場合は地中海ですが。なぜ，この文明は海の近くから始まったのですか？

男子生徒：彼らが資源に近くなるからです。

教師：ミノス人はミノス王という名の彼らの前王から彼らの名前を得ました。そして，その人はゼウスの息子と呼ばれています。クノッソスは古代ギリシャのクレタ島にあった都市で，古代ミノア文明の中心地で最も大きな都市です。ギリシャ神話に出てくるミノタウロスは牛頭人身の伝説的な怪物ですね。そのミノタウロスの名前を挙げました。彼らはミノタウロスを殺しました。彼らの強さを示したかったのです。闘牛（雄牛）のダンスは，大きなお祝いの祝賀である彼らのスポーツを意味します。火山噴火は，ミノス人が突然姿を消した理由を意味しています。彼らは，火山噴火のため，多分姿を消したのでしょう。線文字Aはミノス人の書き方です，しかし，我々はまだ彼らの文書を理解できていません。アクロポリスは，都市国家の最も高い都市の一部です。あなた方は，ギリシャ文明で最も何を覚えていますか？

女子生徒：ホメロスの著作です。彼は目が不自由でしたが，私たちは彼らのギリシャ文明について多くの歴史を学ぶことができます。

> **教師**：これまで学んできたクレタとミケーネ文明の特徴の中で，我々はギリシャの文明と彼らの話の影響を受けることができます。私たちが学ぶべきことはありませんか。そして，フィリピンの方法として，私たちに採用できるものはありませんか。
> **女子生徒**：どんなことにも最後まで努力することではないかと思います。それは，私たちにもできます。
> **男子生徒**：私たちは国として成長するために我々自身の強さと能力を信じなければならないと思います。私たちは，私たちの国の歴史と文化を賞賛する際に団結しなければなりません。
> **教師**：そうですね。彼らの忍耐（Perseverance）は素晴らしいですね。彼らには忍耐，不屈の精神があったので，今に残る様々な文化をつくり出すことができましたね。

また，授業が終わった後に，先生は次のように授業について説明されている。「あらゆるクラスにおいて，私たちは教訓として何が良い価値で何が悪い価値かを話し合い，また説明します。社会科の授業は，英語とフィリピノ語で自己表現できるクラスです。クラスで自分の感じたことと意見を表現できるのです」。歴史の授業の中でも，多くの教授法が用いられるとともに，要所ごとに価値づけがなされている授業実践である。

5.2 社会科の事例(2)

ここでの事例は，2008 年 8 月 14 日（木）6-7 時間目（14:50-15:50, 15:50-16:50）に授業観察した中等学校 4 年生（10 年生）(Resourcefulness)のクラスである。社会科を担当した先生は，事例(1)と同じマブンガ教員である。使用言語としてだいたい英語を用いているが，3 年生よりもフィリピノ語が多用されている。経済の基本的な動きである需要と供給の関係について学ぶのが授業目標と伺う。

○ニュースシェアリング

　教師が「現在，世界では何が起こっていますか？」と問い，女子生徒が「グルジアとロシアの間で戦争が起こっています」と答える。教師「そうですね。グルジアは，前はロシアの一部です。グルジアはソビエト連邦から1992年に最終的な独立を得ました。冷戦の後，ソ連がより弱くなったので，ソ連は他の地域をあきらめなければなりませんでした。それで，グルジアや他の国は独立国になりました。主な理由は経済的な理由です。そこでは多くのフィリピン人の海外労働者が雇用されています。そして，この紛争の影響を受けて，また，我が国も影響を受けるでしょう。」

○パワーポイントを使っての授業1
教師：優れた企業家の特性は，エネルギッシュで，高いマネジメント能力を持ち，問題解決能力があり，革新的で，リスクを恐れず，ストレスを上手くこなすことです。では，企業家だけがこれらの特性を持つと思いますか？（生徒の賛同を求める）いいえ，これらはすべてより良い人物にある特性です。世界で最も金持ちの人物の一人は，チャリティーへ310億ドルを寄贈しました。

教師：あなたが世界一の金持ちであったなら，あなたは何をするでしょうか？　"他の人々を助けてください"，"城を作ってください"，"私は欲しいものはなんでも得ることができる"ですか？　ウォレン・バフェットという世界で最も金持ちの男性は次のように言っています。

　パワーポイントを使っての授業に入り，ウォレン・バフェットの言葉を引用する。

教師：「(何か良いことを思い立ったら) 早く始めてください，そして，子どもがある種の仕事を始めるよう奨励してください。あなたが本当に必要とするもの以外を買わないで下さい。あなたの必要性の中で暮らして下さい。あなたはあなたなのです。私は1年に一度だけ最高経営責任者たちへの手紙を出します。この手紙は1年の目標です。

〈ルール1〉あなたの株主のお金のいずれも失わないで下さい。
〈ルール2〉ルール1のルールを忘れないで下さい。
　彼らには1つの重要な規則しかなく，そして，彼らはそれを保たなければなりません。
　我が国に関する問題というのは，私たちには多くの規則がありますが，いくつだけの規則が守られているかということです。自慢屋にならないようにしてください。そして，ただあなたが行っていることを楽しんでください」。
教師：2番目は世界2番目の富豪であるビル・ゲイツです（ビル・ゲイツの言葉を引用する）。

「クレジットカードから離れていて下さい。シンプルにあなたの生活を送って下さい。そして，あなたが良いと考えることをして下さい。」
「気取らないで下さい。あなたが（心理的に）ただ心地よいところにただ同調して下さい。不要なもののためにいたずらに金を使わないで下さい。最も幸せな人々は必ずしもすべての最高のものを持っているわけではありません。彼らは単に，彼らの途中で見つけるものに感謝しているのです。」この彼らの話の中であなたが気に入ったところはどこですか？

男子生徒：ウォレン・バフェットは最も大きい航空会社を持っていても，彼は自家用機を使いません。彼は本当に謙虚な人です。
女子生徒：人間がお金を管理するのであり，お金が人間を管理するのではありません。謙虚でないといけないと思います。

○パワーポイントを使っての授業2
　教師があるお金持ちからの手紙のパワーポイントを見せる。
教師：お金持ちのカルロスからの招待状があります。（太平洋に浮かぶ島を見せる）カルロスは休暇の間，その美しい場所で泊まるようにと招待してくれます。たとえそこが本当に泊まるには気持ちの良い場所であるにもかかわらず，招待状は非常に控え目です。また，彼は自分だけで

なく，私の家族も一緒に連れてくるように言ってくれます。そして，ボートで迎えに来てくれると言っています。（そして，フェリーとまるで家のように大きなバスの写真を見せる。最後のスライドは招待へのYESとNOのサインを示す。しかし，生徒らはYESボタンをクリックすることができない。）

教師：これらの2つのパワーポイントのスライドの中で，類似点と違いは何ですか？　両方とも豊かです。必要とするもの（Needs）と欲しいもの（Wants）を切り離しましょう。これらの間を需要（DEMAND）と呼びます。需要には2つの要素があり，人が買いたいとの欲求であり，もう一つは，それを買う能力があることです。……私たちが食べ物を買うとき，私たちは欲しいものと私たちが買う余裕があるものを買います。時々，私たちは何かを買うことができますが，本当には食べたくないものもあります。ですので，私たちは食べたいものを買わなければなりません。

教師：需要を説明するには4つの方法があります。どのように経済を説

社会科の授業の様子2　発問によって経済理論への理解が深まっていく。

明することができますか？ カーブを引いてください。この例では，マンゴーの需要のためのチャートがあります。（教科書のマンゴーのチャートを使い，需要（Demand）の法則では需要と価格は反比例することを説明する。そして，需要曲線 Qd＝f(P)＝a－bP（b は傾斜）を説明する。そして，皆で教科書の問題を解く。）

○パワーポイントのスライド
教師：（パワーポイントの需要表を指しながら）このテーブル表では，H から H が HH がすべての可能な価格で買う製品の異なる量を示しています。ですが，需要の法則には例外があります。

1. ギッフェンの財：利益，価格が上昇するとき，また，要求される量は増加します。
   例えば，骨董品，絵，珍しい動物
2. スノッブ（俗物）商品：多くの人々が買うとき，その需要は急速に降下します。
   例えば，携帯電話。価格は非常に高いけれども，多くの人々がそれを持つとき，それは一般的になり，需要は非常に低くなる。

教師：需要曲線は Y 軸（価格）と X 軸（Qd）を横切ることができます。Y 軸（pt. A）と交差させて下さい：特定の価格で，Qd が zero（0）であることを意味します。X 軸（pt. B）と交差させて下さい：価格が zero（0）のとき Qd（0）であることを示します。このように示すことができることを，収穫逓減の法則（law of diminishing returns）といいます。つまり，需要関数（demand function）：価格と Qd（需要の法則）の関係の数式です。

　教師は何度か説明を繰り返し，理解を促す。後に次のように解説を続ける。

教師：まとめると，あなたはこのレッスンから何と結論することができますか？

男子生徒：ビジネスマンが最も利益を上げることができる価格を見つけ

るためです。
教師：みなさんが，何か仕事でビジネスとしている時に今日学んだことを心がけて下さい。ですが，実際の経済はこの考え方のように分かりやすく動くでしょうか。（「大変複雑です。」との複数の生徒からの返答。）経済は容易には動きません。ですから，ビジネスはいつでもうまくいくとは限りません。そのような時には何が大切ですか？
複数の生徒：我慢（忍耐）することです。マーケット（市場）の調査です。
教師：どれも大切ですね。我慢（忍耐）も，調査も大切です。そして，今日学んだのは，常に必要とするもの（Needs）と欲しいもの（Wants）を分けて考えるようにすることです。いいですか。そして，皆が幸せになるようにビジネスをしてほしいと思います。

授業で多用されていたグループ学習について質問した際，男女に分かれたグループ学習について教師からは，以下のような説明があった。「教員は，よくクラスを男性対女性のグループで集めます。これは，フィリピンでは学問の上からも，男性と女性が平等な能力を持っていることを示すためです。また，男女の異なる価値観を認め合うためです。」また，教授された価値については次のように説明された。「忍耐の価値を学ぶことは，企業家精神を学ぶためにも，よい消費者になるためにも不可欠なことです。それが経済に対する基本的な考え方になるべきです。社会的責任感のある，賢明な大人になってほしいですから。」

5.3 価値教育の事例

ここでの事例は，2008年8月15日（金）7時間目（15:50-16:50）に授業観察した中等学校4年生（10年生）のクラスである。価値教育を担当した教員は，予定されていた先生ではなく，教育実習生として参加していた修道女でもある教員である。使用言語は，ほぼフィリピノ語で準備されていたが，授業観察が分かりやすくなるようにとの配慮から，英語とフィリピノ語によ

る講義となっている。この日の授業目標は家庭・社会における規則や法律の重要性についてである。

　　授業はキリスト教の祈りを捧げることから始まる。そして，キリスト教の歌を歌い，簡単なダンスを踊る。次に，教師は前回の試験の答案を生徒の名前を呼んで返却。その名前が呼ばれるとき，生徒に互いに讃え合うように拍手を促す。
教師：国で，または，家族での規則と法律に関わる皆さんの（個人的な）経験についてうかがいます。法律や規則は開発，平和，秩序安定を成し遂げるためにあります。あなたがテレビまたは新聞紙で規則に従わない人々がいるのを見るとき，あなたはどのように反応しますか？　世の中には，犯罪や違法なことをするたくさんの人々がいます。私たちは人間は完璧でないと見ます。我々自身の政府においてさえ腐敗があります。
教師：私（先生）自身の個人的な経験を話します。私がミンドロ（フィリピン南部の都市）にいたとき，互いに争っていた2人の兄弟がいました。一人は，彼自身の兄弟を殺しました。我々は，それが我々の国で起こっている本当にひどいことであると否定することはできません。横領や腐敗は，私たちの国の主な問題でもあります。これは，根を持っています。不正や嘘のような小さなものが，この大きな問題の原因です。ちょうど今，政府の横領と腐敗は，国の経済悪化の主要な原因です。
教師：私たちは，これらの犯罪が起こるのを防ぐために行動しなければなりません。厳しい罪を犯す人々に対して，数年の間，刑務所に留置させるような罰があります。（他国からの逃亡犯人などの）送還は，1つの国または州が有罪となった犯人の引き渡しを要請して，もう一つの国または州から得る公式プロセスです。戦争のとき，死刑は政府によって行使されました。あなたは，これらの法律を実施することに同意しますか？（1. 強制送還について，ほぼ半分のクラスの生徒が（他国からの逃亡犯人などの）送還の罰に同意するに手を挙げる。）では，死刑はど

うですか。(2. 死刑について，生徒たちはこの処罰には反対に手を挙げる。) そうですね。誰も他人の命を奪う権利は持っていません。なぜなら，神だけが人の人生をとる力があるからです。では，10年から20年の拘留はどうでしょうか。(3. 長期間の拘留について，この期間で間違った行いに改心することができるので，10-20年の拘留に生徒は同意するに手を挙げる生徒が多い。) そして，（致死的な）薬物注射についてはどうですか。(4.（致死的な）薬物注射について，生徒は同意しないに手を挙げる。男子生徒は「過去にフィリピンで履行されていたものですが，現在，それは国民によって拒否されています。なぜなら，キリスト教の国として，神だけがその人の人生にわたって権威を持つと私たちは信じているからです。」と答える。)

教師：私たちは，これらの罰を避けるために，何をしなければなりませんか？

女子生徒：私たちは，罰を避けるために，法律と規則に従わなければなりません。

教師：そうですね。国の法律も大切ですが，神の法則，あるいは10の戒律（十戒）に従うことにより，この世での私たちの価値を基づかせてください。

　十戒の書かれた用紙を一つの戒律ずつ黒板に貼る。そしてそれぞれの戒について説明する。

教師：まず，第一，わたしはあなたの神，主であって，あなたはわたしの他に，何者をも神としてはいけません。（生徒に発問しながら）私たちは，何ものにもまして，神を畏怖し，愛し，信頼すべきです。

教師：第二，あなたは，あなたの神，主の名を，みだりに唱えてはならない。これはどんな意味ですか。

女子生徒：神の名を語って，悪いことをしないことです。

教師：そうですね。私たちは神を畏怖し，敬愛すべきです。それで私たちは，神の名を語って，悪事を行ったり，うそをついたりしないで，困った時にこそ神に祈り，神を褒め称え，感謝することが大切です。

教師：第三，安息日（日曜）を敬い，これを神聖にしておきます。安息日を敬うためにはどうしたらよいですか。

複数の生徒：教会に行くことです。

教師：そうですね。私たちは神を畏怖し，愛すべきです。そして，私たちは，神の御言葉を聖なるものとして，喜んで聞き，学ぶべきです。

教師：第四，あなたの父母を敬いなさい。これはどのような意味か分かりますね。これは，神に畏敬の念を持ち，神を愛する人間の振舞いを説いたものです。私たちは，両親や目上の人を大切にしなければなりません。そして，今日勉強しました，法律や規則を守る意味からも，次の第五は最も大切です。第五，あなたは殺してはならない。……私たちは，他人の体を傷つけたり，苦しめたりしてはいけません。むしろ，困難な状況があれば，その人を助け，励ましていきましょう。このように，堕胎（妊娠中絶），（致死的な）薬物注射，麻薬，死刑などは，この第五の戒律に反する違背（冒瀆）となるのです。

教師：第六は分かっているでしょうか。あなたは姦淫してはならない。これはどのような意味ですか。

女子生徒：結婚したならば，夫婦は互いに愛しあい，パートナーを尊敬しあうことです。

教師：お互いを敬いあうことですね。ことばにおいても，行いにおいても，正しく生きることです。第七も法律や規則を守ることに繋がります。盗みをしてはならない。これはどのような意味を持ちますか。

男子生徒：私たちは，他人の金や物を盗んだり，また不正に儲けたりしてはいけません。

教師：第八も法律や規則を守ることに繋がります。あなたは隣人についての嘘偽りの証言をしてはならない。これは，法律や規則を守る点からは，どのような意味ですか。

女子生徒：私たちは，隣人の悪口を言ったり，悪い噂をたてたりしてはいけません。

教師：そうですね。陰口を叩いたり，裏切ったりすることも神の御心に

価値教育の授業の様子　教師を囲むように座って授業が進む。

反します。他人の良いところを語り，すべてを善意で解するようにしましょう。

教師：第九は，隣人の妻を恋うるなかれ。それはなぜですか。

女子生徒：私たちは，隣人のものを望もうとしてはいけません。そのような心でいると，法律や規則を破り，罪を犯してしまうでしょう。他人のものを横取りしようとする心は，神の御心に既に反しています。また同じような意味において，好色（文学）的なものに親しむのも罪を犯す原因になります。

教師：第十，あなたは隣人の家を望んではいけません。これはどんな意味ですか。

男子生徒：私たちは，他人の家や財産をねらったり，あるいは法律を理由に自分のものにしたりすることは，法律にも反しますし，神の御心にも反します。

教師：そうですね。その人のものは，その人が維持できるように支えてあげることが大切です。それが神の戒めを守ることになります。そして，聖書には神を憎むものには，罪の報いが子孫，三，四代にまで続き，神の戒めを守ると，その恵みは千代の子孫にまで至ると述べています。神

> の戒めはすべての人々に求められます。それゆえに、十戒を守ること、神への畏敬の念を忘れないことが、法律や規則を守ることに繋がるのです。神は、戒めを守るすべての人々に恵みを与えると約束されています。ですから、私たちもまた、神を愛し、信頼し、神の戒めに喜んで従いましょう。最後に歌を歌って終わりにします。
>
> 　最後に再び神を讃嘆する歌を歌い終わる。「……偉大な愛である（神）主への大事、偉大な愛である（神）主への大事、神に照らして歩くこと、照らして歩いて、歩いて、歩いて、歩きなさい……」

　十戒は、旧約聖書（ユダヤ教聖書）の出エジプト記20章3節から17節、申命記5章7節から21節に書かれている。エジプト出発の後にモーセがシナイ山において、神より授かったと記されている[52]。この十戒に関しては、ユダヤ教、東方正教会、プロテスタントと、カトリックとでは内容に少し違いがあり、授業において言及されたものはカトリックの十戒である。

　授業は完全にキリスト教徒、特にカトリックを前提とした授業であった。ここでは、次節にて考察するミンダナオでの授業実践のように、フィリピン社会に存在する他の宗教を前提としたものではなかった。カトリックの修道女でもある先生の授業であるから当然であるが、少数であるがプロテスタントの生徒もおり、同校には在籍はしていないが、ムスリムの生徒もフィリピンには存在しているのである。今回の授業はこれまでに観察したどの授業とも異なる。教えるべき価値の基礎となる思想が明らかにキリスト教に依拠していたからである。このような価値教育の授業は、私立学校ではより宗教的理念に基づいてなされているであろう。また、マニラという地域性がこの授業を成立させる要因となっていることも疑いえない。1986年の革命の際にもマニラのキリスト教会が民主化運動の主導的な役割を果たしたからである。

　授業の後、今回の授業にカトリックの生徒以外が受講した場合の道徳的、価値的な普遍性はあるのかどうか教師に質問した。これに対して、「イスラームもまた、唯一神を信仰しているのであり、共通している。また、十戒はそれだけで普遍性を持っています」との返答であった。このようなキリス

ト教に基づく授業が成立するのは，価値教育成立以前から週末には道徳教育の一部として，カトリック神父による講話の時間が認められてきた背景があり，その伝統は教会が根づいている地域においては現在も続いているからである。

6. 指導案からのカリキュラム分析

以上のように，価値教育を含む，統合科目の中心科目である社会科の授業の実践事例をみてきたが，これらの授業実践の特色はどのように見出されるのか。最初に述べた社会科の授業の指導案（授業計画）を基に，カリキュラムにみられる統合科目の特色を以下に分析していく。

○中等学校3年生（グレイド9）社会科　フィリピン師範大学附属中等学校

教員：Prof. S Mabunga（マブンガ教授）　2008/08/14　9:50-10:50

① 目的

ディスカッションを通じて，生徒たちは次のことが可能になる

1. 世界地図に古代ギリシャのクレタ（ミノス）(Minoan) とミケーネ（Mycenaean）文明が栄えた位置を確認することができる。
2. 意味を仕組んだもの（貼りもの）(semantic web) からクレタとミケーネ文明の特徴／要素を挙げることができる。
3. クレタとミケーネ文明の特徴／要素を議論し，分析する。
4. 黒板への書き出し（graffiti activity）を通じて，クレタとミケーネ文明の真価を認める。

② 内容

A. トピック：クレタとミケーネ文明
B. 参照：Wikipedia.com, Ancient Greece.com
C. 資料（用具）：フローチャート，書き出しのための用紙

③ 授業
　A. 準備（導入）
　　1. 最近のニュースについての話し合い
　　2. 復習：空想上と地図上の位置
　　　・アジア（中国，インド，シュメール）
　　　・文明（人々，発展，精錬）
　　3. 動機：迷宮の言葉（ギリシャ）
　B. 授業進行（展開）
　　1. 地図上の位置
　　2. 論題についての記事/読み物の配布
　　3. グループ討議についての教師の指導
　　4. グループ討議
　　5. 意味を仕組んだもの（貼りもの）と黒板での分析
　C. まとめ
　　黒板の貼りものに基づいて，議論されたことを生徒に説明してもらう。
　D. 価値づけ
　　PERSEVERANCE（忍耐，不屈の精神）
　E. 応用
　　クレタとミケーネ文明の特徴の中で，私たちに採用できるものは何ですか。
　　また，それはなぜですか。
　F. 評価
　　書き出しを通して，クレタとミケーネ文明の特徴/要素を挙げる。
④ 宿題
　1. クレタとミケーネ文明の特徴/要素に近いフィリピン人について調べる。
　2. 3パラグラフ程度で調べた内容をまとめて提出する。

以上のようにまとめると，授業の展開に大きな特徴があることが分かる。それは，日本での教科教育の教授法と比較した時により明確となる。日本では，導入—展開—まとめの授業展開はどの教科目においても共通するものであり，上記の授業における③のA～Cにあたる。そして，この授業展開はその他の多くの国々においても共通している。

　しかし，この授業において示された指導案には明らかな相違点がある。それは，D（価値づけ）E（応用）F（評価）の展開にあるが，この展開の特色として以下の効果を目指していると指摘できる。第1に，D～Fの展開を意識して行っていることで，問題意識を持って授業に参加できるだけでなく，授業内容の定着を図る目的があること。第2に，価値教育との統合が授業を単に知識伝達手段ではなく，その知識を多様に認識し活用する場とし，人格形成の場とする可能性を持つ。第3に，D～Fの授業展開は，価値教育と統合された全人的アプローチの事例を示していることである。

7. 価値形成過程モデルの新たな解釈

　この価値教授の授業展開を，先に示した教授と学習のサイクル：価値形成過程モデルと照合し，価値形成過程のどの段階にあたるかを考える。授業のA-B-Cの段階は，通常の導入，展開，まとめの展開になるが，これは①知る過程，②理解する過程にあたると考えられる。そして，Dは③価値づけ（valuing）の過程であろう。だが，Eの応用は④行動に移す過程と②理解する過程，Fの評価は④行動に移す過程と①知る過程，あるいは②理解する過程が複合的に展開しているのであり，必ずしも価値形成過程モデルのように循環的に動いているとは限らないのではないか。それは，児童・生徒の学習過程に応じて多様な展開が想定される。

　このような観点に立った場合，第3節で述べた図3-2の価値形成過程モデルは，図3-3のように書き加えられるのではないか。つまり，価値形成過程モデルは即ち，J. デューイが示した子ども中心主義であり，フィリピンの統合科目における価値教授の実践は，経験中心カリキュラムの系譜に位置づけられるものである。また，その価値教授法である全人的アプローチによ

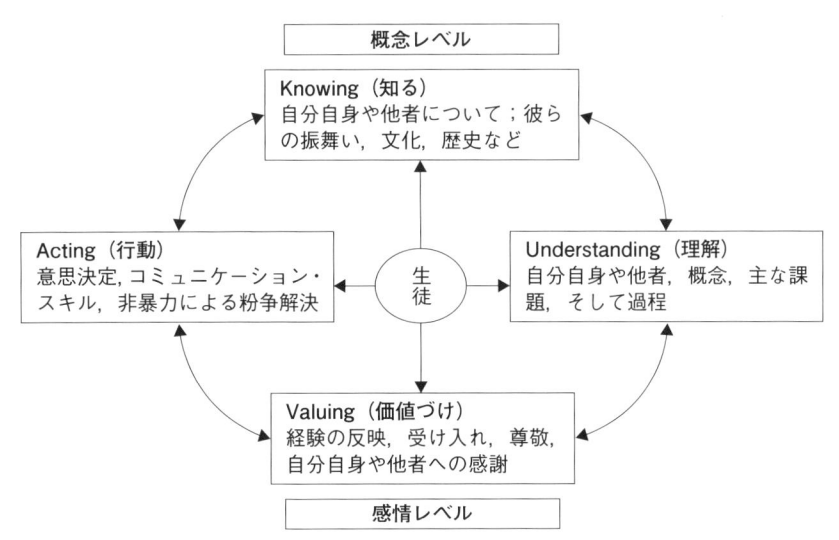

第3章　価値教育の全人・統合アプローチによる展開　　　*121*

```
                    ┌─────────────┐
                    │  概念レベル  │
                    └─────────────┘
                  Knowing（知る）
                  自分自身や他者について；彼ら
                  の振舞い，文化，歴史など

    Acting（行動）           生徒           Understanding（理解）
    意思決定，コミュニケーション・              自分自身や他者，概念，主な課
    スキル，非暴力による紛争解決                題，そして過程

                  Valuing（価値づけ）
                  経験の反映，受け入れ，尊敬，
                  自分自身や他者への感謝
                    ┌─────────────┐
                    │  感情レベル  │
                    └─────────────┘
```

図3-3　教授と学習サイクルのコンテキストでの価値形成過程モデル[53]

る授業こそ，①児童・生徒中心であり，②価値づけ以後の展開においても，生徒の理解に応じて多様な展開を示す，経験中心カリキュラムの特質を具現している。また，全人的教育の理念に従えば，図3-2は授業における教師の生徒への授業展開のプロセスを示しているものであり，他者として学習を捉えたものと理解されるが，図3-3では学習者自身の立場で教授と学習サイクルを経験することになる。この図3-3に教師側（あるいは推進者側）の行う授業（学習）展開を，自己の理解に応じて自在に統合する学習者の立場が見出される。つまり，自己と他者の両方を学び，自己の処し方を会得する"人間として生きることを学ぶ（Learning to be）"の理念を示すものとなる。

　このフィリピンの価値教育をカリキュラムの類型においてどのカテゴリーに分類されるかを明示することは容易ではない。その特徴はコア・カリキュラムに分類されると考察されるが，理念も，教授内容も，そして教授法も子ども中心である。コア・カリキュラムにおいてはバージニア・プランが有名であるが，このバージニア・プランも1910-20年代の子ども中心主義から

1930-40年代の社会適応主義へと変容している。その意味において，経験中心主義は極めて理想主義的であり，授業計画が立てにくく，まとまった授業内容を教授しにくいという否定的な評価をどのように克服するかが今後の子ども中心主義のカリキュラムの可能性を拓くものと考えられる。

　フィリピンの価値教育において実践されている試みは，これまでの経験主義の評価を分けた，教授内容の不明確さあるいは不安定さと，知識伝達の非効率性の観点を教授する価値を明確化することで克服する試みと位置づけることができる。加えて，自己と他者を学ぶことにより，自己の社会における役割を認識し，社会と調和する人間，パーソナル・アイデンティティとソーシャル・アイデンティティ，引いてはナショナル・アイデンティティの両方を統合できる人間の形成に寄与することが目指されている。

8. タギッグ・ナショナル・ハイスクールの事例

　また，マニラ地域でもミンダナオからのムスリムの移住者が多い地域があり，それが次章において詳述するタギッグ市である。タギッグ市ナショナル・ハイスクール（Taguig National High School）においても授業観察する機会を得た。複数の授業を観察したが，その中でも，価値教授法の特色を示していたのが2年生に対する価値教育の授業である。

"Values Education II: Reasons WHY parents separate"
2008年8月18日（月）5時間目（10：00-15：00）

教師：（挨拶の後）皆さん，今日話し合うテーマはこれです。（黒板に『価値教育2：なぜ両親は離婚するのか』と書く。）皆さん，今日のテーマを読んで下さい。今日のテーマが分かりましたか？（生徒たち「はい，先生」の返事）皆さんは理由を一つ挙げることができますか？　はい，ではあなた（生徒の名前を呼びながら）。
生徒1：私が考える一つの理由は家計的な問題です。
教師：他の言葉で言い換えると何ですか？
生徒1：お金の問題です。

教師：「それが両親が離婚する理由の一つですか？」

生徒たち：そうです，先生。

教師：「お金の問題」とは一体何でしょうか？（生徒の名前を呼びながら）あなたがお金と答えてくれましたね。お金は本当に理由の一つですか？

生徒1：はい，先生。なぜならお金がなければ，家族を養っていくことができないからです。

教師：（生徒の名前を呼びながら）彼女に聞いてみましょう。もしもあなたのご両親にお金がなければ，けんかするでしょうか？（生徒2「はい，先生」の返事）本当ですか？　彼らはけんかしているのですか？彼らは口論しているのではないですか？

生徒2：本当はそうでないと思います，先生。

教師：（他の生徒の名前を呼びながら）なぜあなたは笑っているのですか？　もしもあなたのお母さんが50ペソ（およそ100円）しかポケットの中になければ，怒りませんか？

生徒3：いいえ，先生。

教師：本当に素晴らしいお母さんですね。そうすると，もしもあなたのお父さんが仕事から帰ってきて，夕ご飯（料理するのに50ペソ以上かかる料理を挙げながら）を作ってほしいと頼んでも，50ペソしか持っていなかったら，お父さんは怒り出して，お母さんは料理を買うのに50ペソしかないことに怒らないでしょうか？（生徒たち「はい」の返事）そして，お母さんはツヨ（tuyo，安価な乾燥魚）を買うでしょう。ツヨは知っていますね。ツヨはおいしいですか？（生徒たち「はい」の返事）しかし，お父さんが怒ります。それは仕事で疲れて帰ったら，食事がツヨだからです。彼らは口喧嘩を始めるでしょうか？（生徒たち「はい，いいえ，たぶん」と入り混じった答え）そうすると，時々そうかもしれませんね。それでは，お金以外にご両親が離婚する他の理由を挙げて下さい。私はお金はすべての元になっていると思いますが……

生徒4：悪（Evil）です。（他の生徒からも同じような意見が出される）

教師：それについてこのような諺を聞いたことはありますか？「お金は諸悪の根源である。」みなさんは信じますか？ それは正しいですか？（生徒たち「はい」の返事）それならば，今日からお金は持ってきてはいけません。（冗談と分かるように話しながら，黒板に"理由1―お金"と書く）。お金以外のもう一つの理由は何ですか，はい。（生徒の名前を呼びながら）

生徒5：誤解（misunderstanding）を持つことです。

教師：誤解ですか。誤解とは一体どういうことですか？ それであなたのご両親を離婚に追いやるようなことが起こりうるでしょうか？

生徒5：たぶん，そうであり，あるいはそうでないかもしれません。なぜならある両親は……（考え込む）

教師：ある両親が何ですか？ はい（ある生徒の名前を呼びながら）。

生徒6：私にとって，誤解も両親が別れる理由です。なぜなら二人が問題を持ったときはいつも，彼らはそれについて話し合ったり，互いを理解しようとしないからです。そして，問題は解決されないままで，二人を別居させることになります。

教師：もう別居ですか？ 彼らは問題を話し合えないのですか？ 言い

価値教育の授業の様子　楽しい授業でも生徒は真剣に意見を述べる。

価値教育の授業の様子　教師の巧みな授業展開により活発な議論が続く。

換えれば，彼らは何かがないから誤解が生じているのではないですか？（生徒たち「コミュニケーション（communication）です」と返答）コミュニケーションですね。無理解（miscommunication）が生じるのは，たぶん一方は耳が不自由で，もう一方は目が不自由だからでしょう。（冗談で話しながら，黒板に「誤解」「コミュニケーションの不足（無理解）」と書く）たぶん一方がとても忙しく，互いに話し合うことができないからでしょう。他の理由はありますか？　はい。（生徒の名前を呼びながら）」

生徒7：第三者です。

教師：男子生徒の皆さん，女子生徒によれば，離婚の理由の一つは第三者の存在だそうです。男子生徒に聞きます。たぶん，父親がふらふらしているからではないですか。（男子生徒の必ずしも多くが手をあげていないので，手をあげるように仕向けたが，結果女子生徒を指名する。）はい。（生徒の名前を呼びながら）

生徒8：第三者とは，夫あるいは妻の他に，愛する関係を持ったりする人物のことです。

教師：夫や妻を持っている人が他に好きな人を持つことは間違いですか？　ですから，第三者とは夫や妻以外の愛している人物のことですね。

それは悪いことですか？（生徒たちが「はい」と答える。）例えば（生徒の名前）AさんがBさんと結婚しているとします。そして，Cさんが愛らしいと思ったとします。Cさんは第三者ですか？（生徒たちが「はい」と答える。）あなたは彼らが愛し合っているという証拠は見ていないのですよ。（生徒Bに尋ねながら）もう別れてしまいますか？（生徒B「たぶんそうだと思います」の返事）分かりますか？ あなたはたぶんと言いましたよ。あなたはまだAさんが好きだとします。第三者が夫婦の関係を壊してしまいますか？（生徒たちが「はい」と答える。）本当ですか？ この「もう一人」の人物は，男性か女性のどちらかかもしれない。Bさんは他の男性を愛しているとしましょう。そうすると，AさんとBさんは別れないといけないですか？（一人の男子生徒に対して）あなたはこの第三者にナイフを見せますか？ ナイフでどうしようと思いますか？ あなたは殺してしまうかもしれない!?（生徒たち：「その人を（冗談として））」なんということでしょう。それは罪ですよ。刑務所に入らないといけませんよ。では，他の理由とはなんですか？（女子生徒の名前を呼びながら）

生徒9：悪い習慣です。

教師：誰のですか？ お父さんですか，お母さんですか？（女子生徒たち「お父さんです」と答える）男子の皆さんは賛成しますか？（男子生徒たち「いいえ」と返事）（教師は「悪い習慣—悪徳・悪習（vices）」と書く）男子の皆さん，悪い習慣の例を挙げて下さい。

生徒10：女性に対する暴力です。

教師：女性に対する暴力とは何ですか？ また，女性にだけですか？

生徒10：子どもに対してもです。

教師：女性も男性を傷つけませんか？（生徒たち「はい」と返事）しかし，通常は男性が女性を傷つけますね。共和国令では女性の権利が保障されています。よって，暴力のような悪い習慣は男性から女性に対してなされると考えることができます。悪徳・悪習は，通常男性が持っています。正しいですか？ 女子の皆さん，正しいですか？（女子生徒から

「はい」の返事）男子の皆さん，正しいですか？（男子生徒から「いいえ」の返事）悪徳・悪習はこのようなものですか（煙草を吸ったり，飲酒のマネをしながら）？（生徒たち「喫煙や飲酒です」の返事）これはどうですか（カードを切るマネをしながら）？（生徒たち「ギャンブルです」の返事）分かりましたか？ なぜこのような悪習を持つのでしょうか？ あなたがたも持っているかもしれませんよ。（生徒たちが「いいえ」と答える）あなた方の誰かがギャンブルや喫煙，飲酒を知っていると聞きましたよ。なぜならその人のお父さんの振る舞いを見ているからだそうですよ。本当にかわいそうなことですね。お父さんが変わられるのを祈りましょう。これは冗談ですからね。他の悪い習慣はどうですか？（生徒たち「ドラッグ（麻薬）です」）はい。しかし，皆さんがドラッグというときは，それは薬局の薬ではなく，違法ドラッグのことです。

生徒11：マリファナ，覚せい剤（シャブ）……

教師：そして，それらのどれかはどこでも見つけられますね。覚せい剤は知っていますか？（生徒たちが「はい」と答える。）それはあなた方を良い生き方に導きますか？（生徒たちが「いいえ」と返事）今日かあるいは，いつか皆さんが十分な大人になった時，問題に直面した時に使うかもしれません。しかし，思い出して下さい。薬物は何の解決にもなりません。他の理由はありますか？ 分かりました。たぶん忘れていると思いますが，両親のどちらかが同性愛者である場合もあります（ある著名人の例を挙げながら）。他にはありませんか？ はい（男子生徒の名前を呼びながら）。

生徒12：大家族を持つことです。

教師：大家族を持つことですね。たぶんお父さんかお母さんが大家族を養うことに我慢できなくなるのでしょう（同じような状況の生徒の話を取り上げながら）。他の理由はありませんか？ はい。（女子生徒の名前を呼びながら）

生徒13：不妊です。

教師：もしも妻が子どもを育てることができなかったら，彼ら夫婦は分かれますか？　もしも父親が不妊であったらどうしますか？　妻は夫から離れますか？　不妊の夫や妻の別居を避ける解決法はないのでしょうか？（女子生徒たち「養子をもらうことです」と答える。）養子をもらうことによってですね。あるいは，彼らが裕福であれば，生物学でならったことを言って下さい（数名の生徒たちが答える）。はい，体外受精（In Vitro Fertilization, IVF）がありますね，よくできました。しかし，十分なお金がなく，専門の病院に行くことができなければ，どうしますか？　犬を飼うのも一つの方法でしょう。両親が別れる理由はたくさんあるのです。子どもとして，あなたのご両親が別れないようにするにはどうしたらよいでしょうか？　何をしますか？　例えば，たとえ一緒に住んでいたとしても，彼らは既に夫婦の関係にないとしましょう。ドラマのように，毎晩口げんかばかりしているとします。彼らは戦っているんですね（冗談として）。あなたならどうしますか？　はい。（生徒の名前を呼びながら）

生徒14：両親の関係が深まるような家族の機会を計画します。

教師：それは素晴らしいですね。彼に称賛の拍手をお願いします。（生徒たちの拍手）家族の関わりが深まれば家族の絆を強めますね。賛成ですか？（生徒たちが「はい」と答える）例えば，家族の絆を深めるにはどうしますか？（生徒たちの数人が「ピクニック」と答える。）あなた方は両親を仲良くさせるためにピクニックに行くのですね。一緒に食べ，もっと大切なのは一緒に話すことですよね。そこで，「お父さんはお母さんのことが好きだよね？」と聞きますか？（生徒たちの「いいえ」の返事）なぜですか？　この問いには答えてほしいですよね？　お母さんがそうだねと答え，お父さんもそう答えて，あなたが「お母さん，キスして本当に好きか確かめたら？」と言って，家族皆で抱擁するのはどうですか？

生徒15：私は両親に静かに語りかけ，互いをどなりつけることなしに，相手を理解するように仕向けます。

教師：分かりました。他には？　あなたの両親が互いに喧嘩している時にあなたがしなければならないことの第一のことは……（生徒たち「祈ることです」と答える。）あなたの両親が喧嘩している時には，ひざをついて祈ります。「主よ，私の母と父が一緒でありますように。別れようとしないように。この家族を幸せにして下さい。私はイエスの名の下に祈ります。」これが結果を導くのではないですか？（生徒たち「はい」の返事）そうですね。あなたは両親をミサ（聖祭）に招待するか，あるいはムスリムのご家族はモスクに誘いましょう。あなた方のモスクはどこですか？（ある生徒の名を呼びながら）私たちの学校から近いですか？（生徒が「はい」と答える。）もしもご両親が喧嘩していたとしたら，その後にモスクに行けますか？（生徒が「はい」と答える。）それは彼らが互いに言葉を交わさない状態でもですか？

生徒16：はい，神（Allah，アラー）がまた元通りになる方法を示されるように祈ります。

教師：アラーは再び夫婦になるように道を示されるのですね。有名なボクサーとその妻との関係が悪くなった時にも教会に行きましたね。教会から戻り，彼らはまたよい関係に戻りました。このように，祈りには大変な力があります。（そして，教師はこの中に両親が離れて生活している人はいるかどうか質問し，一人の女子生徒から父親が海外に出稼ぎに行っているとの発言がある。理由の一つに「海外への出稼ぎ」が加えられる。）いつか皆さんが大きくなった時，自分の家族を持った時，皆さん自身が良き家族の一員になって下さい。今日はたくさん学びましたね？　良きお母さん，良きお父さんになれますか？　皆さんはこれまで挙げた理由のために，皆さんのパートナーから離れたりすることはありませんね？（生徒たちが続けて「はい」と答える。）皆さんはよい父親，母親になれますね。（生徒たちが続けて「はい」と答える。）（黒板に書いた理由を指しながら）これらの問題のために，皆さんはパートナーと別れますか？」（生徒たちが続けて「いいえ」と答える。）

教師：もしもあなたのお父さんが問題を起こしたらどうしますか？

生徒 17：私が両親と話をします。
教師：もしもあなたのお父さんがアルコール依存症だったら，どうしますか？
生徒 17：それでも両親と話をします。
教師：どうやってお父さんと話をするのですか？
生徒 17：アルコールが体にとても悪いことを話します。
教師：たいへんいいですね。アルコール中毒は肝硬変を引き起こすとお父さんに話して下さい。喫煙者は肺がんで亡くなる可能性があります。麻薬中毒では長生きできず，若くしてなくなります。分かりましたか？（生徒が「はい，先生」と答える。）本当に皆いい子ですね。今日，私たちが学んだことは，まず第1に祈ること，第2に家族の絆を深めること，第3に理解する努力をすること，第4に受け入れること，なぜなら彼らは皆さんの両親だからです。あなた方は自らの両親を選ぶことはできません。妻や夫は選ぶことはできます。しかし，両親はできないのです。（もう一度両親が別れて生活している人を尋ねるが，誰も手を挙げなかった。）（女子生徒の名前を呼んで）あなたが強い絆のある，幸せな家族をいつか持つために，あなたはどうしますか？
生徒 19：私は私の夫と子どもを愛します。
　（諺には「神がつないでいることを別れさせることはできない」とある。これは結婚によって結ばれた二人にも当てはまる。結婚は神によって定められたものであり，彼らの問題が何であろうと，彼らは別れてはならないと教師は続ける。）生徒に宿題を提示した後で，教師は授業を終えた。

　この授業実践から理解できることは，この授業が価値地図の「コミュニティにおける人間」の価値として示された「親としての責務」「家族の団結」「家族への尊敬と愛」の価値教授を中心としながらも，「正直／誠実」「自律」「信頼」「徳（善性）」等の「個人としての人間」の価値と統合を図っている点である。そして，その統合は「神への畏敬の念」という信仰心に帰結

されることによって，はじめて内発的な価値認識として深化されていくと考えられる。

そして，フィリピン師範大学での授業がキリスト教に依拠した内容であったのに対し，タギッグ・ナショナル・ハイスクールでの授業は，キリスト教徒，ムスリムの両者に配慮した内容となっている。キリスト教徒の教員でも，ムスリムの生徒に配慮していることがこの授業展開においても，またクラス内外での対応においても確認できた。それは，ムスリムの祈りの時間のため，校内の一部に礼拝する場所が設けられていることからも明らかであった。同校での取り組みからは，宗教の違いを超えて国民意識の形成を目指していることが理解できる。

第5節　ミンダナオにおける価値教育の実践

前節において価値教育の中心校であるフィリピン師範大学，およびタギッグ市ナショナル・ハイスクールの価値教育実践を分析した。マニラにある同学校での価値教育の実践は，ミンダナオにおいても同様にみられるものであろうか。以下にミンダナオで意識調査を実施した学校における授業観察の事例を示し，ミンダナオにおける価値教育の実践について考察する。

1．ミンダナオ州立大学にみるカリキュラムの特色と教員養成

ミンダナオにおける教員養成において中心的な役割を担っているのが，ミンダナオ州立大学である。ARMM（ムスリム・ミンダナオ自治区）にメイン・キャンパスがあり，その他，ミンダナオに5つのキャンパスを持つ。そのメイン・キャンパスには3つの附属中等学校があるが，その一つの中等学校の時間割が次の表3－6である。

ミンダナオ州立大学の附属中等学校では，ミンダナオの中でも充実したカリキュラムが設定されており，マニラのフィリピン師範大学と比較しても見劣りしない時間割となっている。ただ，ミンダナオ州立大学附属の特色は，フィリピン師範大学のように特別活動とクラブ活動のために週の一日が充て

表3-6 ミンダナオ州立大学附属中等学校 2009-2010年度前期時間割

授業時間 学年	7学年 (Aristotle)	7学年 (Copernicus)	8学年 (Arachnida)	8学年 (Reptilia)	9学年 (Helium)	9学年 (Neon)	10学年 (Proton)	10学年 (Electron)
6:45- 7:00	国旗掲揚	国旗掲揚	国旗掲揚	国旗掲揚	国旗掲揚	国旗掲揚	国旗掲揚	国旗掲揚
7:00- 8:00	フィリピン語	社会/価値 (火)	科学	社会/価値 (月)	英語	科学	社会/価値 (月)	フィリピン語
8:00- 9:00	英語	数学	PEHMA/ 情報 (火)	科学	社会/価値 (水)	PEHMA/ 価値 (水)	フィリピン語	英語
9:00- 9:15	休憩時間							
9:15- 10:15	数学	英語	フィリピン語	英語	PEHMA/ 情報 (水)	英語	科学	アラビア語
10:15- 11:15	アラビア語	フィリピン語	社会/ 価値 (水)	技術・家庭 (火) 情報	アラビア語	社会・情報 (水)	英語	科学
11:15- 12:15	科学	アラビア語	数学	数学	科学	アラビア語	技術・家庭 価値 (木)	PEHMA/ 科学 (火)
12:15- 1:15	昼食時間							
1:15- 2:15	社会/ 情報 (月)	科学	英語	PEHMA/ 科学 (水)	フィリピン語	技術・家庭 (火)	アラビア語	社会/価値 (火)
2:15- 3:15	PEHMA/ 科学 (金)	技術・家庭 (月) 科学	アラビア語	フィリピン語	技術・家庭 (火) 科学	数学	数学	数学
3:15- 4:15	技術・家庭 /価値 (木)	PEHMA 情報 (水)	技術・家庭 /科学 (月)	アラビア語 /価値 (月)	数学	フィリピン語	PEHMA/ 情報 (木)	技術・家庭 /情報 (火)

※ MSEPP (PEHMA) -Musika, sining at Edukasyong Panatahanan at Pangkatawan (Physical E, ducation, Health, Music & Arts) この時間では音楽、美術および保健体育が交互に行われる。

られることはなく，主要教科にアラビア語が導入されていること，単科としての価値教育の授業が週2時間及び週1時間の情報の授業が導入されているなどの特色を持つ。このようにムスリム・ミンダナオ自治区に拠点を置く大学のカリキュラムは，強く地域性を反映するものとなっているが，これはミンダナオ地域全体にも言える特徴である。

　また，ミンダナオ州立大学は3つの附属中等学校を持ち，それぞれに異なる教科に力点を置くカリキュラムが組まれているが，どの附属高校においても，教育省の価値教育プログラムに則った価値教育がなされている。また，中等学校卒業生で大学入学資格に満たなかった生徒のためのプリ-スクール（大学入学資格認定校）も，附属学校としてミンダナオ州立大学にはあるが，大学入学資格基準は，英語，数学，価値教育によって審査され，この審査基準はフィリピン師範大学と同じである。

　日本のセンター試験にあたる統一された大学入学試験はないが，ミンダナオ州立大学の例でも分かるように，価値教育はイスラーム地域においても，高い位置づけとなっている。中等学校の価値教育のテキストも，マニラで使用されている市販のテキストと同一である。

　しかし，マニラの教員養成と異なるのは，価値教育を専門として，価値教育の教員になる専攻が存在していないことである。価値教育の教員のほとんどが，学部時代に心理学を専攻していたと著者のインタビューに対して答えている。教員養成課程においても，使用するテキストはマニラで使用されているものに準ずる。しかし，副読本として，フィリピン研究で著名な人類学者ホカーノ（F. Landa Jocano）のフィリピン人の伝統的価値意識に関する著作を，心理学に含まれる価値教育の一環として学んでいる。

　また，「Mindanao Intercultural Dialogue（ミンダナオの異文化間対話）」や「Intercultural Conflict Management（異文化間における紛争（対立）処理（管理））」といった基礎科目を学ぶと同時に，イスラーム思想についての基礎科目も履修可能である。これは，フィリピン全土において実施される価値教育の上に，地域に根ざした価値教育が展開されている事例と考えられる。このようなミンダナオ州立大学における教員養成課程の特色は，ミンダナオ

における価値教育の特色にも反映しているものと考えられる。

　以上のように考察してきたマニラとミンダナオの授業実践であるが，これらの実践を通して，指摘できることは何か。それは，統合科目における価値教育の実践では，それを教える教師の問題意識，価値観，教授法の習得状況，価値教育に対する資質・力量等によって結果が大きく異なることである。

　また，マニラの多くの大学で価値教育のプログラムが独自に開発され，カリキュラム・ディベロップメントが工夫されているのに対し，ミンダナオでの教員養成は，限られた教育機会，教材の中で，地域の中で教育力を開発・発展させようとする努力がみられた。それは，以下に分析するミンダナオにおける授業実践の事例に見出される。

2．ミンダナオ州立大学における事例（1）
──大学生の教師志望者による実験授業──

　2010年11月27日（土），価値教育を学ぶ大学4年生で組織されたメンバーによる，ミンダナオ州立大学附属高校における価値教育実験授業のプログラム，National Module on Values Formation & Leadership Training（価値形成とリーダーシップ・トレーニング）が終日行われた。この実験授業プログラムは，キリスト教系の団体である Philippine Sunbeam Children's Ministries, Inc（PSCMI，フィリピン太陽の光の子どものための奉仕〔任務〕）の支援も受けながら，ミンダナオ州立大学附属ハイスクールの生徒に対して行われた。このプログラムに参加し，授業観察する機会を得た。以下に述べる実験授業の事例は，教員を目指す大学生が教師となり，実践された授業である。ファシリテーターでもある教師役を担当した大学生はキリスト教徒，ムスリムそれぞれから混成してグループを組み，類似した複数の構成の授業を担当した。

　観察した授業が生徒たちの内省に配慮された授業であったこともあり，以下に授業の概要を中心にまとめる。このプログラムにおいて行われたことによる実践事例は授業としては実験的であると同時に，心理学におけるグループセラピー（集団療法）を援用した教授法とも解釈できる。

午後3時間目（13：00-13：50）授業は先生（教師志望学生）からの生徒たちへの問いかけを中心に始められた。

教師：リサールは，「若者こそが国の希望である」と言いました。ですから，現在の私たちは，社会に責任を持ち，個人一人ひとりを愛することができなければなりません，今日の青年として，私たちの家族，友人，そして環境を，私たちの国と同じように愛するべきです。また，学生として，私たちは我々の国の将来のために正しい道を歩むべきです。この道を歩むために，我々は十分な知識を習得し，実践しています。

教師：今日は，この観点から私たちの人間関係，特に家族との関係について考えていきたいと思います。現在の若者のほとんどは，両親と一緒に話す時間を持つよりも，友人と一緒に出かけることに時間を費やしており，それが親子の間の誤解を生んでいると思いますが，皆さんはどう考えますか？　基本的に，私たちの両親は，私たちにとっての大切な存在と知っていながら，私たちはそれを無視し，私たちのやり方に従っているのではないでしょうか。皆さんは，皆さんの両親が一日中働いていることを理解していますか？（生徒たちの中から「はい」の返事）皆さんはその事実について説明しづらい耐え難い感情を持っていませんか？皆さんの何人かが「はい」と言うでしょうし，いく人かは「いいえ」と述べるかもしれません。私たちの年齢では，両親は私たちの必要なものを公正には与えてくれないとしばしば感じるのではないでしょうか。彼らは私たちの世話をすることに気にかけてくれていないと思いますか？皆さんに聞いてみましょう。ご両親に愛されるにはどうしたらいいと思いますか？

生徒1：私は彼らの意思に反する事をしないようにします。

生徒2：私は両親が私に良い印象を持つような行いをします。

教師：しかし，あなた方が良い印象を持ってもらうためにそんなに時間を使う必要はないはずです。なぜなら，実際にはあなた方の両親は皆さんをいつも愛しているのですから。OK。私はここで皆さんに一つのエ

実験授業の様子 チーム・ティーチングにより，電子オルガンも使った授業が行われる

ピソードをご紹介します。皆さん方のいく人かは'放蕩息子'の話を聞いたことがあるかと思います。

"物語は，王子が王国に飽きてしまい，彼は継承された財産の分け前を得て，遠く離れた土地に行きたいと彼の父に言い出します。そして，飲酒，ギャンブルなどの贅沢な生活を繰り返し，最後はお金のすべてを費やしてしまいます。その後は乞食のように一日中働いてやっと食べるようになり，生活の中で大変な困難に直面し始めました。ある日，彼は自分の王国に戻ることが実現し，彼の父親は彼の状態を見たときに，素敵な服を息子に着せるように家来に言い，家来たちも戻って来たことを祝おうとしました。しかし，息子は王に対して，彼をそのように扱わないように頼み，このようになったのも王の言葉を聞き入れることができなかった自分のせいであると謝り，この償いのためにも彼の家来の一人として扱ってほしいと頼みます。ですが，王は前と同じように息子を扱います。"

この物語について話し合いましょう。もしもこの物語の中であなた自身にも関連している部分があると感じるとすればどこですか？ また，皆さんは両親に従わなかったことがありますか？」（生徒たち「はい」

の返事）何回ぐらいですか？（生徒「何回もです」と続ける）
　しかし，皆さんの両親が皆さんを愛していると知っているにもかかわらずですよね？（生徒たち「はい」と答える）そうですか，分かりました。ではこの話から得られる教訓（moral lesson）は何ですか？」
生徒3：私たちがどのような状況になっても，私たちの両親はまだ私たちを愛していることです。
教師：そうですね。ここでもう一度振り返りましょう。あなた方は放蕩息子のようにあなたの人生の中で，あなた方の両親に背いたり，喧嘩や悪い関係を持つことはありませんでしたか？　間違っていたのは誰だと思いますか，ご両親ですか？　彼らは好きな息子や娘を持っていることで不公平にされていませんか？　あなた方は私たちが私たちの両親を除いて，何かトラブルに直面したときに避難できる場所を持っていないことを知らないのではないですか？　ですから，私たちは両親の愛を尊重（value）し，彼らを思いやり，愛情を示し，彼らを大切にしなければなりません。」
教師：クラスの皆さん，目隠し用の布を軽くつけて下さい。大丈夫ですね。今からはあなた方の両親のことを除いて，何も考えないで下さい。あなたは今何を感じていますか？　皆さんの両親があなた方の必要なものを得るためにどのように働いているか想像できますか？　皆さんが何度も両親の言うことを聞かなくても，それでも彼らはあなたを許したでしょうか？　あなた方は彼らにあなたの愛を見せていますか？　あなた方は彼らにとって愛すべき価値ある存在ですか？　皆さんは彼らの愛に報いるために何をしようとしていますか？
　（音楽にあわせて，フィリピンで有名な近しい家族や友人への愛を謳った曲を口ずさむ。両親の愛を想起しながら，一部の生徒が泣き始める。教師は今の気持ちを忘れずにこれから両親に接してほしいと述べ授業を終える。）

　このクラスは，生徒の心に彼らの両親が彼らをどれだけ愛しているかを認

識させ，共感を呼び出した時点で，教育心理学に基づいたユニークな価値教育の授業実践であったと考える。

　また別の模擬授業では，大学生の教員により，絵を描くことのよって心象風景を描写する授業も行われていた。そこでは，いくつもの人間関係の絵を描かせることによって，生徒たちが日常生活の中でどのような人間関係を持っているかを自覚できる機会を与えることを目的とした授業であり，絵を描く生徒たちに複数の教員が話しかけながら指導していた。授業の後に教師を担当した大学生の説明によると，その授業には2つの目的があった。第1に，現在の子どもたちの人間関係を改善してほしいということ。絵を描くことで日頃は自覚しない人間関係の課題を客観的に自覚し改善する場にしてほしいと考えたこと。第2に，フィリピン社会が抱える課題，例えば社会的（貧困や売春など），環境的，政治的（汚職）問題など，フィリピン社会の問題を認識するようになることであった。どちらの実験授業も，社会における自身の立場や役割を理解させることにより，将来の良きフィリピン市民，そして良き未来の指導者になるための責任感を培うことを期待していた。

3. ミンダナオ州立大学における事例 (2)

　また，ミンダナオ州立大学サイエンス・ハイスクールの4年生（10学年）の価値教育の授業にも参加した。この授業では，副校長の先生が授業を担当して下さり，ミンダナオ州立大学附属ハイスクール（Science High School, Mindanao State University）において，生徒たちがどのような価値理解を示すか分かりやすく授業の中で実践された。

価値教育Ⅳ 2010年11月29日（月）1時間目（7：00-8：00）

教師：みなさん，おはようございます。今日は始めに私たちが学ぶこの科目（価値教育）の目的についてもう一度考えてみたいと思います。価値教育とは何ですか？
生徒1：他者に対して示さなければならないマナーについて言及する考え方について学ぶことです。それは道徳的価値と他者を尊敬することに

通じます。
教師：大変良い答えですね。ですから価値教育は道徳的な価値について学ぶのですね。分かりました。他の考えはありませんか？　皆さん，良い道徳と正しい振舞いについて先週話し合ったのを覚えていますか？（生徒たちの「はい」の返事）それでは今日は，私たちが実際に家で行う良いマナーと正しい振舞いのいくつかについてまず話し合いましょう。では，ちょっと尋ねますが家とは何ですか？（生徒たちが「私たちが住んでいるところです」と答える）分かりました。では，家（home）と家（house）の違いは何ですか？　家族に関わる場合，それは"家（house）"のことだと言うことができますか？　私たちは，みなさんの家族の'家'を考えた時，あなた方はどこに住んでいる'家'のことを言っているのですか？　家族とはどこにあるのですか……？
生徒2：（家族の）幸せにあります。
教師：そうですね。他にありませんか？
生徒3：愛と平和の中にあります。
教師：そうですね。分かりました。他にありませんか？　家族の中に，理解も助け合い（cooperation）もありますよね？　だから'家'があるんです。それが私たちの'家'なんです。皆さんは覚えていますね，この諺を，「我が家のような場所は他にありません（There is no place like home.）」。そこでの家（house）とは何ですか？　そうですね。家とは単なる建物ですよね!?　しかし，家の中に愛があり，調和があり，平和と理解があるならば，私たちはそれを自宅（home）と呼ぶことができるのです。皆さん，今はこの違いを理解していましたね？（生徒たちから「はい」の返事）ですから，家はただの建物ともいうことができます。分かりますね，皆さん。では，家の中にはどのようなものがありますか？
生徒たち：ダイニングルーム，キッチン，ベッドルーム，コンフォートルーム（トイレ）などです。
教師：はい，私が先ほど言ったように，「我が家のような場所は他にあ

価値教育の授業の様子　良きムスリムであり，良きフィリピン人であることを訴える教師。

りません」よね？　この私たちの話の中では，この引用はどのような意味を持っていますか？　家の中には何がありますか？

生徒4：それは家の中ですから，私たちが私たちの家族に会うことができる場所です。

教師：そう，その通りですよね！　もしもあなた方が家の外に出たときには，あなたの家族に会うことはできません。ですから，今日この諺を引用したのはこの理由からです。さて皆さん，今朝私たちは価値教育とは何かをもう一度話し合い，自宅が価値ある場所であることが分かりましたね。それならば自宅では自宅の良いマナーと正しい振る舞いについても話し合っておかないといけませんね。私たちは誰によって創り出されましたか？

生徒たち：アッラー（Allah，神）です。

教師：分かりました。アッラーはすべてのものの創造者ですね。人生とは時間です。ですから，私たちは時間を貴重なものと考えて大切にします。私たちは私たちのこの一分一秒も無駄にしてはいけません。時間は金です（Time is gold.）。ですから私たちは時間通りに学校に来なければなりません。皆さんはあなた方の時間に常に価値を置くべきです。これ

は先週話した良い行いにも通じます。このことが理解できれば，私たちは皆さんの自宅のダイニングルームで皆さんがとる良い行い（manner）を議論することができます。はい，私たちは一日に何回の食事をとっていますか？

生徒たち：3食です。朝食，昼食，夕食です。

教師：分かりました。では食事の時は，あなた方はしっかりと食べ物を噛んで食べる必要があり，あなたの口の中が一杯になったときには話すべきではありませんよね。他のテーブルマナーはありますか？　例えば誰かがあなたに食事を出してくれた場合は，必ずお礼を言わないといけませんね。他には何がありますか？

生徒5：テーブルの上に肘をつかないことです。

教師：そうですね。また，食べるときには正しく座ることも大切ですね。他には何がありますか？

生徒6：食べる時には言い争いをしたり，口喧嘩をしたりしないようにすることです。

教師：分かりました。皆さん，家庭でのマナーについては分かっていますね。では，通りで誰かに会ったときのマナーについて議論してみましょう。路上で誰かに会った時，あなた方はどうしますか？　ちょっと実際にやってみましょう。（教師は彼女の生徒の一人に立つように促す）

生徒たち：おはようございます，先生！（Good morning, teacher!）

教師：おはようございます！　お元気ですか？（Good morning. How are you?）（生徒「私は元気です（I'm fine.）」と返答）

教師：よくできました，これは西洋文化での挨拶の仕方ですね。それではイスラームの挨拶の仕方はどうですか？

生徒たち：Assalamualaikum（May the peace and mercy of Allah be with you）！

教師：Aleikum-salam!　そうですね。私たちはムスリムであることを心に留めておかないといけませんね。私たちは平和の中で誰かを迎える場合は（イスラームの挨拶が意味するように），アッラーの平和と恵みがあることを願えば，アッラーからの祝福を受けるでしょう。私たちは路

上で重い荷物を運ぶお年寄りを見た場合，あなたはどうしたらいいでしょう？
生徒7：私たちのイスラームの挨拶をしてから，彼らの荷物を運ぶのを手伝います。
教師：そうですね。ではその他のマナーはどうですか？　あなたはクラスメートからものを借りるときにどうしますか？
生徒8：いつも許可を求めます。"あなたのボールペンを借りてもいいですか？"と尋ねます。
教師：教室を出るときにも，常に先生に許可を求めます。それが正しい礼儀です。分かりましたね。私たちは今'許し'について話し合っていますね。では，私たちが食べた後に暗唱する祈りとは何ですか？　皆さんはその祈りを暗唱することができますか？

（生徒たちはアラビア語で"Inti fe galam"と祈りを暗唱する。）

教師：皆さんはそれが英語で何を意味するか分かりますね？　私たちは十分な食物と水のためにアッラーに感謝しています。さて，あなたはまた，食べる前の祈りを暗唱することができますか？

（生徒たちはアラビア語で"Bissmillah"と祈りを暗唱する）

教師：この祈りは英語でどういう意味ですか？
生徒9：私たちが分かち合おうとしている食べ物にアッラーへの感謝を述べます。
教師：そうですね。では，皆さんが外出するときには私たちはどのような祈りを暗唱することができますか？

（生徒たちはアラビア語で"Tawakkal to Allah"と祈りを暗唱する。）

教師：英語では，この祈りの意味は何ですか？　そうですね。皆さんが外出中での導きと安全のためにアッラーを求めていることを意味します。寝る前の祈りとは何ですか？　これはムスリム（イスラーム教徒）が持っているもう一つのマナーです。

（生徒たちはアラビア語で"Aujubbilah himinashshaitan hirajim..."と3度暗唱する。）

教師：OK。皆さん，その祈りはどういう意味ですか？　そうですね，あなた方が眠っている間もアッラーに見守ってもらい，朝に目覚めさせてもらうことを祈ります。目覚めた後の祈りはどうしますか？

（生徒たちはアラビア語で朝5時の"Subuh,"12時の"Juhur,"3時の"Asal,"夜7時の"Magrib,"8時の"Isha"の祈りの名を述べる）

教師：OK。皆さん，それらの祈りはどういう意味ですか？　繰り返しになりますが，それはあなた方が目を覚まし，起きて活動していることにアッラーに感謝していることを意味します。では，トイレに行くときの祈りはどうでしょうか？

（生徒たちはアラビア語で"Ayeair imean wuduh"と祈りを暗唱する。）

教師：英語では，それは何を意味するでしょうか？（複数の同様の意見が生徒から出される）そうですね。トイレにいる悪魔から守ってもらえるように，アッラーに保護を求めることを意味します。トイレを使った後の祈りはどうですか？

（生徒たちはアラビア語で"Aujubillah himinashshaitan hirajim"と祈りを暗唱する）

教師：英語では，その祈りはどういう意味ですか？（複数の同様の意見が生徒から出される）そうですね。トイレにいる間に，あなた方を守護して下さるアッラーに感謝していることを意味します。分かりますね。質問はありますか？（生徒たちから「いいえ」の返事）私たちはムスリムとして，クルアーンに従うべきであり，アッラーに従うべきであることをクラスの皆さんは覚えておいて下さい。私たちが行おうとすることは，すべてクルアーンの教えに従うものでなければなりません。私たちがこの世に留まっていられる時間は限られており，私たちはいつかは無くならなければなりません。私たちがこの世に留まることができるのは一時的な間ですが，であるからこそ私たちが地球上にいる間はアッラーに従うべきであることを，クラスの皆さんは覚えておいてください。いいですね。

　Assalamualaikum.

> 生徒たち：Aleikum-salam!

　授業後の教師の話によれば，教師自身が再確認する目的もあったが，授業観察した際の授業内容を選んだのは，どれだけ生徒らがクラスの中でイスラームの価値観を理解し，どの程度自然に使用できるかを確認する目的もあったことを話され，この授業内容と展開になったことを話された。今回の授業はクラス全員がムスリムの生徒であったということもあるが，マニラでの事例とは対照的な授業内容ということができる。しかし，教師の解説によれば，キリスト教もイスラームも神への信仰を説いたものであり，扱っている授業内容も教授される価値も普遍性を持つとの説明であった。

　しかし，ムスリム自治区以外のミンダナオ地域では，キリスト教徒とムスリムが混在している地域が多い。それらの地域の授業では，どのような授業内容でどのような価値が教授されるのか。以下に公立と私立のカトリック系の中等学校の事例を中心に考察する。

4. リバーサイド・ナショナル・ハイスクールの事例

　リバーサイド・ナショナル・ハイスクール（Riverside National High School）は，フィリピン南部ミンダナオ島の北部，北ミンダナオ地方に位置するラナオ・デル・ノルテ州（北ラナオ州）にあり，地方の中心都市であるカガヤン・デ・オロから車で1時間半ほどの海沿いにある学校である。

　この学校にはデータによると訪問当時777名の生徒が学んでいる。しかし，2棟ある校舎の内一つは取り壊し中であり，一棟の校舎ですべての授業が行われていた。その意味でも必ずしも恵まれた教育環境ではなかった。

　2003年9月11日（木）に学校を訪問し，4年生の授業を観察した。授業は午後1時からの英語の授業時間であったが，学校側の配慮により授業の内容を価値教育に代えて行ってもらった。しかも，通常，統合科目の授業はフィリピノ語と現地語であるセブアノ語を教授言語と用いているが，調査での理解を助ける配慮を得て，英語による授業が行われた。

教師：今，学芸会に向けての劇の練習を続けていますね。何についてですか。

男子生徒：フィリピンの革命の歴史についてです。

教師：革命について説明できる人はいませんか？（男子生徒が革命の概略について説明する）そして，革命の歴史の中でも具体的には何についての練習ですか。

男子生徒：ホセ・リサールの生涯についてです。

教師：今日の練習は特にどの場面についてですか。

男子生徒：ホセ・リサールが処刑される場面です。

教師：そうですね。ホセ・リサールは皆さんも知っているとおり，フィリピンの国民的英雄ですが，彼が処刑されたのはなぜですか。

男子生徒：リサールがフィリピン人として，スペインから独立することを求めたからです。

教師：そうですね。正確に言えば，必ずしも彼はスペインからの独立を宣言したわけではありませんが，スペインの植民地支配は必ずしも正当ではないと小説の中で明らかにしたのです。それまでスペインの植民地支配を非難することは大変勇気のいることでした。また，彼が小説を書く動機となった事件について知っている人はいますか。

女子生徒：ゴンブルサ事件です。

教師：その事件について知っていることを教えて下さい。

男子生徒：3人のフィリピン人宣教師が，スペインへの反逆の罪で処刑された事件です。

教師：そうですね。同じキリスト教の宣教師にもかかわらず，現地人との混血（メスチーソ）であるからと差別され，キリスト教の精神に反していると罪をかけられたのです。ホセ・リサールが裁かれたのも同じような理由からです。'フィリピン人'であることを意識し，そのことに誇りを持つことを皆に教えたからです。今日は，学芸会の練習の前に，皆さんが考える私たちフィリピン人について考えてみたいと思います。では，机と椅子を教室の両脇に移動させてください。

価値教育の授業の様子 学芸会に向けた準備も兼ねて，いくつかのロールプレイが行われた。

　生徒は全員立ち上がり，机と椅子を教室の奥と後ろに移動させる。練習の際はいつも移動させているように見受けられる。
教師：では，まず私たちフィリピン人の主な産業は何ですか。しばらく時間を与えますので，グループごとに一つ選んで発表して下さい。（3分程経過後）では，グループごとに発表してもらいます。
　約50名のクラスが3グループに分かれて，フィリピンの産業についての発表が行われた。一つのグループは，水牛を用いて水田を耕す様子，またもう一つのグループは，畑で収穫する様子のパフォーマンスを行った。それらの活動について，教師が生徒たちになぜそれらの仕事を選んだのかについて説明を求め，生徒の代表が身近に見られる仕事であると答えた。
教師：もう一度聞きますが，ホセ・リサールはなぜ処刑されたのですか。
女子生徒：フィリピン人であることを意識し，そのことに誇りを持つことを皆に教えたからです。
教師：そうですね。同じフィリピンに住むフィリピン人として誇りを持つことですね。今皆が発表してくれた私たちの仕事にも誇りを持つこと

第3章　価値教育の全人・統合アプローチによる展開　　　　　　　　　　*147*

> が大切です。支配しようとするものは，人も，その人の仕事も下に置こうとします。それがこれからの練習の意義でもあります。それでは，これから練習を行います。今日はホセ・リサールの最後の場面からですね。
> 　劇の練習を始める。男子生徒がホセ・リサールの最後の詩『ウルティモ・アディオス（最後の別れ）』を皆の前で暗唱する。これは歴史物語としての創作劇であるので，時代は異なるがスペインの侵略を退けた英雄であるラプラプらも登場する。ラプラプらが処刑を阻止しようとするが叶わず，リサールが祖国の独立を願いながら処刑される場面を演じる。そして，全員で国歌を斉唱する。
> **教師**：今日の練習はこれで終わりますが，この国歌に今日の練習の意義が集約されています。練習の意義を込めて，もう一度国歌を皆で歌う場面を練習しましょう。
> 　最後に国歌を再度斉唱して終わる。

　今回観察した授業で行われたのは，ロール・プレイ（役割演技）であるが，表3-2の価値発達アプローチとストラテジーでは，最も古典的で一般的アプローチである「教え込み（Inculcation）」に分類される。このロール・プレイは，フィリピンの価値教育の方法としては多く用いられている方法であるが，この授業からも学校行事などの特別活動においても価値教育が実践されていることが理解できる。価値教育が様々なカリキュラムの中でも実践されている証左であり，一般的なアプローチからも価値教授の効果が期待できることを示している。そして，ホセ・リサールという宗教的立場を超えた国民的英雄を賞賛することにより，フィリピン人としての国民意識を形成していることが確認できる。

5．マーシー・ジュニア・カレッジの事例

　マーシー・ジュニア・カレッジ（Mercy Junior College）は，同じくラナオ・デル・ノルテ（北ラナオ）州ツボッド市（Tubod）にあり，2003年9月10日（水）に訪問した。

中等学校3年生の社会科（11:00-12:00）の授業を観察した。この日は，複数のグループに分かれて行ってきた研究授業の中から，3組のグループの代表の生徒による研究発表の日であった。「ミンダナオを理解する」とのテーマでそれぞれが異なる視点から日々生活するミンダナオについて研究発表した。

　まず，授業のはじめに教師の掛け声で生徒の代表グループが前に立ち，キリスト教の祈りを捧げ，キリスト教の歌を全員で歌う。
　次に，教師に促されて第1のグループのリーダーが前に出て，フィリピンの地図を用いて，フィリピン全土の中でのミンダナオの地理上の位置と地形的な特徴，主要産業について，模造紙に書き出して説明した。
男子生徒：ミンダナオの主要な産業は何ですか。
他の生徒：農業と漁業です。
男子生徒：では，主な農業品目と漁業品目は何ですか。
他の生徒：バナナ，マンゴー，パイナップル……
男子生徒：次に，フィリピンの主要な輸出産業は何ですか。
他の生徒：農業です。
男子生徒：どんな輸出品がありますか。
他の生徒：バナナ，マンゴー，パイナップル……
男子生徒：そうです。フィリピンを代表する輸出品の多くが，ミンダナオで主に生産されているものです。つまり，ミンダナオはフィリピンの輸出分野において，大変貢献していると言えます。
　次のグループは，ミンダナオの民族・宗教構成について，模造紙に書き出した人物の絵をまず用いて発表した。
女子生徒：みなさん，ミンダナオにはどんな宗教が信仰されていますか。
他の生徒：キリスト教（カトリック）とイスラームです。
女子生徒：他にはないですか。では，どんな人々が住んでいますか。
他の生徒：キリスト教徒（クリスチャン）とムスリム，そしてルマド（Lumads，ミンダナオの山岳少数民族の総称）です。

第3章　価値教育の全人・統合アプローチによる展開　　　　　　　　　　*149*

　ここで，三者の人物像を描いた模造紙を張り出す。交代して，次に女子生徒が図3-4が示された模造紙を貼り出す。

女子生徒：そうです。キリスト教，ムスリム，ルマドで構成されています。フィリピン全体では，約90％がキリスト教徒，そして，ムスリムとルマドの人々はそれぞれ約5％になります。

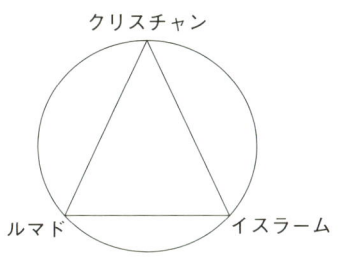

図3-4　キリスト教からのミンダナオの社会観

これだけを考えればキリスト教徒はフィリピン社会の中心と考えてよいと思います。ですが，キリスト教社会の形成には，私たちが経験するように多くの試練（trials），悲しみ（sorrows），誘惑（temptations），ざんげ（confessions）が必要でした。そして，キリスト教徒としてこの努力は続けていかなければなりません。しかし，ミンダナオの社会を考えた場合，キリスト教，イスラーム，ルマドの関係を社会の3つのグループの関係でみていくことはできないと思います。イスラームはキリスト教と同じ神を信仰する宗教ですが，ルマドは自然を尊ぶ伝統信仰を持っています。そして，私たちのミンダナオでは，それぞれが，長い歴史と伝統をもっていますし，なんといっても大切なことは，皆が同じフィリピン，そしてミンダナオに住むフィリピン人であるということです。その意味において，キリスト教徒とムスリムとルマドの関係とはどのようなものでしょうか。

　ここで，別の模造紙を貼る（図3-5を参照）。

女子生徒：このように，ミンダナオという島においては，三者はそれぞれに異なる価値観を持っています。ですが，ともに共存し，協力していかなければならない対等な関係にあります。そして，信仰は違っても皆ミンダナオに住む同じフィリピン人として互いに協力していくことが大切です。

　次に男子の生徒が発表に立った。

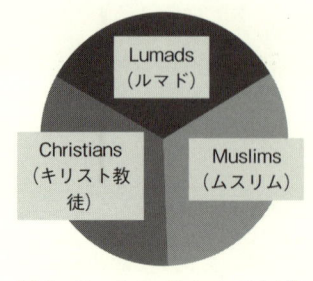

図3-5　ミンダナオの民族分布図

男子生徒：私たちのグループもミンダナオをキリスト教徒，ムスリム，ルマドの関係で考えました。内容的には先のグループと重なるところもありますが，フィリピンが3つのグループで構成されていることは確かです。そして，この分布は世界でも同じく見ることができます。

やはり三者の分布とともに，中央に地球を書いた模造紙を貼る。模造紙には，キリスト教を象徴する十字架，イスラームを象徴する月，ルマドを象徴するハトがそれぞれ描かれている。また，小さな国旗もいくつか描かれている。

男子生徒：現在，ミンダナオでもイスラーム過激派の活動が続いています。それは，世界でも言えることです。世界の多くの地域でミンダナオが抱える問題に取り組んでいます。ですが，私たちは過激派の活動は必

社会科の授業の様子　生徒がそれぞれ準備した図表を使用しながら研究発表を行う。

第3章　価値教育の全人・統合アプローチによる展開　　　151

社会科の授業の様子　グループを代表して発表するメンバーを応援する生徒たち。

ずしもフィリピンの本当のムスリムの人々がとる行動ではないことを知っています。過激派の活動では，他の多くのムスリムの人々も住む家を失ったり，仕事ができなくなったりしているのを知っています。それぞれの宗教は平和を願っています。私たちがそうすればもっと平和になります。三者が協力することが，ミンダナオにも，世界にも大切です。
　さらに，中央に天秤の絵があり，そこから拡大する幾重もの色の層と，上に十字架が描かれた模造紙が貼られる。
男子生徒：キリストが言われているように，世の中は良いことと悪いことのバランス（天秤）の上に成り立っています。そこでは何が正義かを考えることが大切です。まず，私たち自身（self）はバランスが保たれているのか考えましょう。そして，私たちの家族（family）はバランスがとれているか考えましょう。さらに，私たちがフィリピン人（Filipino）としてバランスがとれているか考えましょう。そして，私たちがクリスチャン（Christian）としてバランスがとれているか考えましょう。そのように考えたときに，私たちはより他者を理解し，世の中と調和し，社

会が平和になることに貢献できます。
教師：今日は，だいぶ緊張したようですが，皆うまく発表できました。最後の発表にあったように，私たちの生活がバランスの保たれたものになっているかどうか確認していきましょう。日々の生活には良いことも悪いことも起こります。その時，何が正しいことか判断しないと，心が乱れて悪いことをしてしまいます。最後に皆で（キリストを讃える）歌を歌い，終わりにします。

　はじめと同じく生徒の代表グループが前に立ち，皆で礼拝し，歌を歌い終わる。

　この授業実践では，教師の教授法を観察することはできなかったが，ミンダナオで教授される学習内容が，明らかにマニラの授業実践と異なることが理解できた。この中等学校はカトリック系の私立学校であるが，クラスにはその時3名のムスリムの生徒が存在した。たとえキリスト教系の私立学校であっても他宗教への配慮と寛容性は欠かせない。地理的にも，学校のあるラナオ・デル・ノルテ州（Province of Lanao del Norte, 北ラナオ）の隣りの州はARMM（ムスリム・ミンダナオ自治区）であり，多様な背景を持つ人々と共存しなければならないミンダナオの状況を認識することができた。

6. マニラとミンダナオにおける授業実践と教授される価値

　マニラ及びミンダナオでの授業観察において理解できたことは，マニラでもミンダナオでも，価値教育及び統合科目における価値教育が積極的に行われている事実である。ただ，限られた授業観察ではあるが，マニラとミンダナオでの授業実践より指摘できる点もある。

　まず，マニラにおける価値教育の取組みは，先の指導案（授業計画）にみられるように，授業の展開に価値明確化の工夫がみられた。また，パワーポイントを用いた授業も行われていた。これは，ミンダナオでの実践に工夫がみられないということではない。ミンダナオでは，日本の特別活動にあたる学芸会の活動（準備）と教科目を統合し，さらに価値教育を行っていた。そ

れぞれに，教科目の特色と価値教育の統合を踏まえた実践である点で共通している。つまり，非常に多様な教授法が統合科目における価値教育に用いられていることが理解できる。

しかし，マニラとミンダナオの授業実践における明らかな相違点がある。第1に，授業で扱われる宗教に関わる内容である。異教徒やマイノリティ，特にイスラームへの距離感である。マニラでは，価値教育の授業に見られるように，キリスト教が前提として行われていた。同時に，他宗教への配慮は必ずしも明確ではなかった。一方，ミンダナオの授業では，社会科の授業において典型的に示されていたように，異教徒，少数民族への配慮が示され，異教徒理解，異文化理解のための授業実践となっていた。ミンダナオの人々のイスラームへの関心は現在的かつ歴史的である。現代社会において優位に立つ西欧諸国のキリスト教文化のため，イスラームとの関係が複雑化する以前から，スペインによる植民地化によって対イスラームの社会構造をミンダナオは内在してきた。そして，共存する方途としての模索が続けられてきた。それは，西欧社会対イスラームの歴史観が形成される一方で，それぞれの宗教が同じ島に住む人々を救ってきた事実を肯定する歴史観が意識されてきた過程でもある。

さらに，ミンダナオの価値教育には，同じフィリピン人としての民族的起源でもある少数民族の存在も疎かにできない。フィリピン全体では，社会の5％ずつであるこれら少数派が，自らの権利を求めて戦ってきた歴史がミンダナオには存在するのである。

第2に，教授されている「価値」についても相違点が見出される。マニラのはじめの社会科の授業では，「忍耐（Perseverance）」の価値が導き出されていた。「忍耐」自体は大切な道徳的価値であるが，1997年価値地図にも含まれていない。しかし，道徳的価値と関連する価値である「自律（Self Discipline）」に通ずる価値と考えられる。

マニラの社会科の授業では，経済原則を通した，「倹約（Thrift）」（1988年価値地図の経済的価値）の大切さを教えているが，それは，1997年価値地図では，経済的価値の「職業倫理（Work Ethic）」を中心に，「企業家精神

(Entrepreneurial Spirit)」「経済的公正（Economic Equity)」「責任ある消費主義 (Responsible Consumerism)」，そして道徳的価値である「徳（善性） (Goodness)」に繋がる諸価値を教授している。

　また，価値教育では，法律や規則に従うことについて学びながら，その価値である「社会的責任と責務（Social Responsibility and Accountability)」（社会的価値）への意識を高めるために，その土台となる「神への信仰（Faith in God)」（精神的価値)，そこから派生する道徳的価値の「正直／誠実 (Honesty/Integrity)」「徳（善性）（Goodness)」，そして，社会的価値の「創造的善意（Creative Goodwill)」などに連なる価値を教授していると考えられる。これはタギッグ市における事例では，「家族への尊敬と愛（Respect and love for One's Family)」「家族の団結（Family Solidarity)」「親としての責務 (Responsible Parenthood)」（社会的価値）の大切さとともに，その要としての「神への信仰」を説いている点に共通項を見出すことができる。このように，各統合科目，価値教育の教員は価値教育のフレームワークにおいて提示されている価値を押さえながら，各授業に相応しい価値を柔軟に選択していることが伺える。

　一方，ミンダナオ州立大学附属ハイスクールの授業では，ともに「家族への尊敬と愛」「家族の団結」「親としての責務」（社会的価値）を課題としながらも，実験授業では，「愛と徳（善性）（Love and Goodness)」の諸価値（道徳的価値）を基礎づける価値として提示する一方，ムスリムの生徒主体の授業では，同様の家族に関わる課題からイスラームの教えに基づく「神への信仰」，「社会的責任と責務」の価値を要として説いている。

　他のミンダナオ地域の授業では，政治的価値である「愛国心（Love of Country)」を中心に，同じ政治的価値である「英雄的行為と英雄への感謝 (Heroism and Appreciation of Heroes)」「国家的統合（National Unity)」「関与される指導性（Committed Leadership)」「市民意識と積極的参加（Civic Consciousness and Active Participation)」など，ほとんどのナショナリズムの価値を含んでいる。また，社会科の授業では，1997年の改訂価値地図に従えば，知的価値の分類に入る「他者の受け入れと尊重（Openness and Respect for others)」，精神的価値の「神への信仰」「宗教的寛容（Religious Tolerance)」「あらゆるものの調和（Unity of all)」，そして社会的価値の「多様性の賞賛（Appreciation of Diversity)」「人権尊重（Respect for Human Rights)」，さらに政治的価値の「国家的統合（National Unity)」「文化的自由（Cultural Freedom)」などが含まれていた。

　以上のように授業の実践事例を考察してきたが，価値教育と統合科目における価値教授においては，その授業内容を総括し，日々の生活に結び付け，その中で応用するための価値づけとしての役割を確認できる。また，価値教育自体では，社会の諸問題を解析し，自身の価値を喪失せず，生き抜く規範としての価値教授がなされていると考えられる。そして，これらは共通の価値として提示されながらも，現在のフィリピンの多元的社会の障害や対立を緩衝する機能としての価値が教授されていることも確認できる。このようなフィリピンの価値教育の特徴は，カワガスが述べるように，あまりに抽象的で，文化的疎外感に導く開発という近代化の概念に溢れているとの批判も導く原因となってると考えられる[54]。しかし，フィリピンのような国家における共有される価値とは，対立を緩和し，対話へと向かわせる緩衝機能は不可避的要素なのではないか。

　また，授業の中でも取り上げられている国民的英雄であるホセ・リサールの存在は，先行研究で言及したノルミタ・A. ヴィラが述べるように，キリスト教徒とムスリムが共生している地域において，宗教間の対話を促し，新たなフィリピン人意識の創出の可能性を持つ点において，価値教育において不可欠な教育内容と考えられる。ホセ・リサールは理想的フィリピン人像であると同時に，人間の存在としての普遍的価値を体現しているとも考えられる。

　そして，教科目間連携を行うフィリピンの価値教育を特徴づけているのが，全人・統合アプローチの教授法と考えられる。ここで，2004年5月，フィリピン師範大学での中等学校教員の価値教育研修会に参加した事例を述べる。講師はフィリピン師範大学のレネ・ロメロ（Prof. Rene Romero）教授で社会科教育と価値教育の専門家である。首都圏にある中等学校の社会科教育の教

員だけでなく，統合科目の他の教科目の教員も参加している。ロメロ教授は実際に社会科の授業をするように講習する。「なぜフィリピンは工業製品を輸入し，主に農産物を輸出しているのか」，「なぜフィリピンは途上国なのか」「なぜ世界の富は「北」といわれる国々に集中しているのか」これらの問いを発問しながら，実際にどのように授業を展開していったらよいかについて講義していく。新聞の風刺画や統計のスライドを使い，時にともに考えながら講義される。

しかし，問いかけた質問はどれも南北問題の本質を突く重要な課題ばかりであり，実際に生徒たちにイメージとして教えることはできても，具体的に実感を持って教えるのは容易なことではない。さらに，社会科で取り上げる内容を価値教育に結びつけて教えるには，より困難さが増すであろう。その意味でも，マニラでの取り組みはより充実したものであり，ミンダナオでは上述のような研究会やワークショップの機会がより求められている。そして，教員に対して教科カリキュラムから経験カリキュラムへの転換を促し，ファシリテーター（推進者）として発問を中心とした生徒主体の授業展開，つまり全人・統合アプローチが実践できる教員養成が求められる。

このような課題もある全人・統合アプローチの教授法について，日本から2人の研究者が授業観察の報告をしている。1989年に竹内は，マニラの私立の中等学校を訪問し，社会科の授業を参観している。そこでは，シミュレーション・ゲームやディベート，調べ学習の多様な学習活動とともに，低開発の状況認識に基づいて諸概念や価値を学習し獲得していく授業を参観している。また小学校の社会科の授業では，日本企業の森林伐採に対するマイノリティの抵抗のロール・プレイにおいて，児童がなりきって演じていることに感心した旨の報告を挙げている[55]。阿久澤は，サンボアンガ市の中等学校を統合科目開始以前に訪問し，その価値教育の授業の中で，「自分はどんな価値観を持っているか」に気づかせ，その上で自分の判断や行動における価値基準を明確化させるというプロセスに関心を抱いた旨の報告を述べている[56]。

これらの授業観察からの感想は，先に示した授業実践の事例からも理解できると思われる。2人の研究者が学校訪問したのは統合科目導入以前であっ

たにもかかわらず，既にその段階より，他の教科目においても価値教育を教授する全人・統合アプローチが実際に機能していた証左である。2002年度基礎教育カリキュラムからの統合科目と考えるのではなく，それ以前からの取組みが統合科目として施行されたと考えるほうが正しい。

　しかし，生徒数の多さと教室の不足のために，社会科の授業が歴史的事実を解説した暗記中心であったことも竹内は報告している[57]。そこでは，全人的アプローチが必ずしも価値教育の推進を図る段階に到っていなかったということであり，現在においても，学習環境が整っていない学校においては，全人・統合アプローチの実践は不十分か，なされていない可能性は否定できない。なぜなら，大教室での大人数での授業ではなく，少人数で一定程度の学習環境が整っていることが，経験主義的な全人的アプローチの実践には求められるからである。ミンダナオの価値教育の展開を阻害しているものがあるとすれば，最大の要因はこの財政的な制約であり，それに伴う不十分な教員養成である。著者がミンダナオで授業観察した際にも学習環境の問題を感じたが，その中でも全人・統合アプローチの実践がなされていたのは教師の貢献・努力の成果と考えられる。

　1986年の実施以来，限られた教育環境の中でも，それぞれの地域と各学校の状況に応じて多様な価値教育の授業実践が積極的に推進されてきた。そして，本章では，特にマニラとミンダナオの授業実践について，価値教育を推進している大学附属の中等学校のカリキュラムと授業実践に着目することで，その相違がより明確になった。それぞれの地域では，その地域に定着している「神への信仰」を肯定し，その価値観にも言及しながら価値教育の教育効果を高める方法論が肯定されていたことである。明らかにマニラとミンダナオにおいては，価値理念の基礎となる宗教観が異なる。ただ，同じ地域においても，生徒の主要な宗教が混在している場合，それらに配慮した実践がなされていた。そこでは，教師は自身の宗教的な信条だけでなく，その他の宗教への配慮が見られた。また，ミンダナオの実践に見られるように，少数民族への配慮も前提とした授業実践も観察できた。つまり，教師はフィリピン教育省の示す価値教育の教授すべき価値と教授法に従いながらも，自己

の裁量に基づいて，柔軟な対応をしていることが理解できた。これは全人・統合アプローチの特徴を示すものである。

そして，内心はともかく，どの授業においても他宗教を否定する姿勢は控えられていた。この現状は，「多様性の中の統一」を共通認識とするASEANとしての影響も一定程度あるかと考えられる。インドネシアやマレーシアをはじめ，イスラームを国是や国教とする国々もあり，ASEANにおける多元文化主義による他宗教への寛容性と，東南アジアにおいてキリスト教が少数派である現状も反映していると考えられる。

以上のように考察してきた統合科目における価値教育の教授法である全人・統合アプローチであるが，それは教科目を統合し，多様な価値を教授する上で不可欠な教授法であることが理解できた。加えて，教師に一定の裁量が与えられている価値教育では，マニラとミンダナオという地域性において，少なからず教授される価値のウェイトの置き方に相違があることも明らかとなった。この教授法で実際に教えられている子どもたちはどのような価値認識を形成しているであろうか。本章において授業観察した4つの地域は，地域性と宗教の関係において異なる特性を持っており，次章からの意識調査の分析においては，この4つの地域をカテゴリーとしてより詳しく分析し，授業実践の事例が成立する背景となる宗教と地域性を分析軸としながら，授業実践の結果，子どもたちがどのような価値認識を持つに至ったかについて比較分析を実施する。

［注］
1) Department of Education, *The 2002 Basic Education Curriculum,* 7th Draft, April 15, 2002, pp. 30-33.
2) UNESCO-APNIEVE, *Learning To Be: A Holistic and Integrated Approach to Values Education for Human Development,* 2002, UNESCO Bangkok.
3) *Ibid.*, pp. 12-14.
4) *Ibid.*, pp. 14-17.
5) *Ibid.*, p. 18.
6) APNIEVE-Philippines, *Learning To Be Fully Human: A Holistic and Integrated*

Approach to Values Education, UNESCO-APNIEVE Sourcebook No. 2, December 2000, p. 2.
7) *Ibid*., p.2.
8) J. ウィルソン監修『世界の道徳教育』押谷由夫・伴恒信編訳, 玉川大学出版部, 2002年, 190-191頁.
9) シドニィ・B.サイモン『教師業ワークブック』市川千秋・宇田光訳, 黎明書房, 1989年, 9-16頁.
10) 同上, 9-16, 32-58頁.
11) J. ライマー, D. P. パオリット, R. H. ハーシュ『道徳性を発達させる授業のコツ: ピアジェとコールバーグの到達点』荒木紀幸監訳, 北大路書房, 2004年, 8-11頁.
12) J. ウィルソン監修, 191頁.
13) 平久江祐司「フィリピンの価値教育のための教育――中等学校における「価値教育」を事例として――」筑波大学社会科教育学会編『筑波社会科研究』第14号, 1995年, 39-40頁.
14) J. ウィルソン監修, 190-92頁.
15) 1984年から1987年までの中等教育局長であり, アキノ政権下での価値教育タスクフォースの委員長であったエスペランザ・ゴンザレス (Dr. Esperanza A. Gonzales) 氏へのインタビューによる. ゴンザレス氏は, 当時のゴンザレス氏などリーダーが意図したのではなく, 民主化を主導した教会の影響力の増大に伴い, 結果として世論の後押しもありキリスト教的解釈が価値教育になされた面もあると述べられた〔2003年9月6日〕.
16) J. ウィルソン監修, 190-192頁.
17) トーマス・リコーナ『リコーナ博士のこころの教育論:〈尊重〉と〈責任〉を育む学校環境の創造』三浦正訳, 慶応義塾大学出版会, 1997年, 254-258頁.
18) シドニィ・B.サイモン, 14頁.
19) *Ibid*., pp. 14-15.
20) *Ibid*., p. 15.
21) *Ibid*., pp. 14-15.
22) Custodio, Lourdes J., *Formulating A Framework for an Education in and for Values: A Concern of Philosophers of Education, Philosophy of Education of the Philippines, Education In and For Values in the Philippine Setting*, Manila: University of Santo Thomas Press, 1983, pp. 10-11.
23) *Ibid*., pp. 10-11.
24) *Ibid*., pp. 16-17.
25) *Ibid*., pp. 16-17.
26) *Ibid*., pp. 18-22.
27) *Ibid*., p. 21.
28) その特色は, フィリピン・ユネスコ国内委員会事務総長として価値教育を推進しているキソンビーンの以下のような発言にも表れている.「教育により知性と人間性の両方を鍛えなければならないと思う. たとえ知識があったとしても, その知識を裏打

ちする価値観を持っていないと，そこから生じた行動が意味を持たない。」溝上泰「ユネスコの価値教育の展開」国際理解教育学会編『国際理解教育』Vol. 3, 創友社, 1997年, 32-33頁。
29) 国際協力事業団『国別援助研究会報告書フィリピン（第3次）』国際協力事業団, 1999年, 33頁。
30) これはフィリピン高等教育委員会（Commission on Higher Education, CHED）の1999年のデータに基づく。現在はさらに多くの大学で取得可能となっていると考えられる。「フィリピン／理数科の現職教育を考える」73頁。
31) 国際協力事業団, 35-36頁。
32) 学部全体の在籍者数は2005/06年で2,483,274名から2009/10年の2,770,965名, 大学院では, 2004/05年の409,628名から2008/09年の469,654名と僅かに増加している。Commission on Higher Education, Higher Education Enrollment and Graduates by Sector, Discipline Group, Sex and Academic Year: AY 2005/06-AY2009/10 http://202.57.63.198/chedwww/index.php/eng/Information/Statistics〔2011/10/15〕
33) 柳原由美子「フィリピン理数科教員の意識分析」『敬愛大学国際研究』, 第19号, 2007年, p. 124.
34) 畑中敏伸「フィリピン／理数科の現職教育を考える」千葉たか子編『途上国の教員教育——国際協力の現場からの報告——』国際協力出版会, 2003年, 71頁。
35) 同上, 71頁。
36) Manila Bulletin Websites and Publications, "12,946 pass teachers' exam," (May 13, 2011, 7:22pm) http://www.mb.com.ph/node/318085/12946-pa
37) Australia Embassy The Philippines, "Muslim Educators to get Education Degrees under Accelerated Education Program" http://www.australia.com.ph/mnla/medrel2205.html
38) 柳原, 124頁。
39) Department of Labor and Employment, Labstat Updates: Bureau of Labor and Employment Statistics, Vol. 15, No. 24, September 2011.
40) 柳原, 127-128頁／国際協力事業団, 33頁。
41) 畑中, 75頁／柳原, 127-128頁。
42) 現在, 日本のALTとして在職しているJ教員にインタビューした。〔2011年10月5日〕
43) 中里彰「アメリカ統治下のフィリピンにおける教師養成制度に関する一考察」『九州大学教育学部紀要（教育学部門）』第25集, 1979年, 193-204頁。
44) Bauzon, T. Prisciliano, *Essentials of Values Education*, second edition, National Book Store, 2002, pp. 103-104.
45) *Ibid.*, pp. 103-104.
46) 大森照夫・佐島群巳・次山信男・藤岡信勝・谷川彰英編『新訂 社会科教育指導用語辞典』教育出版, 1986年, 14-15頁。
47) Marte, Nonita C. and Marte, Benjamin Isaac G., Grading System, HP: "Values are caught & taught" http://valuesed.homestead.com/files/prfle.htm〔2009/08/01〕/

Quisumbing, Lourdes R., *A Study of the Philippine Values Education Program 1986-1993*, UNESCO National Commission of the Philippines, 1993, pp. 126-127.
48）Marte, Nonita C. and Marte, Benjamin Isaac G., *op.cit.*
49）*Ibid.*
50）Quisumbing, *op.cit.,* pp. 38-40.
51）初等学校の社会科では，1年から3年が公民と文化，4年が地理，5年が歴史，6年は公民が授業内容となっている。
52）鈴木佳秀「第二章 契約と法」並木浩一・荒木省三編『旧約聖書を学ぶ人のために』世界思想社，2012年，238-264頁。
53）図3-1を基に筆者作成。
54）Toh, See-hin, and Floresca-Cawagas, Virginia, "Globalization and the Philippines' Education System," In Mok, Ka-ho and Welch, Anthony (eds.), *Globalization and Educational Restructuring in the Asia Pacific Region*, New York: Palgrave Macmillan, 2003, pp. 217-225.
55）竹内裕一「3. マニラでの教育実践と子どもたち」坂井俊樹編著『国際理解と教育実践――アジア・内なる国際化・教室――』エムティ出版，1992年，110-130頁。
56）阿久澤麻理子『人はなぜ「権利」を学ぶのか――フィリピンの人権教育――』解放出版社，2002年，38-39頁。
57）竹内，125-128頁。

第4章
意識調査にみる子どもの価値認識

　本章では，これまで考察してきたフィリピンの価値教育と教授法の特質を受けて，価値教育と統合科目（分野）が子どもたちの国民的アイデンティティ形成にどのような影響を持っているかを現地調査に基づいて検討する。このフィリピン国内の調査では，4つの異なる地域・宗教間において，生徒の歴史認識，統合科目と価値教育への評価，教授される価値の選択，愛国心に対する認識についての調査分析を行う。

第1節　意識調査の目的

　この意識調査の分析は以下の目的を持つ。まず，第1の研究の分析フィルターとなるフィリピンの革命に対する歴史認識を明らかにする。続いて，第2の分析フィルターである宗教と地域性の観点からの子どもの教授される価値の選択についての調査結果を分析する。特に第2の分析では，伝統的価値に加えて，民主主義，平和，平等，人権などのユネスコの提示する普遍的価値を主なツールとする価値教授が，実際に子どもたちの価値選択にどのような影響を与えているのかを分析・考察し，価値教育の影響を明らかにすることを目的とする。

第2節　調査対象の地域と学校の特性

1. フィリピンの中等教育の状況

　本研究の現地調査は，中等学校（high school）を対象に行う。フィリピンの中等教育の起源はバランガイ・ハイスクールと呼ばれるものである。それは，オラタ（P. T. Orata）が推進した，1960年代のバランガイの自助努力に基づく多数の教育プロジェクトの一環として創設された。初期のバランガイ・ハイスクールは大部分が小学校施設を利用したものであったが，特にフィリピン全土への拡大において高く評価されていた[1]。しかし，バランガイ・ハイスクールにおける施設・設備や教育水準は決して高くはなく，地域間格差も大きかった。そこで，アキノ政権成立に伴う1988年公立中等教育無償法（Free Public Secondary Act of 1988）の実現により，初等教育の無償の義務教育に次いで，中等教育無償化と並行して国立化が推進されたのである。

　就学率に関しては，先の2000年開発計画で，フィリピン政府は2000年までに純就学率を100％にする目標を掲げていたが，実際は大きな成果はなかった。それでも，他の東南アジア諸国と比べれば評価できる指標である。表4-1および表4-2より分かるように，無償化されたからといって初等の卒業生がそのまま中等学校に入学しているわけではない。しかも中退率は2002-2003年度で13％を超え，中等1年からの卒業率は6割に満たない。初等を終えた子どもたち，特に男子は家計を支える働き手として家族から期待される。しかも，この中退率の割合は農村部，特にミンダナオ地域になれば初等教育，中等教育ともにさらに高い割合となる[2]。

　これらの原因の一つとして，恒常的な教育施設や設備の不足が指摘され続けている。

　特に地方における状況は都市部よりもさらに厳しい状況にある。生徒の多い学校では，朝・昼の二部授業，あるいは朝・昼・夕の三部授業を採用している。一方，生徒が少ない農村部や山間部などでは，学校長が教員責任者（Teacher-in-Charge）と呼ばれる教員兼務者になる複式学級の学校もある。

表4-1 初等・中等学校における在籍生徒・児童数の推移

年度	初等学校 総計	初等学校 公立	初等学校 私立	中等学校 総計	中等学校 公立	中等学校 私立
2009-2010	13,934,172	12,799,950	1,134,222	6,806,079	5,465,623	1,340,456
2008-2009	13,686,643	12,574,506	1,112,137	6,763,858	5,421,562	1,342,296
2007-2008	13,411,286	12,318,505	1,092,781	6,506,176	5,173,330	1,332,846
2006-2007	13,145,210	12,096,656	1,048,554	6,363,002	5,072,210	1,290,792
2005-2006	13,006,647	11,990,686	1,015,961	6,298,612	5,013,577	1,285,035
2004-2005	13,015,487	12,089,365	926,122	6,414,620	5,100,061	1,314,559
2003-2004	12,982,349	12,061,675	920,674	6,270,208	5,025,956	1,244,252
2002-2003	12,962,745	12,048,720	914,025	6,032,440	4,791,069	1,241,371
2000-2001	12,760,243	11,837,582	922,661	5,401,867	4,156,185	1,245,682
1995-1996	11,504,816	10,646,180	858,636	4,883,507	3,376,273	1,507,234
1990-1991	10,427,077	9,727,575	699,502	4,033,597	2,564,045	1,469,552
1985-1986	8,896,920	8,392,103	504,817	3,269,434	1,949,542	1,319,892

（出典）National Statistical Coordination Board（NSCB）, *2004 Philippine Statistical Year Book*, Makati City: Philippines, October 1999–2004, Manila: Philippines, 2004, pp. 6–7. / Department of Education, *Fact Sheet: Basic Education Statistics*, Number of schools & enrolment includes data of Laboratory SUCs, CHED and TESDA（2004–2010）Department of Education official website, www.deped.com〔2011/09/20〕

表4-2 2002-03/2009-2010年度における初等・中等教育の各種指標の比較

指標（%）	初等教育 2002-03	初等教育 2009-10		中等教育 2002-03	中等教育 2009-10	
入学率	94.02 %	85.01 %	（7-12歳対象）	63.88 %	62.38 %	（13-16歳対象）
粗就学率	107.80	100.83 %	（6-11歳対象）	81.86 %	82.15 %	（12-15歳対象）
コーホート6学年到達率	69.84	74.38 %		65.83 %	78.50 %	
卒業率	66.85	72.18 %		50.00 %		（初等1年生からを基準に）
				59.79 %	73.74 %	（中等1年生からを基準に）
中退率	7.34	6.28 %		13.10 %	7.95 %	

（出典）Department of Education official website,（Basic Education Information System-School Statistics Module（BEIS-SSM））, Department of Education official website, www.deped.com〔2004/10/12〕/ Department of Education, *Fact Sheet: Basic Education Statistics*, Number of schools & enrolment includes data of Laboratory SUCs, CHED and TESDA（2004–2010）www.deped.com〔2011/09/20〕

また，教科書配布が十分になされていない問題がある。この状況は，教科書作成が民営化されて教科書の価格が高くなったことで，さらに改善が難しくなっている[3]。

これらの物質的な課題に加え，もう一つの大きな問題が，教授用語の問題である。先述のように，多くの現地語を持つフィリピンでは，学校での教授語をフィリピノ語と英語と定めたが，それらの習得率の低さが指摘されている。一方では，初等教育低学年における現地語での学習が効果的であるとの指摘もあり，また，低学年（1，2年生）において実際に使用されている。しかし，現地語習得を合わせると，児童・生徒に過剰な学習負担がかかり，退学率の増加につながるとの指摘も十分理解できる。このように，教授言語だけでも課題は山積している[4]。

また，私立の中等学校では，現在1校あたりの生徒数が400人以下で1987-1988年度の私立の生徒数と変わらず，現在はさらに減少傾向にあるのに対し，公立中学校では1,000人近く，1987-1988年度の生徒数と比べて約2倍の増加がみられる。これは，中等教育無償化の影響であると考えられる。結果として，公立中学校では教室が依然として不足しており，富裕層が通う私立学校との格差は著しく拡大しているのが現状である[5]。中等教育における生徒数の増加は，基礎教育の質とともに，初等教育での質の維持に対しても影響を与えている。

2. 調査地の地域性と調査校の概要

本研究の量的調査分析では，2003年から断続的に行ってきた現地調査に依拠している。以下の日程で現地調査を行った。①マニラ首都圏（マニラのカトリック）：2003年4月23日〜5月7日，②マニラ首都圏（マニラのムスリム）：2004年4月29日〜5月10日，③北ミンダナオ地方（ミンダナオのカトリック）：2003年9月1日〜9月15日，④ソクサージェン地方（ミンダナオのムスリム）：2004年8月26日〜9月9日。はじめに言及したマニラ首都圏の都市と，農村部を含む地方都市の中等学校（ハイスクール）において意識調査を含む現地調査を行った。調査の結果は，先述の4つのカテゴ

第 4 章　意識調査にみる子どもの価値認識

リーに分けて行う。マニラのカトリック（キリスト教徒多数学校），マニラのムスリム（イスラーム教徒多数学校），ミンダナオのカトリック，ミンダナオのムスリムである。

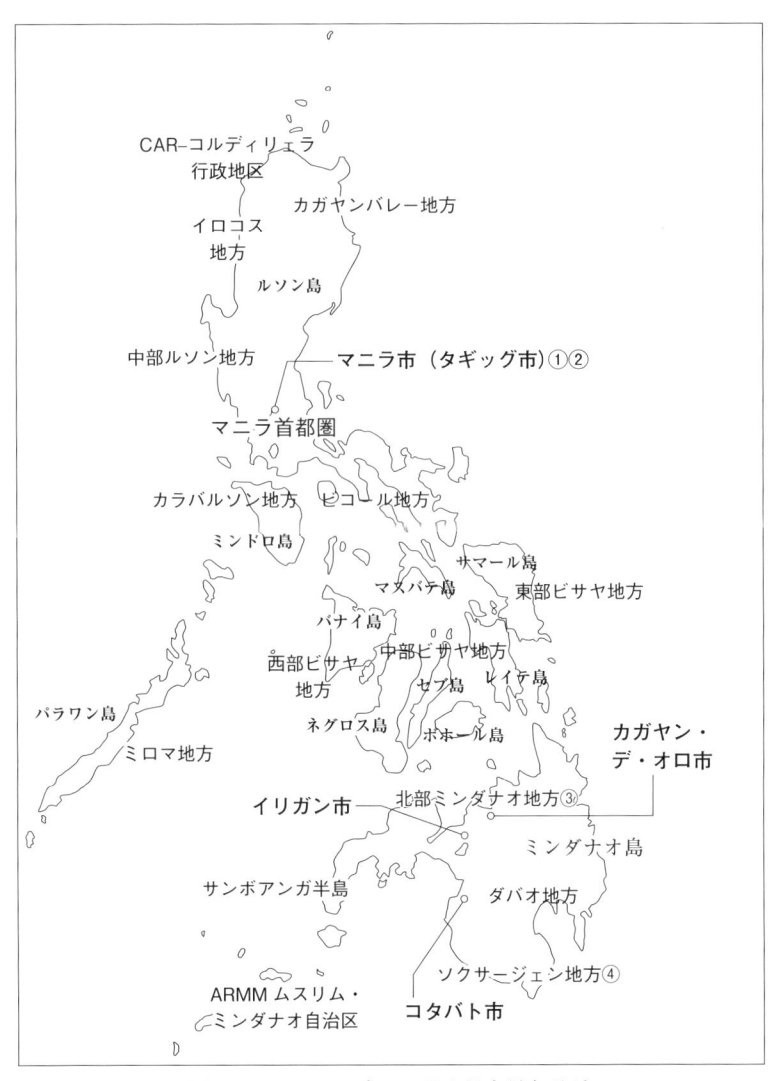

図 4-1　フィリピンの現地調査対象地域

① マニラ首都圏（マニラ市，ケソン市）――マニラのカトリック

マニラ首都圏は人口密集地域であり，マニラ市（Manila City）を含む 13 市 4 町からなる。スラム地域がある一方で，フィリピンで最も所得の高い地域である。マニラ市では，フィリピン女子大学附属中等学校，フィリピン師範大学附属中等学校において調査を行った（Philippine Women's University H. S., Philippine Normal University H. S.）。また，ケソン市（Quezon City）にある，フィリピン工科大学附属中等学校（Polytechnic University of the Philippines H. S.）においても訪問調査を行った。どの中等学校も各学年の生徒数は 100 名前後であり，平均以上の所得家庭の生徒が多く，主な進学先はマニラ首都圏の有名大学である。

在籍する生徒のほとんどがカトリック系キリスト教徒であり，続いて，プロテスタント系キリスト教徒の生徒が 5 ％弱在籍していたが，ムスリムの生徒は在籍していなかった。

② マニラ首都圏（タギッグ市，マニラ市ゴールデン・モスク内マドラサ）――マニラのムスリム

一方，首都中心部より車で 1 時間以上離れたタギッグ市（Taguig City）になると，マニラ首都圏でも地域性が大きく変化する。タギッグ市街にあるバスセンター周辺では，マルコス時代の賑わいを彷彿とさせるショッピング・センターの廃墟だけが残されていた。市庁舎の周辺は賑やかな雰囲気であるが，昔からの町並みが残る地域であり，新しく発展してきた地域であるというわけではない。そこには，近代化とは距離を置く，消費を続ける中心都市に人口を供給する周辺都市の雰囲気があった。

イスラームへの配慮も一定程度あったマルコス時代の名残りとして，タギッグのその後の発展は，ミンダナオからのイスラーム人口の流入によって見出される。タギッグは，2004 年 12 月に町から市に昇格したが，必ずしも市全体の近代化を導くものとはなっていない。それはマニラ中心部に近い，マルコス時代に建てられたイスラーム寺院であるゴールデン・モスク（Golden Mosque）周辺においても同様に指摘できることである。モスクから

2 km ほど離れた表通りにあるカトリックの中心教会の一つであるキアポ教会（Quiapo Church）が華々しく荘厳であるのに対し，裏通りにあるゴールデン・モスクの周辺になると，低所得者層の住宅が並び，衛生状態の悪い川から異臭がする地域に一変する。これは，マニラにおけるイスラームの社会的位置づけを端的に示すものである。国家フィリピンの社会的価値観を反映するマニラ首都圏では，イスラームは社会の表には堂々と現れないものである。特に，米国における同時多発テロ以降，イスラームに対する不信感，あるいは嫌悪感は依然として高い。ゴールデン・モスクでの調査でも強い警戒感を当初示された。

以上の地域において，マニラのムスリム多数学校を訪問した。マニラでムスリムが多く居住するタギッグ市ハイスクール（中等学校）1校（Taguig National H. S.）とゴールデン・モスク内にあり，近隣の公立学校に通う子弟が，主に土・日に通いイスラームについて学ぶ宗教学校（マドラサ）1校（Golden Musk Madrasa）である。タギッグ市ハイスクールは多数派はキリスト教徒であったが，マニラではムスリムが多く居住する地域として有名であり，全校生徒の約3割がムスリムであった（5名の教師もムスリム）。タギッグ市ハイスクールでは，ムスリムの生徒を中心に集まってもらい調査を行った。

③　北ミンダナオ地方／東ミサミス州（カガヤン・デ・オロ市），北ラナオ州（イリガン市）──ミンダナオのカトリック

ミンダナオ島（ミンドロ島）は，ルソン島に次いで大きい島である。フィリピン諸島の南端に位置し，面積はおよそ9万4,630 km^{2}で，南北に約470 km，東西に約520 kmある。

北ミンダナオ地方は，ラナオ・デル・ノルテ（北ラナオ）州，ミサミス・オクシデンタル（西ミサミス）州，カミギン州，ブキッドノン州，ミサミス・オリエンタル（東ミサミス）州の5州からなり，豊かな自然と，農業と海洋資源に支えられた経済を持つ。この北ミンダナオの中心都市がカガヤン・デ・オロ市（Cagayan de Oro City）である。50万人以上の人口を持ち，

地域の貿易，商業，教育，投資の中心地となっている。このカガヤン・デ・オロ市がある東ミサミス州は，ギンゴオグ湾からイリガン湾までの沿岸地域にあり，東は北アグサン州，南は北ラナオ州とブキッドノン州と接している。イリガン市（Iligan City）がある北ラナオ州は，大統領令36号によって，2002年3月7日の地方再編により中部ミンダナオ地方から北部ミンダナオ地方に編入された。ミンダナオ島北西部にあり，沿岸部に向けて山岳地帯が続いている。イリガン市はカガヤン・デ・オロからは西に80kmほどにある。この北ラナオ州の宗教上の特色としては，ムスリムで占められる南ラナオ州と接していながら，北ラナオ州の住民のほとんどがキリスト教徒であることである。この北部沿岸地方の言語的な特徴は，中央ビサヤ諸島に近いことから，歴史的に多くのセブアノ人の移住があったため，セブアノ語が通用語となっていることである。また，ブキッドノン州まで移動すると少数民族が多く住む山岳地帯となる。

　カガヤン・デ・オロ市では，約9千人もの生徒が在籍する市内中央の学校（Iligan City National High School）を訪問し，昼間部の生徒の協力を得て調査を行った。イリガン市人口の80％以上をカトリック教徒が占め，訪問した学校の宗教比もこれに準じていた。2校の公立ハイスクール（Iligan City National H. S., Riverside National H. S.），及び2校のミッション・スクール（Mercy Junior College, Holy Cross H. S.）を訪問した。

④　ソクサージェン地方／マギンダナオ州（コタバト市）——ミンダナオのムスリム

　ソクサージェン地方はもともと中部ミンダナオ地方（Central Mindanao, Region XII）と呼ばれていた。ラナオ・デル・ノルテ，ラナオ・デル・スル，コタバト，スルタン・クダラット，マギンダナオの各州から構成されていたが，ラナオ・デル・スル州，マギンダナオ州，スールー州，タウィタウィ州が1990年にARMM（ムスリム・ミンダナオ自治区）を形成している。2001年9月19日の大統領令により正式に再編された。コタバト市はソクサージェン地方に属することになっているが，ARMMであるマギンダナオ州の中に

囲まれるような形で存在する。そ
れは，ムスリムが住民の多数派で
はあるが，89年と01年の住民投
票で自治区に属することを拒否し
たためである。このため飛び地の
格好でソクサージェン地方に属し
ている。人口16万程度のおよそ
60％がムスリムである。現在ソ
クサージェン地方の中心的な小都
市である。コタバト市はこれまで，
宗教間対立の被害を最も多く受け
てきた地域の一つである。2004
年まで戦闘が続き，訪問した学校
も1年以上授業が行われていな

図4-2　コタバト市とコタバト州の位置
　　　　濃い色がソクサージェン地方
　　　　淡い色がARMM

かった。2001年，マラウィ市とバシラン州（イサベラ市を除く）が新たに
ARMM入りを希望し，2006年11月，マギンダナオ州北部からシャリフ・
カブンスアン州が分離し発足した（Pilot Provincial Science & Technology H.
S.（コタバト市），Talayan National H. S.（マギンダナオ州（ARMM）タヤラ
ン市），Aleosan H. S.（コタバト州アレオサン市））。これらコタバト市とそ
の近郊の学校を訪問して印象を受けたことは，この宗教間対立のために，キ
リスト教徒だけでなくムスリムも同様に長期的に被害を受け続けてきたとい
うことである。

第3節　歴史・宗教・地域性からの分析

1. 調査の概要

調査は以下の方法を採用している。①参与観察。価値教育と統合科目を中
心に，すべての学校の授業を参観。②インタビュー調査。訪問先学校の価値
教育と統合科目の教員に対し，価値教育の進め方と基礎教育カリキュラムへ

の意見，愛国心教育への是非を質問した。併せて，マニラとミンダナオの教育省リージョナル・オフィスを訪問し，価値教育への対応を質問した。③意識調査（アンケート調査）。訪問した中等学校の3年生，4年生を中心に，価値教育に関するアンケートを実施した。中等学校の4年間は統合科目による価値教育が全面的に実施されているが，3年生，4年生（13～16（17）歳）は精神的にも成長期にあたり，価値教育に対してより明確な意見を持つのではないかと判断し，調査対象学年に選定した。質問は全て選択式であるが，あわせて自由記述の欄を設けた。

　表4-3は調査校のサンプル・プロフィールである。今回の調査分析では，調査に参加した生徒が異なる宗教であっても調査のサンプルとして集計した。キリスト教系の私立学校であっても，ムスリムの生徒が同じ学校にて授業を受け，ともに学んでいることから，その学校の地域性も反映するものと判断した。

　質問調査では，以下の4項目について質問した。
　問1　価値教育を中心に構成される統合科目に対する評価について
　　問1-1　「統合科目マカバヤンが価値教育を推進しているか」，問1-2「国への愛情（マカバヤン）」が最も学べる科目は何か」
　問2　革命をめぐる歴史認識の相違について
　　問2-1　「最も生徒に影響を与えた革命はどれか［1896年独立革命，1986年EDSA I，2001年EDSA II，どれもなしの中から選択］」，問2-2「統合科目マカバヤンの基礎となっていると思われる革命はどれか」
　問3　宗教と地域性による価値意識の相違について
　　問3-1　フィリピンの伝統的価値，問3-2　現在のフィリピン学校教育で教えられている価値，問3-3　子どもたちが好む価値
　問4　「国への愛情」について
　　もしも機会があればどの国に生まれたいか［9つの国から選択］
以上のような質問内容にしたのは，フィリピンの教育的特異性を考慮した上で統合科目と価値教育の展開を分析するためには，歴史的視点，宗教と地域性からの視点が不可欠であると考えられるからである。

第4章　意識調査にみる子どもの価値認識

表4-3　調査校のサンプル・プロフィール

カテゴリー／学校名	学年	性別	宗教
マニラのカトリック　計221名			
PNU フィリピン師範大学附属中等学校	2年　10名 3年　55名 4年　25名	男　1名　女　9名 男　23名　女　32名 男　12名　女　13名	・無回答
PUPLHS フィリピン工科大学附属中等学校	2年　50名 3年　30名 （無記入1名）	男　22名　女　28名 男　12名　女　19名	・無回答
PWU フィリピン女子大学附属中等学校	3年　10名 （無記入3名） 4年　37名	男　0名　女　13名 男　0名　女　37名	・無回答
ミンダナオのカトリック　計222名			
ICNHS イリガン・シティ・ナショナル・ハイスクール	3年　63名 4年　15名	男　25名　女　38名 男　3名　女　12名	・Roman Catholic　46名 ・Born Again Christian　2名 ・Seventh Day Adventist　1名 ・Worldwide Church of God　1名 ・Judaism　2名 ・Islam　10名 ・None　1名 ・Roman Catholic　10名 ・Penti Castal　2名 ・Born Again Christian　1名 ・無回答　1名
HCHS ホリー・クロス・ハイスクール	4年　59名	男　23名　女　36名	・Roman Catholic　51名 ・Seventh Day Adventist　2名 ・Islam　3名
Mercy Junior College マーシー・ジュニア・カレッジ	4年　85名	男　40名　女　45名	・Roman Catholic　75名 ・Seventh Day Adventist　4名 ・Islam　5名 ・無回答　1名
マニラのムスリム　計152名			
Taguig NHS タギッグ・ナショナル・ハイスクール	2年　34名 3年　20名 4年　58名	男　9名　女　23名 （無回答　2名） 男　1名　女　14名 （無回答　5名） 男　17名　女　38名	・Islam　31名 ・Islam（Magindanao）1名 ・Universal Faith　1名 ・無回答　1名 ・Islam　12名 ・Universal Faith　2名 ・無回答　6名 ・Islam　56名

	4年生 19名 (2年目)	(無回答 3名) 男 6名 女 12名 (無回答 1名)	・Islam (Magindanao) 1名 ・無回答 1名 ・Islam 19名
ゴールデンモスク・ マドラサ	1年 6名 2年 10名 3年 2名 4年 3名	男 4名 女 2名 男 0名 女 10名 男 0名 女 2名 男 0名 女 3名	・Islam 5名 ・無回答 1名 ・Islam 10名 ・Islam 2名 ・Islam 3名
ミンダナオのムスリム　計192名			
Pilot PST HS パイロット・ハイス クール	3年 38名 4年 37名	男 17名 女 21名 男 11名 女 26名	・Islam 36名 ・無回答 2名 ・Islam 30名 ・Christian 5名 ・Paptist 1名
Talayan NHS タラヤン・ナショナ ル・ハイスクール	3年 48名 4年 34名	男 26名 女 22名 男 16名 女 18名	・Islam 30名 ・ARMM (Islam) 3名 ・Filipino 8名 ・無回答 6名 ・Islam 29名 ・無回答 4名 ・Filipino 1名
Aieosan HS アレオサン・ハイス クール	3年 27名 4年 8名	男 6名 女 21名 男 0名 女 8名	・Islam 12名 ・Christian 15名 ・Islam 4名 ・Christian 4名

2. 革命をめぐる歴史理解

　まず，価値教育と統合科目への評価を質問した。問1-1「統合科目が価値教育を推進しているか」に対して，大いに同意する (46.05 %)，同意する (46.73 %) を加えて，93 %の生徒が統合科目内の価値教育を肯定する回答を得た。残りの否定的な選択肢を選んだ生徒の自由記述欄には，「元の価値教育の方が時間をかけて学習できた」との主旨の理由が多く述べられていた。次の問1-2では，「「国への愛情（マカバヤン）」が最も学べる科目は何か」について質問。48.89 %が社会科，50.11 %が価値教育と答え，技術家庭 (5.64 %)，音楽・美術 (6.77 %)，体育 (2.71 %) が続いている。ナショナリズムの価値が，社会科で学習する内容（歴史，政治，経済）を通じて多く

教授されていることを示している。これらの質問に関しては，4つのカテゴリーの合計を挙げたが，各カテゴリーの集計においても，同様の結果を得ている。

次に，第1の分析フィルターとしての革命をめぐる歴史理解を質問した。問2-1「最もあなた（生徒）に影響を与えた革命はどれですか（次の4つの選択肢から1つ選んでください［1896年独立革命，1986年EDSA I，2001年EDSA II，どれもなし］以下同じ選択形式）」，問2-2「価値教育と統合科目の基礎となっていると思われる革命はどれですか。」という質問である。

これらの質問は，フィリピン史を象徴する3度の革命に対して，それぞれのカテゴリーの生徒がいかなる認識を持っているのかを質問したものである。1896年革命は，スペインからの独立革命，1986年革命（EDSA I）はEDSA通りを埋め尽くしてマルコスを追放したピープル・パワー革命，2001年革命（EDSA II）は当時のエストラーダ大統領を罷免したピープル・パワー革命IIを意味する。また，価値選択の質問結果と対照させることで，生徒の愛国心の背景となる歴史認識を考察することを目的とする。この問2-1，問2-2の結果をまとめたものが「表4-4 子どもの歴史認識」である。2つの問いに対する結果でまず分かるように，2001年EDSA IIが，宗教の違いを問わずミンダナオの生徒に最も影響を与えた革命となっている。これは，ミンダナオの生徒たちにとって，同時代的に強い影響を与えた革命であることが考えられる。エストラーダ大統領が公費を私財に横領するという最も道徳に反する行為に対し，民衆が団結して政権の交代を後押しした2001年革命の中に，価値教育の必要性を実感したと思われる。

一方で，EDSA IIを直接に体験したはずのマニラのカトリックは，2つの質問ともに1986年EDSA Iを多く選択している。つまり，マニラのキリスト教徒の生徒は，現在行われている価値教育の土台が1986年革命にあることだけでなく，1986年革命が現在のフィリピノ・ナショナリズムに与えた影響の大きさを正確に認識していると判断できる。1986年革命の重要性は，マニラに近いほど認識されていると考えられる。その一つの理由は，その民主化革命におけるキリスト教の影響も考えられる。また，マニラのムスリム

表4-4 子どもの歴史認識

問2-1 最もあなた（学生）に影響を与えたと思われる革命はどれか

分類／選択数・%	1896年独立革命		1986年 EDSA I		2001年 EDSA II		影響なし		回答者数
マニラのカトリック	34	15.4%	80	36.2%	66	29.9%	39	17.6%	221
ミンダナオのカトリック	26	11.7%	53	23.9%	107	48.2%	33	14.9%	222
マニラのムスリム	19	12.5%	35	23.0%	59	38.8%	34	22.4%	152
ミンダナオのムスリム	21	10.9%	22	11.5%	101	52.6%	32	16.7%	192

問2-2 「マカバヤン」の基礎となっていると思われる革命はどれか

分類／選択数・%	1896年独立革命		1986年 EDSA I		2001年 EDSA II		影響なし		回答者数
マニラのカトリック	54	24.4%	91	41.2	33	14.9	42	19.0	221
ミンダナオのカトリック	62	27.9	59	26.6	76	34.2	29	13.1	222
マニラのムスリム	44	28.9	35	23.0	39	25.7	31	20.4	152
ミンダナオのムスリム	22	11.5	32	16.7	70%	36.5	49	25.5%	192

の生徒が，価値教育の基礎となっている革命についてほぼ均等な結果を導いた点では，マニラにおいて，マニラのキリスト教徒の視点に立つフィリピンの歴史を学んだ結果とも解される。一方で，ムスリムの生徒の1896年独立革命への評価の低さは，ミンダナオを中心としたフィリピノ・ムスリムの歴史の影響を暗に示した結果であると解釈される。

3. 宗教と地域性による価値選択の相違

第2の分析フィルターとして，宗教と地域性に着目しながら，生徒の価値選択に関する質問から分析する。ここでは，価値教育の意図がより明確な，1987年価値地図（第2章表2-1）の関連する価値38すべての中から，それぞれ4つの価値の選択形式を採用した。

質問は問 3-1「あなたの考えるフィリピンの伝統的な価値とは何か」，問 3-2「生徒が現在学校で学んでいると考える価値とは何か」，問 3-3「あなたの好む価値とは何か」である。これらは子どもたちの考える，過去（伝統と認識する価値）―現在（学校の価値教育）―将来（子どもたちの選好）へと推移する価値の動向を分析することで，生徒の価値選択がどのように変容しているかを捉えることが目的である。この問 3-1「あなたの考えるフィリピンの伝統的な価値とは何か」の結果を集計したものが表 4-5 である。表から理解できることは，すべてのカテゴリーにおいて最も伝統的な価値として「神への信仰（Faith in God）」が選ばれていることである。宗教の違いがあるにも関わらず，同一の価値として提示されているということは，その重要性を示すとともに，どのような意味が解されるであろうか。まず，キリスト教徒にとっても，またムスリムの生徒にとっても宗教の教えが日常生活の基底部にある伝統的価値であるということである。さらには，それぞれ異なる地域に住むキリスト教徒，ムスリムも変わらず同一の価値として認めていることから，自らだけでなく，異教徒にとっての宗教の重要性もまた，それぞれが異なる歴史的背景を持つことを認めているのではないかと推察できる。

また，「神への信仰」と宗教的に重要になると思われる価値（「正直（Honesty）」「清潔（Cleanliness）」など）が，宗教の違いにかかわらず常に上位を占めていることである（「正直」の訳については，同じ道徳的価値の「誠実（Fidelity）」と訳語が重ならないように配慮した）。「清潔」は身体的価値として選択肢に挙げたが，それはイスラームの信仰を続けていく上で「正直」「清潔」などが守るべき重要な教えであることに起因していることが主な理由と考えられ，記述欄のコメントにおいても，宗教（精神）的な意味で生徒たちが認識していることが示された。質問を変えても変わらぬこの高い信仰心も，フィリピンで価値教育が成立している要因の一つと考えられる[6]。

加えて，「社会的価値／家族」の関連する価値である「相互の愛／尊敬（Mutual Love/Respect）」「親としての責務（Responsible Parenthood）」も同様に，すべてのカテゴリーにおいて高く評価されている。伝統的に家族関係が深いフィリピンにおいて，人間関係と社会を特徴づける価値であり，それぞ

表4-5 生徒の考えるフィリピンの伝統的な価値

マニラーカトリック (221)		ミンダナオーカトリック (222)		マニラームスリム (152)		ミンダナオームスリム (192)	
神への信仰	157	神への信仰	143	神への信仰	63	神への信仰	90
国民的団結	91	相互の愛／尊敬	98	清潔	60	正直	77
相互の愛／尊敬	72	国民的団結	75	相互の愛／尊敬	48	知識	74
自由	59	国への忠誠	66	国への忠誠	45	相互の愛／尊敬	64
国への忠誠	43	自由	57	正直	41	清潔	46
国家的統合	41	人権尊重	52	知識	41	国民的団結	46
創造的かつ批判的思考	34	他者への関心／共通の善	39	親としての責務	39	親としての責務	42
芸術	28	親としての責務	38	国民的団結	34	人権尊重	42
他者への関心／共通の善	28	知識	34	人権尊重	32	平和	40
平和	28	創造的かつ批判的思考	32	平和	23	自由	39
正直	23	国家的統合	26	自由	22	国への忠誠	35
企業家精神	22	国民的英雄への評価	25	他者への関心／共通の善	14	自己の規律	27
国民的英雄への評価	22	自己の規律	25	芸術	13	芸術	16
親としての責務	22	正直	22	国家的統合	12	他者への関心／共通の善	14
清潔	20	清潔	22	肉体の健全さ	11	国際理解と協力	13
知識	19	国際理解と協力	17	創造的かつ批判的思考	10	社会的正義	11
人権尊重	17	芸術	14	国際理解と協力	10	肉体の健全さ	9
生産性	17	自己の規律	12	芸術	10	美	9
自己の規律	12	美	12	誠実	8	創造的かつ批判的思考	8
社会的正義	11	平等	9	科学・技術に関する知識	8	科学・技術に関する知識	7
国際理解と協力	10	自立	8	美	6	国家的統合	7
価値観／自尊心	9	職業倫理	8	国民的英雄への評価	5	誠実	5
倹約	9	資源の保護	7	社会的正義	5	職業倫理	5
職業倫理	9	社会的正義	7	自立	4	企業家精神	4
美	8	企業家精神	6	共通のアイデンティティ	3	自立	3
自立	8	生産性	6	職業倫理	3	価値観／自尊心	2
肉体の健全さ	7	肉体の健全さ	5	価値観／自尊心	2	物質的な世界との調和	2
平等	7	価値観／自尊心	3	物質的な世界との調和	2	国民的英雄への評価	2
誠実	6	物質的な世界との調和	3	生産性	2	市民的意識／誇り	2
市民的意識／誇り	6	科学・技術に関する知識	2	大衆参加	2	生産性	2
物質的な世界との調和	5	共通のアイデンティティ	2	倹約	1	大衆参加	1
科学・技術に関する知識	4	献身	2	献身	1	貞節	1
献身	4	大衆参加	2	資源の保護	1	平等	1
資源の保護	4	誠実	1	貞節	1	倹約	0
大衆参加	3	市民的意識／誇り	1	平等	1	献身	0
積極的非暴力	2	積極的非暴力	1	企業家精神	1	資源の保護	0
貞節	2	貞節	0	市民的意識／誇り	0	積極的非暴力	0
共通のアイデンティティ	1	倹約	0	積極的非暴力	0	共通のアイデンティティ	0

カッコ内は生徒の総数，数字は選択された数を表す。

れの宗教的信条に基づいた価値と考えられる。と同時に，「相互の愛／尊敬」に関しては，前章における授業実践からも理解できるように，異なる宗教や地域・民族を同じフィリピン人として理解しようとする取組みが学校で行われていることも反映しているものと推察される。

次に，「社会的価値／社会」の関連する価値である「人権尊重（Respect for Human Rights）」「平和（Peace）」「自由（Freedom）」などが，どの質問でも多く選択されている。同様に，「他者への関心／共通の善（Concern for Others/Common Good）」も多く選択されているが，これは道徳心回復プログラムにおいて1986年革命の価値として挙げられている価値であり，ナショナリズムの価値に準ずるものである。これらが統合科目の目指す4つの社会的人格の1つである「人間（民衆）への愛情」に連なる価値として学習されているものである。このことはまた，国際社会に共有され，ユネスコによって推進されている価値に生徒も高い関心を持っている証左であるが，生徒はこれらの価値を伝統的な価値として認めている。その背景には1896年のフィリピン革命より，スペインからの独立という「自由」と「人権尊重」を求めた歴史があるからであり，長い植民地支配と戦火の経験の後に「平和」への願いを人々が共有しているという事実がある。

このことは，ナショナリズムの価値である「国民的団結（Bayanihan/Solidarity）」「国への忠誠（Loyalty to Country）」の価値が高く評価されている点からも指摘できる。しかし，同じく高い評価を示している中でもミンダナオのムスリムでは，「国への忠誠」への評価が11位（35名）とやや低い評価となっている。この点は，マニラのムスリムとも相対的に明らかな相違点である。しかし，マニラにおいても，ミンダナオにおいても，ムスリムのこの2つの価値に対する評価はわずかに低い，あるいは異なると考えられる。それは，フィリピノ・ムスリムには彼ら独自の歴史があり，大多数のフィリピン人に共有されるものとは異なる歴史認識を持っているからである。

次に，問3-2「生徒が現在学校で学んでいると考える価値」の表4-6が示しているのは，一定の近似性である。最も高く評価されているのは，やはり「神への信仰」である。次に選択されているのは「正直」の価値であり，そ

表4-6　生徒が現在学校で学んでいると考える価値

マニラーカトリック (221)		ミンダナオーカトリック (222)		マニラームスリム (152)		ミンダナオームスリム (192)	
神への信仰	139	神への信仰	159	神への信仰	75	神への信仰	109
正直	87	人権尊重	101	正直	69	人権尊重	76
相互の愛／尊敬	81	相互の愛／尊敬	101	清潔	63	正直	64
人権尊重	58	正直	85	人権尊重	43	清潔	55
平和	57	平和	55	相互の愛／尊敬	39	清潔	54
自己の規律	42	国への忠誠	51	国への忠誠	35	自由	52
他者への関心／共通の善	35	自由	45	知識	33	自己の規律	44
国への忠誠	33	他者への関心／共通の善	41	親としての責務	30	相互の愛／尊敬	39
自由	33	自己の規律	32	自己の規律	28	平和	39
国民的団結	31	国民的団結	27	平和	26	国への忠誠	36
平等	29	知識	19	国民的団結	21	国民的団結	31
国家的統合	23	平等	19	自由	19	社会的正義	20
誠実	21	親としての責務	17	他者への関心／共通の善	15	他者への関心／共通の善	18
自立	20	国家的統合	16	誠実	12	国際理解と協力	15
価値観／自尊心	19	自立	15	国際理解と協力	11	親としての責務	13
創造的かつ批判的思考	16	社会的正義	15	国家的統合	10	芸術	9
知識	15	国際理解と協力	13	自立	10	創造的かつ批判的思考	7
清潔	14	清潔	13	科学・技術に関する知識	7	職業倫理	6
企業家精神	13	創造的かつ批判的思考	11	肉体の健全さ	7	国家的統合	5
社会的正義	13	献身	8	社会的正義	6	誠実	5
生産性	12	国民的英雄への評価	7	芸術	5	肉体の健全さ	5
職業倫理	11	美	5	芸術	4	科学・技術に関する知識	4
親としての責務	10	価値観／自尊心	4	創造的かつ批判的思考	4	自立	4
積極的非暴力	9	芸術	4	企業家精神	3	価値観／自尊心	3
芸術	8	資源の保護	4	国民的英雄への評価	3	国民的英雄への評価	3
献身	8	職業倫理	4	生産性	3	物質的な世界との調和	3
国際理解と協力	7	誠実	3	価値観／自尊心	2	企業家精神	2
倹約	5	肉体の健全さ	3	倹約	2	倹約	2
国民的英雄への評価	4	生産性	2	献身	2	大衆参加	2
市民的意識／誇り	4	積極的非暴力	2	資源の保護	2	貞節	2
共通のアイデンティティ	3	物質的な世界との調和	2	職業倫理	2	美	2
貞節	3	科学・技術に関する知識	2	物質的な世界との調和	1	平等	2
物質的な世界との調和	2	企業家精神	1	積極的非暴力	1	共通のアイデンティティ	1
科学・技術に関する知識	2	倹約	1	大衆参加	1	献身	1
資源の保護	2	市民的意識／誇り	1	貞節	1	資源の保護	0
肉体の健全さ	2	大衆参加	1	平等	1	生産性	0
美	2	共通のアイデンティティ	0	共通のアイデンティティ	0	積極的非暴力	0
大衆参加	1	貞節	0	市民的意識／誇り	0	献身	0

カッコ内は生徒の総数，数字は選択された数を表す。

の次が「人権尊重」であるが，それぞれすべてのカテゴリーにおいて伝統的な価値の場合よりも順位が上である。このことによって，学校現場での教育において，宗教心より導かれる道徳心の在り方としてこれらの価値を積極的に教授していることが伺える。同様に，「相互の愛／尊敬」も高く評価されている。このようにみると，ナショナリズムの価値が必ずしも最も強調されて教授されているわけではないことが理解できる。ナショナリズムの価値において最も評価されているのは「国への忠誠（Loyalty to Country）」の価値であるが，それも6位から10位に留まっている。一方，「市民的意識・誇り（Civic Consciousness/Pride）」「共通のアイデンティティ（Common Identity）」は伝統的価値においても同様であったが，極めて低い選択となっている。これらは，1986年革命以後のフィリピン人創出を目的とした価値と考えられるが，結果はほとんど生徒たちには浸透していないことが明らかである。概念としての「市民的意識・誇り」や「共通のアイデンティティ」の大切さは理解できるが，それらを効果的に教授するとなると極めて難しい価値であることにも起因しているかもしれない。このような発展的な価値を教授していくことを考えると，社会科以外の統合科目では多くの制約が出る可能性もある。

　以上のように，生徒の選択する学校で学んでいる価値は，地域間・宗教間の差異なくほぼ共通しており，価値教育の全国的な普及を示している。ところが，地域ではなく宗教によって，選択の相違が明らかな価値が見出される。それが「平等（Equality）」の価値であり，マニラのカトリックで11位（29名），ミンダナオのカトリックで12位（19名），マニラのムスリムで36位（1名），ミンダナオのムスリムで32位（2名）である。伝統的価値にしても類似した結果であったが，学んでいる価値において，その傾向性は明白である。ムスリムは，フィリピン社会における少数派として，また現在の国際社会の対立の構図を反映する立場として，多数派の人々の偏見を経験しながら生活しており，社会の不平等を強く認識する立場にあると推察される。その意味で「平等」の価値への評価は，ムスリムにおいてより高いものが仮定されるが，結果は全く異なっている。学校においても，一定の教育は行われて

いると考えられるが，その効果が見られるとは言い難い。フィリピンでは「平等」の価値が社会において低いとムスリムの生徒は評価しているのではないか。このムスリムの「平等」の価値への評価はさらに調査，分析を継続していく必要がある。

次に，問3-3の「生徒の好む価値」を表4-7に基づいて考察する。問3-3では，マニラのカトリックの相対的なナショナリズムへの関心の低さと「個人としての価値（「美（Beauty）」「芸術（Art）」）」への選好の高さが指摘できる。逆に，その他の地域では，「国への忠誠」も高い価値として含まれている。マニラのカトリックにおいてこのような個人の選好を示す価値が他のカテゴリーに比べ上位に入った要因には，マニラのカトリックの生徒が都市化の影響を強く受けていることも挙げられる。

また，選択された上位の価値に着目すると，2つのカトリックのカテゴリーの生徒たちが「神への信仰」を第一に選択している一方，2つのムスリムでは「正直」が1位になり（マニラのムスリムでは「正直」と「清潔」），「神への信仰」はその次の価値として選択されている。どれも信仰心に繋がる価値であるが，地域ではなく，宗教において，上位の価値に特色が見られる。

また，問3-3においても，「市民的意識／誇り」，「共通のアイデンティティ」は低く評価されている。さらに「平等」の価値においては，マニラとミンダナオのカトリックについては8位，10位であるが，ミンダナオのムスリムでは22位（7名），マニラのムスリムは31位（2名）であった。単純に結論を導くことはできないが，ミンダナオのムスリムの共存への意思，あるいは現状への不満が反映したものと考えられる。一方，マニラのムスリムの選択は，自らの不平等な立場に対する抵抗を示すものと考えられる。これまで3つの質問に関する価値選択を考察してきたが，それらから理解できることは自らに必要と考えて選択した価値と，他者に対して振る舞う際の自ら指針とする価値の両方が混在していることである。

次にナショナリズムの価値に着目して考察する。ここでは，表4-8「生徒の価値選択の比較表」を用いる。この表は，これまでの3つの問いの上位15の価値に関する結果を示したものである。理解を助けるため，「政治的価

表4-7 生徒の好む価値

マニラーカトリック (221)		ミンダナオーカトリック (222)		マニラームスリム (152)		ミンダナオームスリム (192)	
神への信仰	116	神への信仰	135	正直	63	正直	86
平和	74	平和	75	清潔	60	神への信仰	72
自由	64	正直	74	神への信仰	54	平和	65
正直	60	自由	62	平和	54	自由	52
知識	53	人権尊重	58	人権尊重	33	知識	49
相互の愛/尊敬	48	相互の愛/尊敬	50	知識	32	清潔	46
清潔	38	知識	41	自由	30	人権尊重	44
平等	34	自己の規律	39	国への忠誠	27	自己の規律	38
自己の規律	30	清潔	35	肉体の健全さ	25	国への忠誠	35
美	30	平等	35	相互の愛/尊敬	25	芸術	28
人権尊重	30	他者への関心/共通の善	29	自己の規律	20	相互の愛/尊敬	24
芸術	29	国への忠誠	27	芸術	19	国民的団結	23
創造的かつ批判的思考	23	自立	25	国民的団結	16	美	20
肉体の健全さ	20	創造的かつ批判的思考	24	美	14	社会的正義	13
自立	20	国家的統合	21	親としての責務	13	親としての責務	13
献身	18	親としての責務	21	創造的かつ批判的思考	11	他者への関心/共通の善	13
他者への関心/共通の善	17	芸術	19	国際理解と協力	11	肉体の健全さ	12
国民的団結	16	国際理解と協力	15	自立	11	国際理解と協力	10
社会的正義	16	資源の保護	15	科学・技術に関する知識	8	科学・技術に関する知識	9
国家的統合	16	献身	10	国家的統合	7	国家的統合	8
生産性	15	国民的団結	9	誠実	6	自立	8
企業家精神	14	社会的正義	8	献身	6	平等	7
誠実	13	肉体の健全さ	7	社会的正義	6	価値観/自尊心	6
国への忠誠	10	美	7	大衆参加	6	誠実	6
親としての責務	10	誠実	6	企業家精神	5	献身	6
国際理解と協力	9	生産性	6	積極的非暴力	4	創造的かつ批判的思考	5
職業倫理	9	価値観/自尊心	6	物質的な世界との調和	4	企業家精神	5
価値観/自尊心	8	科学・技術に関する知識	5	倹約	3	倹約	4
倹約	8	企業家精神	5	生産性	3	職業倫理	3
科学・技術に関する知識	6	倹約	4	他者への関心/共通の善	3	国民的英雄への評価	2
資源の保護	5	国民的英雄への評価	4	共通のアイデンティティ	2	生産性	2
積極的非暴力	5	職業倫理	4	国民的英雄への評価	2	積極的非暴力	2
大衆参加	3	積極的非暴力	4	資源の保護	2	物質的な世界との調和	1
物質的な世界との調和	2	物質的な世界との調和	1	貞節	2	共通のアイデンティティ	1
共通のアイデンティティ	2	共通のアイデンティティ	1	平等	1	市民的意識/誇り	1
国民的英雄への評価	1	市民的意識/誇り	1	価値観/自尊心	1	資源の保護	1
市民的意識/誇り	1	貞節	1	職業倫理	1	大衆参加	1
貞節	0	大衆参加	0	市民的意識/誇り	0	貞節	1

カッコ内は生徒の総数,数字は選択された数を表す。

表4-8 生徒の価値選択の比較表

	マニラーカトリック (221)		ミンダナオーカトリック (222)		マニラームスリム (152)	
生徒の選択する伝統的価値	神への信仰	157	神への信仰	143	神への信仰	63
	国民的団結	91	相互の愛／尊敬	98	清潔	60
	相互の愛／尊敬	72	国民的団結	75	相互の愛／尊敬	48
	自由	59	国への忠誠	66	国への忠誠	45
	国への忠誠	43	自由	57	正直	41
	創造的かつ批判的思考	34	他者への関心／共通の善	39	親としての責務	39
	芸術	28	親としての責務	38	国民的団結	34
	他者への関心／共通の善	28	知識	34	人権尊重	32
	平和	28	創造的かつ批判的思考	32	平和	23
	正直	23	国家的統合	26	自由	22
	企業家精神	22	国民的英雄への評価	25	他者への関心／共通の善	14
	国民的英雄への評価	22	平和	25	自己の規律	13
	親としての責務	22	正直	22	国家的統合	12
	清潔	20	清潔	22	肉体の健全さ	11
生徒が学んでいると考える価値	神への信仰	139	神への信仰	159	神への信仰	75
	正直	87	人権尊重	101	正直	69
	相互の愛／尊敬	81	相互の愛／尊敬	101	清潔	63
	人権尊重	58	正直	85	人権尊重	43
	平和	57	平和	55	相互の愛／尊敬	39
	自己の規律	42	国への忠誠	51	国への忠誠	35
	他者への関心／共通の善	35	自由	45	知識	33
	国への忠誠	33	他者への関心／共通の善	41	親としての責務	30
	自由	33	自己の規律	32	自己の規律	28
	国民的団結	31	国民的団結	27	平和	26
	平等	29	知識	19	国民的団結	21
	国家的統合	23	平等	19	自由	19
	誠実	21	親としての責務	17	他者への関心／共通の善	15
	自立	20	国家的統合	16	誠実	12
	価信観／自尊心	19	自立	15	国際理解と協力	11
生徒の好む価値	神への信仰	116	神への信仰	135	正直	63
	平和	74	平和	75	清潔	60
	自由	64	正直	74	神への信仰	54
	正直	60	自由	62	平和	54
	知識	53	人権尊重	58	人権尊重	33
	相互の愛／尊敬	48	相互の愛／尊敬	50	知識	32
	清潔	38	知識	41	自由	30
	平等	34	自己の規律	39	国への忠誠	27
	自己の規律	30	清潔	35	肉体の健全さ	25
	美	30	平等	35	相互の愛／尊敬	25
	人権尊重	30	他者への関心／共通の善	29	自己の規律	20
	芸術	29	国への忠誠	27	芸術	19
	創造的かつ批判的思考	23	自立	25	国民的団結	16
	肉体の健全さ	20	創造的かつ批判的思考	24	美	14
	自立	20	国家的統合	21	親としての責務	13

カッコ内は生徒の総数，数字は選択された数を表す。

第4章 意識調査にみる子どもの価値認識

ミンダナオームスリム (192)	
神への信仰	90
正直	77
知識	74
相互の愛／尊敬	64
清潔	46
親としての責務	42
人権尊重	42
平和	40
自由	39
国への忠誠	35
自己の規律	27
芸術	16
他者への関心／共通の善	14
国際理解と協力	13
神への信仰	109
人権尊重	76
正直	64
知識	55
清潔	54
自由	52
自己の規律	44
相互の愛／尊敬	39
平和	39
国への忠誠	36
国民的団結	31
社会的正義	20
他者への関心／共通の善	18
国際理解と協力	15
親としての責務	13
正直	86
神への信仰	72
平和	65
自由	52
知識	49
清潔	46
人権尊重	44
自己の規律	38
国への忠誠	35
芸術	28
相互の愛／尊敬	24
国民的団結	23
美	20
社会的正義	13
親としての責務	13

値」はその項目を，政治的価値に多く関連する「社会的価値」はその回答数の欄を，それぞれ網掛けで強調した。

問3-1「生徒の選択する伝統的価値」では，どの地域においても，「神への信仰」に続いてナショナリズムを示す価値が多く選択されている。特に，マニラでもミンダナオでも，カトリックは「国民的英雄への評価 (Esteem of National Heroes)」を多く選択している。一方，ムスリムの間では「国民的英雄への評価」は低く，特にミンダナオのムスリムになると，ナショナリズムの価値は上位15位内では2つの価値選択にとどまっている。これは，居住する地域において，ムスリムの間でも国民的伝統（ナショナリズム）への認識に差異があることを示すものであり，独自の歴史を持つミンダナオのムスリムの歴史認識に示唆を与えるものである。また，現在試みられているノルミタ・A. ヴィラらの国民的英雄であるホセ・リサールを通じた対話プログラムだけでは，「共通のアイデンティティ」を形成することは効果に制限があり，それだけで異教徒間の融和を促進する学校教育のプロジェクトとしていくにはさらなる取組みが求められると考察される。

問3-2「学校で学んでいる価値」では，ナショナリズムの価値もどの地域でも，ほぼ等しく高く評価されている。上位に選択された「国への忠誠」「国民的団結」「国家的統合 (National Unity)」が，現在のナショナリズム教

育の中心的価値であると考えられる。その一方で，先述したように，「市民意識・誇り」「共通のアイデンティティ」は相対的に重視されていない。選択者も各カテゴリーにおいて2～3人である。

問3-3「生徒の好む価値」では，ムスリムの間でもナショナリズムの価値は高く選択されている。しかし，自由記述において分かったのは，彼らの言う「国民的団結（Bayanihan/Solidarity）」が，地域的，あるいは同じ信仰を持つ国民としての団結の意味も含んでいるということである。また同時に，武力対立の被害者でもある子どもたちと接して理解できるのは，キリスト教徒とともに日々生活しているムスリムが，平和裡に国家が安定することを強く望んでいることである。

これらの調査結果を通じて指摘できることは，政治的価値の選好は，時系列的にわずかに低くなる傾向を示したことである。しかし，統合科目の目指す社会的人格の視点に立った場合，ナショナリズムの価値（＝「国への愛情」），社会的価値（＝「人間（民衆）への愛情」），精神的価値（＝「神への畏敬の念」）に関する意識は高く，フィリピンの価値教育の意図は一定の成果を挙げていると考えられる。

問3-1～3は，価値選択にみる過去─現在─将来へと推移する価値の動向を分析することを目的とした。ここで，ナショナリズムの価値は伝統的な価値として生徒たちに認識されていることが明らかとなった。しかし，一定の動向を分析することは可能であるが，個々の価値を自らのために選択した価値なのか，他者への振舞いとして選択した価値なのか，またその両者なのかを解明する段階まで分析することが，個々の価値の生徒への定着度，及び内発的価値として生徒自身の中で明確化されている価値かを見極めるために不可欠であろう。この観点に立って今回の調査はさらに発展させていかなければならない。

4. 国への愛情について

前節に分析した価値選択は，子どもたちの国家選好でも証明されるであろうか。最後に問4「もしも選択できるとすれば，どの国に生まれたいか。

表4-9 国への愛情：どの国に生まれたいか

選択率／カテゴリー	マニラーカトリック	ミンダナオーカトリック	マニラームスリム	ミンダナオームスリム
1 フィリピン	41.82	77.93	64.67	52.46
2 米国	24.09	10.36	7.33	14.75
3 日本	9.09	4.5	4.67	16.39
4 中国	2.27	0.45	1.33	1.64
5 オーストラリア	1.82	1.35	0.67	2.19
6 フランス	4.09	0.45	0.67	1.64
7 シンガポール	4.55	0.45	0.67	0.55
8 カナダ	1.36	1.8	2.67	2.73
9 その他	4.55	1.35	0.67	7.65
回答なし	6.36	0.45	16.67	0

（フィリピン，米国，日本，中国，インド，オーストラリア，フランス，シンガポール，カナダ，その他（国名を記述），の10の選択肢から選ぶ。）」について質問した。

　この質問は，マルコス期の生徒の愛国心を分析したドロニラの質問を模したものであるが，当時の生徒のフィリピン選択は10％に満たなかった[7]。現在のフィリピンの社会状況は全く異なるため単純な比較はできないが，たとえ意識調査に参加した生徒たちが出題者の意図を感じて価値選択していたとしても，表4-9[8]に見られる結果は自国への選好の高さを示している。特にミンダナオのカトリックの自国選択は顕著である。ムスリムにおいても，地域にかかわらず高い自国選好を示している。しかし，マニラのカトリックに関しては，他のカテゴリーほどには高くはないと判断できる。これには，先の問3-3と同様に，マニラの都市化なども影響していると思われるが，上の価値選択の3つの質問に通じる結果であると言える。

　次章においては，これまでの意識調査の分析結果を基にしながら，子どもたちが受け入れている価値について，統合科目における価値教育の理念から実践へのプロセスに着目して再度分析し直し，分析構造において示した価値認識の諸段階からの考察を行う。

[注]
1) この他にも，就学前教育，離島部における小学校複式学級，中等教育修了後コミュニティ・カレッジなどの提供など全面的に展開された。石田憲一「フィリピンにおけるバランガイ・ハイスクールの成立過程に関する考察」日本比較教育学会編『比較教育学研究』第 21 号，1995 年，49-59 頁／野口純子「フィリピンの初等教育」代表者廣里恭史『発展途上国における教育開発過程の構造と特質に関する研究——アジア・モデルの模索と将来展望』平成 8・9 年度科学研究費補助金（萌芽的研究）研究実績報告書，1998 年，115-129 頁。
2) National Statistical Coordination Board (NSCB), *2004 Philippine Statistical Year Book*, Makati City: Philippines, October 2004, pp. 10-17.
3) 拙稿「フィリピンにおける教育計画」杉本均・山内乾史編『現代アジアの教育計画（下）』学文社，2006 年，193-195 頁。
4) 同上，193-195 頁。
5) 渋谷英章「フィリピンにおける中等教育の多様化・個性化」望田研吾研究代表『中等学校の多様化・個性化政策に関する国際比較研究』平成 13-15 年度科学研究費補助金（基盤研究 A (1)）研究成果報告書，2004 年，298 頁／同上，193-195 頁。
6) これらの指摘が，生徒の自由記述に散見された。このようにイスラームの教えには多くの細やかな信仰者としての振舞いが述べられている。「正直」に関わる教えとしては例えば次のようなものがある：「アッラーに仕えまつれ。……両親にはやさしくしてやれよ。それから近い親戚や孤児や貧民にも，……威張りかえった傲慢な人はアッラーは好み給わぬぞ。……あのような無信心ものどもには，われら（アッラー自称）が屈辱的な罰を用意しておいた。……」「女——メディナ啓示，四十〔三十六〕節」筒井俊彦訳『コーラン（上）』改訂版，岩波文庫，2003 年（改訂版初版 1957 年），116 頁。
7) Doronilla, Maria L. C., *The Limits of Educational Change: National Identity Formation in a Philippine Elementary School*, Quezon City: University of the Philippines Press, 1989.
8) 詳細な選択の数字は以下のようになっている。フィリピン：マニラ・カトリック (41.82 %)，ミンダナオ・カトリック (77.93 %)，マニラ・ムスリム (64.67 %)，ミンダナオ・ムスリム (52.46 %)，米国（2 番目に高い選好）：マニラ・カトリック (24.09 %)，マニラ・ムスリム (7.33 %)，ミンダナオ・カトリック (10.36 %)，ミンダナオ・ムスリム (14.75 %)，その他（イスラーム国家の選択）：マニラ・ムスリム (0.67 %)，ミンダナオ・ムスリム (7.65 %)。

第5章
価値教育の理念から実践への展開

　第4章において，4つのカテゴリー（地域・宗教）を用いた意識調査の結果を，第1と第2の分析のフィルターにかけて分析・考察を行ってきた。本章ではそれらの結果をもとに，統合科目における価値教育の理念が子どもにどのような影響を与えているかについて，分析構造において示した教育的価値認識，文化的価値認識，中核的価値認識の観点から考察していく。

第1節　革命の歴史理解にみる教育的価値認識

　まず，4つのカテゴリーの調査結果を基に，歴史理解と愛国心の価値（伝

表5-1　革命の歴史理解と価値認識の地域別比較表

質問（分析単位）／カテゴリー	マニラ・カトリック（大都市）	ミンダナオ・カトリック（地方都市）	マニラ・ムスリム（大都市）	ミンダナオ・ムスリム（地方都市）
歴史認識（革命の影響）	1986年 EDSA I	2001年 EDSA II	やや2001年 EDSA II	2001年 EDSA II
歴史認識（マカバヤン基礎）	1986年 EDSA I	2001年 EDSA II	どれも同程度	2001年 EDSA II
伝統的価値への認識	国民的団結 国家的統合 国民的英雄の評価 国への忠誠	国民的団結 国への忠誠 国家的統合 国民的英雄の評価	国民的団結 国への忠誠 国家的統合 国民的英雄の評価	国民的団結 国への忠誠
国家選好（自国選択）	やや高い	非常に高い	高い	高い

統的価値）の認識についてまとめる。それらを表としてまとめたものが「表5-1　革命の歴史理解と価値認識の地域別比較表」である。最後の国家選好の質問から考えられるのは，総じて自国に対する愛着は強く，価値教育の愛国心教育の意図は一定の成果を挙げていることである。伝統的価値を問う質問では，国，郷土といった共同体の概念を表す'Bayan〔バヤン〕'から派生して"団結"を含意する'Bayanihan'を訳出したものである。

　ここでは「国民的団結」が常に選択されたことに留意すべきであろう。ここで教育的価値認識の立場に立った場合，現在の学校教育が意図する価値教育は一定の成果を示しているだけでなく，地域によれば多数派のキリスト教徒同様に，あるいはそれ以上に，ムスリムの子どもにも愛国心を教授できることが明らかとなった。これは，教育的価値認識からの分析であり，その生徒の本質的な理解に迫るには，文化的価値認識，中核的価値認識への考察が不可欠である。

第2節　宗教と地域性の分析にみる文化的価値認識

　前章の調査結果では，価値教育の成立過程において1986年の民主化革命で問われた価値が反映しているということを，マニラのカトリックが正確に理解していた結果が見いだされたが，それはマニラのカトリックという宗教と地域性による文化的価値認識によると解釈される。価値教育が何の価値をもとにしているかは学校現場では教えない場合が多い。しかし，マニラのカトリックの生徒は，1986年革命でのキリスト教会の成した役割を知っているのである。

　「地域」は，歴史，文化，伝統をつなぎ，人々の価値意識を形成する場である。地域には地域の論理があり，地域性は一つの世界観，あるいは価値体系を持つと考えることができる。地域を理解していなければ，地域に受け入れられる普遍性を示すことはできない。これまでの国民形成の教育においては，国家に国民を統合することが目指されてきた。しかし，教育が地域性を配慮することによって，地域に溶け込んだ宗教や文化，伝統の価値観も，教

育の向上に寄与する文化的価値認識として捉えることが可能となる。価値教育で教授される国際社会で普遍的と考える価値も，地域性の文脈で解釈されてはじめて，現実味をもった価値として子どもたちに認識される。

　中心となる都市（大都市），地方都市の違いについては，各々の都市でどの宗教に属するかで異なることによってある程度理解できる。フィリピンでは，マニラ市が中心都市であり，マニラのキリスト教徒が，最も国家の示す価値にも近い価値認識を持つと想定できる。ところが，同じマニラでもムスリムとなると，歴史認識に違いが見られる。これがミンダナオで，しかもムスリムになるとさらに違いが顕著になる。一方で，ミンダナオのキリスト教徒は，地方の準中心都市であり，中心（マニラ）からかなり離れているが，最も高い国家選好を示す。歴史認識では周辺部であるが，今も続く宗教間対立にもかかわらず，ミンダナオの子どもたちはより強い国民意識を持つ。このことからも，地域性を考慮した価値教育が重要であることがわかる。この段階での価値認識は，教育的価値認識が宗教と地域性により実質的に定着している段階として，文化的価値認識の段階に入っていると考えられる。この文化的価値認識が教育的価値認識に影響を与えるのはなぜか。次節では，さらにコレスポンデンス分析による価値分析を行い，価値認識の影響について考察する。

第3節　コレスポンデンス分析による中核的価値認識の抽出

　4つのカテゴリーの分析を用いて，価値教育による国民的アイデンティティの価値の形成を考察してきたが，多様な価値の教授の中でも，一定のフィリピン人としての共通したアイデンティティの傾向性を確認できた。これは統合科目における価値教育により，一定の教育的価値認識が受容されてきた成果と分析できる。しかし，島嶼国家フィリピンにおいて，宗教と地域性の関わりが多様な価値認識を形成してきたことは看過できない。

1. 意識調査の解析

　ここで前章で行った価値に関する意識調査の結果を，4つの質問に基づく4つのカテゴリーに沿って多変量解析の一つであるコレスポンデンス分析（対応分析）を用いて解析していきたい。本分析では「地域―宗教」と「価値」を2つの'変数'と捉え，それら相互の関係全体をグラフに表出するとともに，各々の「地域―宗教」と「価値」の分析では明らかにされない，各変数間の傾向を検証するために用いる。このコレスポンデンス分析では，変数間の位置〔距離〕関係が相関関係を表す。グラフの数字は必ずしも重要ではない。「地域―宗教」の4つのカテゴリー（変数）に対して，それぞれに近い価値がそのカテゴリーで高く選択された価値となる。低い選択を受けたものはカテゴリーから離れてしまう。一方で，すべてのカテゴリーで高い選択を受けた価値は，すべてのカテゴリーから均等の距離を保った位置にある。このコレスポンデンス分析では，意識調査に参加した母数からの選択数の割合もカテゴリー間の相関関係に反映するため，意識調査の結果を順位で示したリストでは表しきれない，カテゴリー「地域―宗教」と個々の価値との微妙な距離感を示すことが可能となる。

　図5-1は，前章172頁の問3-1「生徒の考えるフィリピンの伝統的な価値」をコレスポンデンス分析によって表出したものである。すべてのカテゴリーから高く評価されている価値は，それぞれのカテゴリーの中間点付近に集まる。ここでは，「神への信仰」が最も中心付近となるが，この問いでは，その他の上位の価値が，より高い選好のカテゴリー側の近くに分布する特徴を示している。例えば，順位的にはどのカテゴリーでも類似した順位である「相互の愛／尊敬」では，ミンダナオのカトリックにおいて，次にマニラのムスリムに評価されていることが分かる。「国民的団結」や「自由」においても，どのカテゴリーでも上位だが，2つのカトリックのカテゴリーにおいてより高く選好されている。一方，「平和」では，2つのムスリム，特にミンダナオのムスリムによって選好されている。「正直」「清潔」「知識」に関しては，カトリックでも選択されているが，明らかに2つのムスリムのカテゴリーによって高く選択されており，ムスリムのカテゴリーの領域に分布し

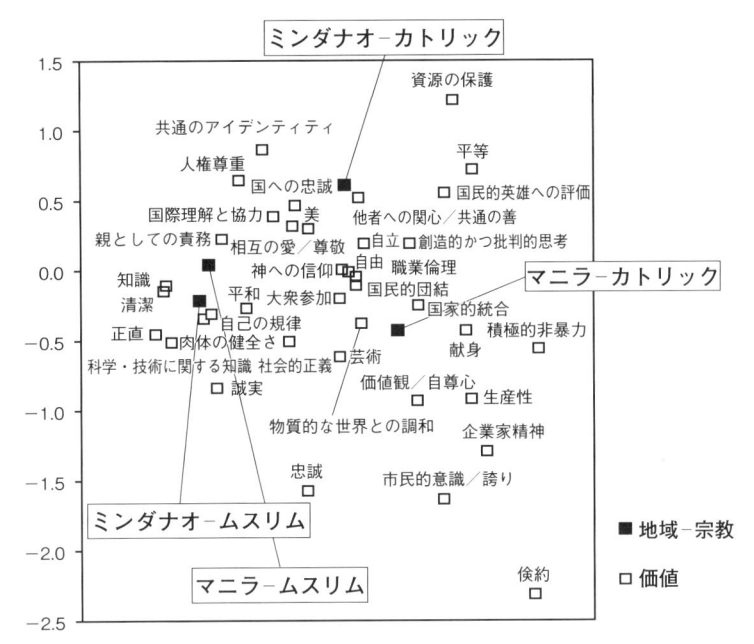

第5章 価値教育の理念から実践への展開　　193

図5-1　生徒の考えるフィリピンの伝統的な価値のコレスポンデンス分析

ている。「職業倫理（Work Ethic）」や「大衆参加（Popular Participation）」はそれぞれ中位，下位に位置する価値であるが，類似した選択数であるため，それぞれのカテゴリーから等距離に位置する。

また，伝統的な価値としてどのカテゴリーからも選択されていたナショナリズムの価値であるが，コレスポンデンス分析上では，個々の価値に対するカテゴリー間の温度差が見出される。マニラのカトリックでは，「国家的統合」「献身（Commitment）」が最も高く，先述した「国民的団結」がそれらに次いで高く選択されている。ミンダナオのカトリックでは，その他のカテゴリーでも上位で選択されていた「国への忠誠」の価値をさらに強く選好していることが明瞭である。また，「国民的英雄への評価」の価値においては，ミンダナオのカトリックが最も伝統的価値として認識している。また，「国際理解と協力」と「人権尊重」の価値は，その他のカテゴリーでも上位で

あったが，ミンダナオのカトリックとマニラのムスリムの両者に高く選好されている。その他の上位の価値である「自由」もすべてのカテゴリーより，「平和」の価値はマニラのムスリムとミンダナオのムスリムにより高く評価されている。

　これらの価値の分布から理解できることは，伝統的な価値としてのナショナリズムの価値は，マニラとミンダナオのカトリック側に偏在する傾向を示している。それぞれのカテゴリーを象徴する社会的価値に関しては，2つのカトリックのカテゴリーについては，「社会的責任／家族」の価値群からは「相互の愛／尊敬」，「社会的責任／社会」からは「自由」，2つのムスリムのカテゴリーについては，「社会的責任／家族」の価値群からは同じく「相互の愛／尊敬」，「社会的責任／社会」からは「平和」と「自由」が挙げられる。「平和」はムスリムのカテゴリーにおいてより高い選好があることもフィリピンにおける伝統的な価値の在り方を示している。つまり，地域性以上に宗教によって，伝統的な価値，あるいはそれを形成する歴史観に相違が見られる。特に「神への信仰」については，フィリピンの文化や革命の歴史が信仰心に基づいたものであったからである。

　以上のように，フィリピン人の希求する価値認識には，ユネスコが提唱する以前から普遍性を有する思想が根付いていたと結論できる。

　次に前章の問 3-2「生徒が学校で学んでいると考える価値」のコレスポンデンス分析である。第 4 章の表 4-6 で明らかになったことは，それぞれのカテゴリーの選択結果の類似性であった。この問 3-2 を解析した図 5-2 よりまず確認できることは，先の図 5-1 では，各カテゴリーの位置関係が宗教間では同じ宗教が隣に，地域では異なる地域が隣りに位置していたが，この図 5-2 では，同じ地域，同じ宗教が平行して分布している。このことからも，同じ地域，同じ宗教のカテゴリーごとに類似した選択がなされていることが確認できる。同時に，それぞれのカテゴリーから等距離にある複数の価値群からも共通項が多いことが理解される。最も選択されている「神への信仰」「正直」「平和」などが共通して選択されている。同様に高く選択されている「自由」「人権尊重」は，カトリック，ムスリムを問わず，ミンダナ

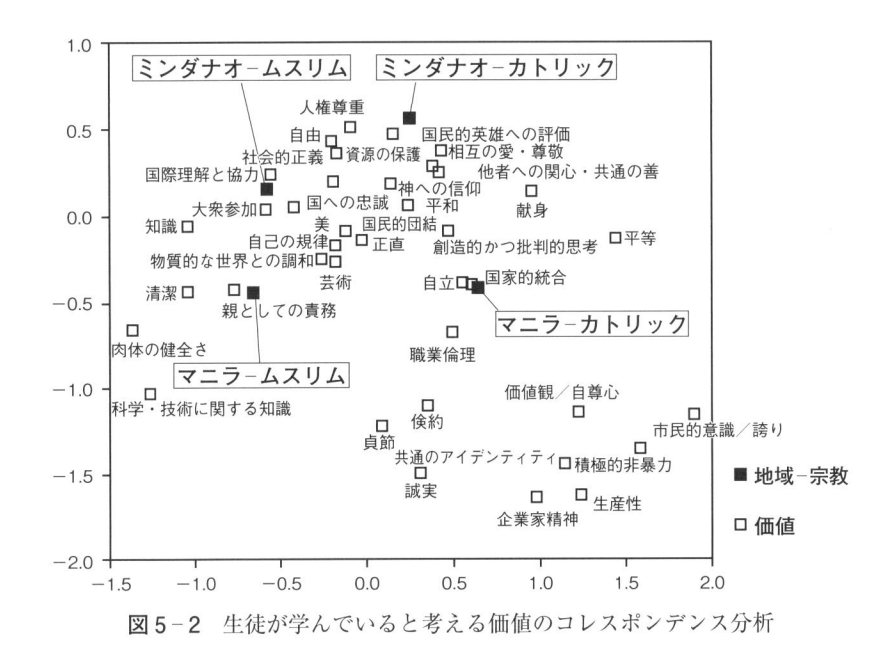

図5-2 生徒が学んでいると考える価値のコレスポンデンス分析

オ地域においてより選択されていることが分かる．また，伝統的な価値と比較した際のもう一つの特徴は，ナショナリズムの価値がすべてのカテゴリーから均等の距離内にいくつか位置している点である．特に，「国への忠誠」「国民的団結」の価値は明らかである．また，このナショナリズムの価値に準ずる社会的価値である「相互の愛／尊敬」「他者への関心／共通の善」「社会的正義」も選択されている．ナショナリズムの価値教授は，その他の道徳的価値よりも低い位置づけのように順位表からは解釈されるが，現在の統合科目における価値教育において，地域に関わりなく教授されている価値として認識できる．

　一方，ミンダナオのカトリックにより伝統的価値として高く評価されていた「国民的英雄への評価」では全体での順位も選択者数も多くないが，同じミンダナオのカトリックに選好されている．また，同じく伝統的価値としても評価されていた「国家的統合」の価値が，他のカテゴリーでも評価がある

にもかかわらずマニラのカトリックにより偏重した評価を受けている。これらは，ミンダナオとマニラでのナショナリズムに関わる価値教育において，その教授されている価値を示していると考えられる。ミンダナオにおいて観察した授業実践においても，ホセ・リサールのロール・プレイングが行われていた。マニラでの授業実践では，より概念的な価値について考察する授業実践が見られた。単純な類型化はできないが，選択される価値に地域の教育的特徴を推測することは一定可能であろう。ただ，そこには生徒たちが既にもっている価値観や地域を取り巻く状況が反映していることも考慮することが不可欠である。

　この問3-2「生徒が学校で学んでいる価値」の分析の中から，学校での授業において明らかに軽視されている価値群も抽出されている。「生産性」「企業家精神」「価値観／自尊心」「倹約」「貞節」「誠実」「積極的非暴力」「市民意識／誇り」「共通のアイデンティティ」の価値である。「市民意識／誇り」「共通のアイデンティティ」の価値については，前章においても考察したが，生徒たちには，ナショナリズムの価値としての重要性は認識されていないようである。また，「積極的非暴力」はこの問いではどのカテゴリーにおいても下位であるが，マニラのカトリック以外では特に評価が低い。「誠実（Integrity）」は「正直（Honesty）」と同じ道徳的価値に分類されているが，類似した価値であるために，「正直」の価値に評価が集まると自ずと選択者数が下がってしまうと推察される。

　加えて，前章の問3-3「生徒の好む価値」のコレスポンデンス分析の結果である図5-3では，カテゴリーの地域─宗教の表出が問3-2の図5-2を裏返した形になっているが，コンピューター上の処理が変数間のバランスによって反転したかのように出力されただけであり，変数間の関係には全く問題はない。この図5-3の特徴と考えられるのは，ナショナリズムの価値に関して言えば，それぞれのカテゴリーから均等に位置するのではなく，それぞれの価値が，より高く選好するカテゴリーの周囲に散在していることが分かる。「国民的団結（Bayanihan/ Solidarity）」はその他の問いでは常に上位にあったが，この問いではミンダナオのカトリックからの評価が低かったために，位置的に

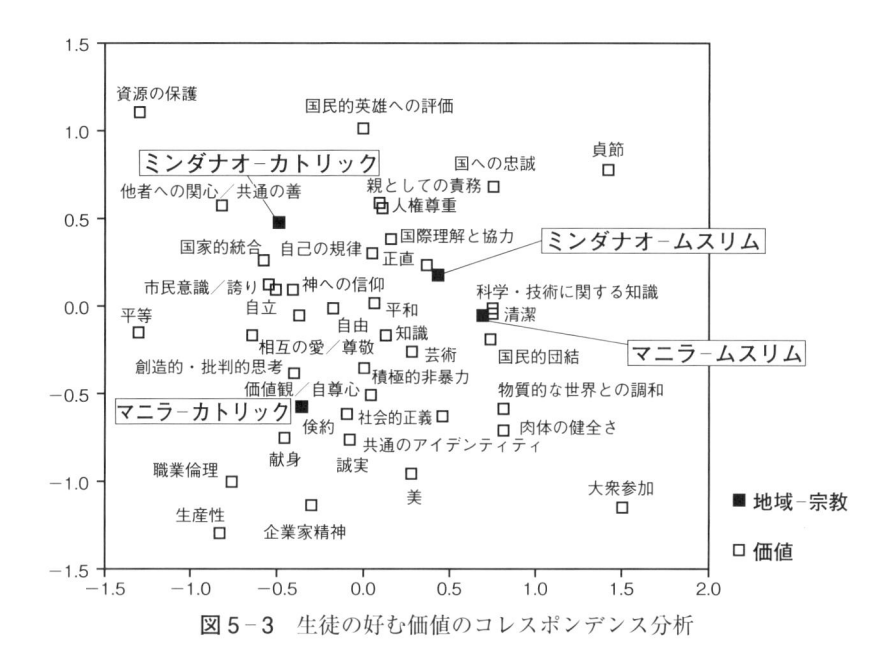

第5章 価値教育の理念から実践への展開　　197

図5-3　生徒の好む価値のコレスポンデンス分析

対角線上にあり選好の高かったマニラのムスリムの近くに位置している。

一方,「国家的統合(National Unity)」の価値については,それ以外のカテゴリーからの評価が高くないためにミンダナオのカトリックの近くにある。また,今回も最も選択されたナショナリズムの価値である「国への忠誠(Loyalty to Country)」だが,マニラのカトリックからの評価が高くなかったために,その対角線上近く(ミンダナオのムスリムの上方向)に位置する。このように,生徒の好む価値において,それまでと同様に,ナショナリズムの価値がすべてのカテゴリーから等距離にあるとは言い難い。しかし,このナショナリズムの価値の配置は,現在の生徒のナショナリズム観が端的に表出したものとも考えられる。マニラのムスリムはBayan(バヤン)(国家,地域の意)の団結を求める「国民的団結」を,ミンダナオのカトリックはより直接的な「国家的統合」を求めているとも考えられる[1]。

その他のナショナリズムの価値は,常に下位に位置しているために等距離

に位置している状態である。このように，相対的にナショナリズムの価値への選好が低下していると思われる中で，「国際理解と協力」の価値はその選好を維持している。グローバル化の中で国際協力が不可欠であると実感するとともに，これからのフィリピンの在り方を想う生徒たちの心情を示すものと考えられる。

結果として，問3-3においても，中心的価値は「神への信仰」「正直」「自由」「平和」「人権尊重」「相互の愛／尊敬」であった。しかし，これまでコレスポンデンス分析による解析結果を考察してきたが，その他にもすべての問いにおいて共通する相関関係が明らかである。次項において価値認識の在り方に考察を加える。

2. カテゴリー間の相関関係

ここで，本研究におけるそれぞれの価値認識の定義を再度確認したい。①教育的価値認識とは，学校教育による成果として子どもに形成される価値認識であり，②文化的価値認識とは，学校教育でも教授される価値が，宗教や地域性の影響を受けて教育的価値認識とは異なる形態で表出した価値認識である。③中核的価値認識とは，教育的価値認識や文化的価値認識のカテゴリーにも分類できるが，子どもの価値選択において，極めて決定的な役割を担うと考えられる価値認識である。

意識調査の結果より，教育的価値認識と分類できるのは，特に問3-2「生徒が学校で学んでいると考える価値」において，第4章の表4-6での上位25位前後までに共通して選択された価値は，教育的価値認識を形成する価値として授業を通して生徒たちに受容され，定着していると考える。それは，どのカテゴリーにおいても25位前後までは，上位，中位ともに選択される価値は類似しており，価値教育の効果を示すものと判断されるからである。しかし，それらが生徒たちにとっての価値選択を決定づける価値とは簡単には言えない。日常生活における子どもたちの直接の行動規範となる文化的要素や本研究での分析軸である宗教や地域性などの影響を受けて，教育的価値認識とは異なる形態で表出した文化的価値認識の在り方を見極めなければな

第5章　価値教育の理念から実践への展開

らない。
　その特性から考えられる文化的価値認識とは，宗教や地域性が持つ価値体系が歴史や現代社会の個々の課題への直面の仕方によって，多様な異なる価値認識を示すと考えられる。第4章の表4-8にまとめたそれぞれの問いへの価値の比較表は，その文化的価値認識の動きが表出していると考えられる。しかし，意識調査の結果を分析する過程において明らかとなったのは，文化的価値認識の範囲を特定する困難さである。どの問いでも高く評価された価値がある一方で，「平等」や「共通のアイデンティティ」「市民意識／誇り」などは常に評価の想定外に置かれる価値もあった。しかし，この全く評価されない価値も含めた認識が文化的価値認識と捉えることが文化というダイナミックな価値の動態を掴むために不可欠である。その意味においても，図5-1から図5-3に示されたコレスポンデンス分析の結果は，それ自体が学校で教授される価値に対して反応する文化的価値認識の結果である。
　ところが，この文化的価値認識では，ダイナミックに動く価値認識の一方で普遍的な動きも見いだされた。それが地域―宗教というカテゴリー（変数）間の関係性である。問3-3「生徒の好む価値」の分析結果を基に作図したものが，図5-4である。このコレスポンデンス分析における4つの地域―宗教のカテゴリーにおいて，各カテゴリーを囲んだ円が選択された上位15位前後の価値を意味するように図示した。さらに，コレスポンデンス分析図の中心となる点より左右，上下に矢印を示し，価値選択の傾向性に合わせた座標軸を付け加えた。これによって，それぞれの軸の方向に向かう価値がそれぞれの宗教と地域の価値を示すものであることが分かる。マニラのカトリックはミンダナオのカトリックと価値選択において同じ傾向性を示しながらも，それらの価値認識には地域性の影響によって大きな隔たりがある。一方で，マニラのムスリムはミンダナオのムスリムとかなり近い価値選択を示し，ムスリムとしての宗教心の類似性が示されているが，これはマニラのムスリムがミンダナオから移動してきたことも起因していると考えられる。ところが，マニラのムスリムは，同じ地域であるマニラのカトリックにも一定の近似する価値認識の傾向性を見いだすことができる。これは，ミンダナオ

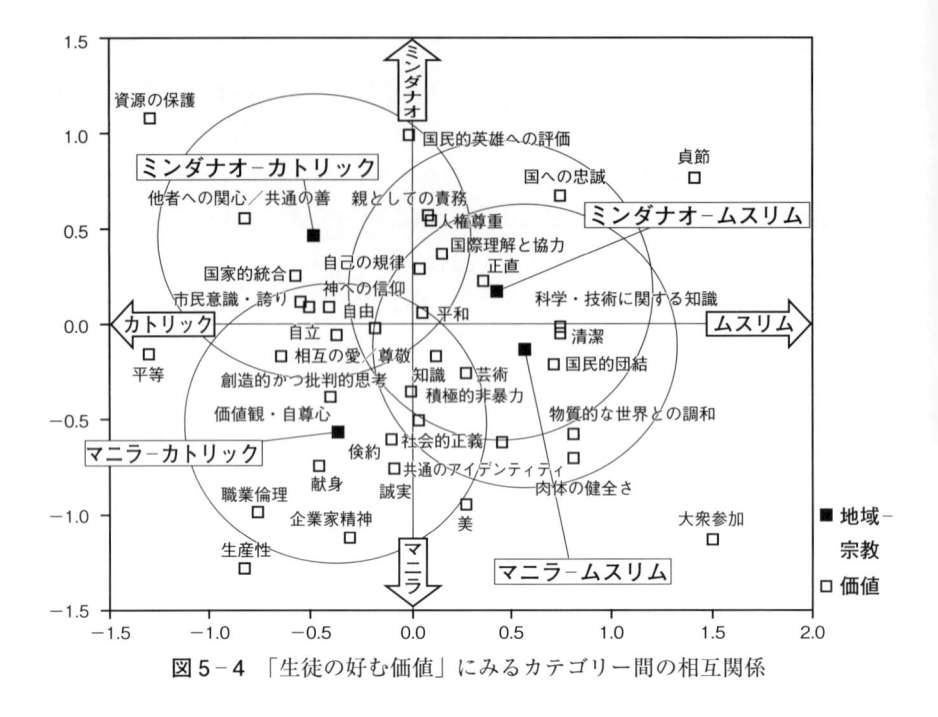

図5-4 「生徒の好む価値」にみるカテゴリー間の相互関係

のカトリックとムスリム間になると，より顕著な傾向性となって表れる。結論として言えるのは，この地域と宗教の示す価値選択の傾向性と各カテゴリー間には高い相関関係が見られることである。それぞれの変数（カテゴリー）の配置は価値選択の温度差を超えて固定されたかのように不変である。ここに，生徒たちが高い宗教と地域性の影響を受けて成長していることが示され，そのフィルターを通して価値認識を形成，あるいは取捨選択していることが理解できるのである。つまり，学校で学習する教育的価値認識は，文化的価値認識という高いハードルを超える挑戦を日々続けているのであり，文化的価値認識との整合性が取れる教育的価値認識については，より容易に受容され，生徒自身の価値として明確化されていくものと考えられる。それこそが，子どもの価値選択において極めて決定的な役割を担うであろう中核的価値認識となり，子どもの価値選択を規定し子どもの人生の規範意識とな

るものが中核的価値認識として分類される。フィリピンは日本とは異なり，強い宗教心と地域性を有する。それらを否定して中核的価値認識に影響を与える学校教育は成立しない。

　また，すべてのカテゴリーに共通すると考えられる4つの変数を囲んだ円が重なった領域に近い価値に着目すると，そこには普遍的と考えられる価値「自由」「平和」や，「相互の愛／尊敬」などが子どもたちに共通して高く評価され，宗教を超えて共通の価値と認識されていることが分かる。また，ムスリムが「正直（Honesty）」「清潔（Cleanliness）」を選択しているためにやや重なり合った領域から外れる「神への信仰」も，この共通項と考えられる部分は，教育的価値認識と文化的価値認識の両者から支持され，子どもたちの価値規範となる中核的価値認識が示される部分であると考えられる。また，ムスリム間で高く評価された「正直」「清潔」などは，ムスリムにとっての文化的価値認識であり，中核的価値認識であると考えられる。すべての価値をどのレベルの価値認識と区分できるわけではない。しかし，価値認識に諸段階があり，中核的価値認識より行動規範として内在化していくと考えるのは，教授法である全人・統合アプローチの価値明確化理論の観点からも裏付けられるものである。

3．全人・統合アプローチとの関係

　全人・統合アプローチは，その教授法自体に全人性の開発という思想が内在している。シャン・C. スマッツ（Jan C. Smuts）はこの全人性について次のように説明している。「すべてがみんな，相互にかかわり，つながりあっている。あるものは，他のものを支えている。こう考えると，強さと平和が与えられる。そう考えないよりも，人生と自然に対する健全な（wholesome）見方が得られる。全体性（wholeness）は，思想の鍵となる概念だ[2]。」ジョン・P. ミラー（John P. Miller）も，全人性の教育について次のように端的に定義する。「ホリスティック（全人的）な教育は，〈つながり〉を探求し，深めていくものである。それは断片化から抜けだし，〈つながり〉へと向かっていく試みである[3]。」このミラーの定義に従えば，①世界は，一見バラバ

ラに分断されているように見えるが,根源的に1つのものであり,人間は全てのものと〈つながり〉合っている。②世界と人間一人ひとりとの〈つながり〉は,理性や論理だけではなくそれらと心で繋がる感性や直観,魂にふれる「対話」によって根源的な認識や洞察をすることができる。③価値観や物事の有意味性は,その〈つながり〉に気づきそれを自覚するところから生まれてくる。④この世界における社会の不正や困難など,様々な問題や課題に立ち向かう社会変革への行動は,人間がこの〈つながり〉を自覚したときにこそ生まれてくる[4]。このように,全人性の思想とは通常は個々バラバラに存在しているとしか見られないものに関係性を見いだし,それぞれが健全に作用する時に,あるいは調和した関係性を築けた時に困難な課題への解決の方向性が導き出せるという精神性に立脚するものである。この全人性の開発は,価値教育および統合科目(分野)を成立させるために不可欠な思想である。経験主義に近いカリキュラムの導入は,この全人性の思想に則した価値教授が教育目標となってはじめて成立するものである。それだけ,異なる教科目を統合するには多くの困難が伴う。なぜなら,教科の教育目標以上の価値教授を意識した授業を展開しなければならないからであり,異なる教科目間の連携を図る努力を教える側が常に意識し実践していなければならないからである。

　しかし,この全人性には,人間とグローバルな国際社会も含まれる地域との間の〈つながり〉を自然に形成する思想が内在している。これは,異なる地域性と歴史観を有するフィリピン社会には社会の統合を進めていく上で有効である。例えば,「神への信仰」を価値と教授することで,異なる宗教間にも差別化ではなく〈つながり〉を見いだすことができるからである。多民族・多宗教のフィリピン社会の統合を可能にする教育開発と期待される。

　この統合科目の価値教育において教えられている価値には大きな特色がある。それは,教授されている価値が全人性の思想に即していることである。その意味において,教授される価値はより普遍性を有すると判断される価値である。「自由」や「人権尊重」などの価値は,地域性とは関連性を見いだしにくいとの判断もできる。そこに価値教育の限界を指摘することもできる。

しかし，それらが地域性に根差した価値として地域の言葉で語られる時，それらは彼らの生活規範となり，日々の社会生活を充実させる中核的価値認識として作用することが期待される。

第4節　教師の価値教育に対する評価と価値認識

　前節まで生徒の意識調査に基づく価値認識の比較分析を行ってきたが，訪問した学校では，同様の質問に対して教師にも回答を依頼した。教師は，生徒がムスリムであっても，マニラにおいては，多くがキリスト教徒である。また，ミンダナオにおいても，ムスリムが住民の多数派の地域以外は，キリスト教徒が多数である地域が多い。よって，教員に対する調査においては，ミンダナオのムスリムのカテゴリー以外の教師の多くがキリスト教徒である。生徒を対象とした意識調査であるため，教師の回答数は限られている。また，ミンダナオのムスリムの地域以外では，ほとんどの教師がキリスト教徒であるため，単純な比較はできない。しかし，異なる宗教を持つ生徒に対して接する場合，教師にも一定の教育的配慮が働くことは容易に想定できることである。そして，コレスポンデンス分析では，サンプル数に関係なく，カテゴリーと変数間の相関関係について一定の表出が可能である。本節では，前節まで考察した生徒の価値認識に対して，教える側の教師はどのような価値認識に立っているのかを確認する。

1．教師の価値教育と統合科目に対する評価

　意識調査において回答を得た教師は，意識調査に参加した学校の価値教育及び統合科目担当の教師からである。価値教育が行える科目として，価値教育だけでなく，社会科が僅かであるがより多く選択されていることは，社会的価値，政治的価値を個人の価値と統合することにより，学習効果が期待できることを意味していると考えられ，教師の回答欄のコメントからもそのことが確認できた。

　また，初めの問 1-1「統合科目が価値教育を推進しているか」に対しては，

マニラのカトリックにおいて，大いに同意する（68.42 %），同意する（26.31 %），マニラのムスリムにおいて，大いに同意する（61.53 %），同意する（30.76 %），ミンダナオのカトリックにおいて，大いに同意する（42.85 %），同意する（47.61 %），ミンダナオのムスリムにおいて，大いに同意する（69.23 %），同意する（30.76 %）との肯定的な評価であった。これは，対象としたのが価値教育と統合科目の教師が中心であったことも理由の一つとして言及できるが，生徒の評価よりも高いことは，教師が統合科目における価値教授に対して，学習効果を感受し，評価していることを示すものと理解できる。

　問 2-1「最も影響を与えた革命」については，1986 年民主化革命との答えがマニラのカトリックにおいて 73.68 %，ミンダナオのカトリックにおいても 80.95 %と高い選択率を示し，マニラのムスリムにおいても 69.23 %，ミンダナオのムスリムにおいて 72.72 %と若干の低い選択率となったが同様に高い選択率を示した。また，問 2-2「価値教育及び統合科目の基礎となっている革命」の問いに対する 1986 年民主化革命の選択については，マニラのカトリックにおいて 78.94 %，ミンダナオのカトリックにおいて 61.90 %，マニラのムスリムにおいては 41.66 %で，1896 年革命が 25 %，どれでもないが 33.33 %であった。また，ミンダナオのムスリムでは，1986 年革命の選択がわずか 27.27 %，1896 年革命が 72.72 %に上った。この評価は，ミンダナオのムスリムにとって，フィリピンの真の‘革命'とはスペインからの独立を勝ち取った 1896 年革命であり，マルコス政権を打倒した 1986 年革命を必ずしも意味しないこと，そして，表 4-4 の生徒の歴史認識とも異なる教師の歴史に対する立場が明確に理解できる点である。

　そして，次の問 3-1「あなたの考えるフィリピンの伝統的な価値とは何か」，問 3-2「生徒が現在学校で学んでいると考える価値とは何か」，問 3-3「あなたの好む価値とは何か」に関する教師の価値選択を比較表としてまとめたものが表 5-3 である。

　表 4-8 と同じく，3 つの問いの上位 15 の価値に関して結果をまとめた表である。理解を助けるため，「政治的価値」はその項目を，政治的価値に多

第5章　価値教育の理念から実践への展開

表5-2　教師の宗教と質問に関する地域別比較表

質問／カテゴリー（回答数）	マニラ―カトリック（38）	ミンダナオ―カトリック（42）	マニラ―ムスリム（26）	ミンダナオ―ムスリム（26）
宗教	カトリック及びカトリック諸派 38	カトリック 28 その他カトリック諸派 14	イスラーム 6 カトリック 14 その他カトリック諸派 6	ムスリム 26
問1-2 最も国への愛情の価値が教えられると考える科目	社会科 26 技術・家庭 12 音楽・美術 8 体育 8 価値教育 24	社会科 16 技術・家庭 6 音楽・美術 8 体育 2 価値教育 18	社会科 16 音楽・美術 2 価値教育 8	社会科 18 技術・家庭 10 音楽・美術 2 体育 4 価値教育 18
もしも選択できるとしたらどの国に生まれたいか	フィリピン 28 日本 6 オーストラリア 2	フィリピン 26 アメリカ 14 日本 2	フィリピン 18 アメリカ 6 日本 4 シンガポール 2	フィリピン 20 その他（サウジアラビア）6

く関連する「社会的価値」はその回答数の欄を，それぞれ網掛けで強調した。表5-2の教師の価値選択の比較表から理解できるのは，表4-8の生徒の価値選択の比較表と同様に，それぞれのカテゴリー間の価値選択の類似性である。サンプル数に限りがあることもあり，生徒との事例との単純な比較はできないが，ミンダナオのムスリムのカテゴリーにおいて，生徒の比較表と比較しても異なる結果を観ることができる。生徒は学校で国民意識形成に繋がる政治的価値を教授されていると答えている一方，教師からは「共通のアイデンティティ」を教えているとの回答がわずかに選択されているのみである。一方で，「平和」「人権尊重」「相互の愛／尊敬」「自由」などの社会的価値に分類される価値は，個人としての価値とともに多数選択されている。これは，教授される社会的価値を通して，生徒は政治的価値を含む国民意識形成に通じる価値を認識していることを示すものであると考えられる。また，観察した授業からも理解できるように，ムスリムであることに自負心を持つことがフィリピン人としての基礎であるとの教育が前提として存在していると解することができる。それは，生徒，教師ともにどの宗教かは特定されず，「神への信仰」が教授される価値の中心であることからも分析できる。

表5-3 教師の価値選択の比較表

	マニラーカトリック (38)		ミンダナオーカトリック (42)		マニラームスリム (26)	
教師の選択する伝統的価値	神への信仰	32	神への信仰	34	神への信仰	22
	Bayanihan／団結	24	Bayanihan／団結	24	親としての責務	14
	親としての責務	10	相互の愛／尊敬	12	国への忠誠	6
	国への忠誠	10	自由	10	自由	6
	他者への関心／共通の善	8	国への忠誠	10	人権尊重	6
	価値観／自尊心	6	忠誠	6	他者への関心／共通の善	6
	自由	6	共通のアイデンティティ	6	平等	6
	相互の愛／尊敬	6	正直	6	平和	6
	献身	4	平和	6	Bayanihan／団結	4
	倹約	4	人権尊重	6	国家的統合	4
	国民的英雄への評価	4	献身	6	自己の規律	4
	国家的統合	4	清潔	4	正直	4
	人権尊重	4	自立	4	職業倫理	4
	清潔	4	親としての責務	4	相互の愛／尊敬	4
	創造的かつ批判的思考	4	国家的統合	4	国民的英雄への評価	2
教師が教えていると考える価値	神への信仰	24	神への信仰	30	神への信仰	24
	正直	16	献身	14	正直	14
	他者への関心／共通の善	12	相互の愛／尊敬	12	人権尊重	12
	献身	12	平和	12	自己の規律	10
	相互の愛／尊敬	8	正直	12	国への忠誠	8
	国への忠誠	8	清潔	8	相互の愛／尊敬	6
	価値観／自尊心	8	親としての責務	8	他者への関心／共通の善	4
	人権尊重	8	自由	8	自由	4
	忠誠	6	価値観／自尊心	8	自立	4
	社会的正義	6	他者への関心／共通の善	6	誠実	4
	国家的統合	6	自己の規律	6	平和	4
	平和	6	Bayanihan／団結	6	親としての責務	2
	清潔	4	忠誠	4	平等	2
	親としての責務	4	平等	4	職業倫理	2
	生産性	4	社会的正義	4	国際理解と協力	2
教師の好む価値	神への信仰	30	神への信仰	30	神への信仰	16
	献身	14	相互の愛／尊敬	18	自己の規律	10
	相互の愛／尊敬	12	正直	14	正直	8
	人権尊重	10	価値観／自尊心	12	清潔	8
	他者への関心／共通の善	8	献身	10	平和	8
	自己の規律	8	親としての責務	8	生産性	6
	平和	8	社会的正義	8	献身	6
	創造的かつ批判的思考	6	平和	8	親としての責務	4
	自由	6	人権尊重	8	他者への関心／共通の善	4
	清潔	4	創造的かつ批判的思考	6	国家的統合	4
	平等	4	誠実	4	国への忠誠	4
	社会的正義	4	清潔	4	誠実	4
	生産性	4	自由	4	価値観／自尊心	4
	国際理解と協力	4	平等	4	人権尊重	4
	国家的統合	4	生産性	4	知識	2

カッコ内は参加した教師の総数，数字は選択された数を表す

2. コレスポンデンス分析から考える教員の価値分析

そして、図5-5が、問3-1「あなたの考えるフィリピンの伝統的な価値とは何か」に対して、教師が答えたものをコレスポンデンス分析で解析したものである。図5-1の「生徒の考えるフィリピンの伝統的な価値のコレスポンデンス分析」と比較して、地域を超えてカトリックの価値認識が近いことが分かる。一方では、地域間でのムスリム多数派学校の教員の歴史認識には明らかな差異があることも理解できる。「生徒の考えるフィリピンの伝統的な価値」のコレスポンデンス分析との比較において理解できることは、どのカテゴリーにおいても政治的価値及び社会的価値は選択されているが、ミンダナオのムスリムの教師の価値選択では、政治的価値の「国家的統合」とともに、社会的価値の「平和」「正直」「相互の愛／尊敬」「人権尊重」などの価値がより伝統的価値として認識されていることである。一方、その他のカテゴリーにおいては、その他の3つのカテゴリーの類似性が指摘できる。特に、マニラとミンダナオのカトリックの価値選択には特に共通項が多いと分析できる。社会的価値でもあるが「正直」そして「平和」もイスラームの価値に通じる。そして、「平和」的な「国家的統合」を目指した戦いがムスリムにとっての歴史認識でもあると解される。

問3-2の図5-2「生徒が学校で学んでいる

ミンダナオームスリム (26)	
神への信仰	22
親としての責務	10
Bayanihan／団結	8
相互の愛／尊敬	8
他者への関心／共通の善	8
平和	8
国家的統合	8
正直	6
国への忠誠	6
清潔	6
自立	4
知識	4
人権尊重	4
自己の規律	2
自由	1
神への信仰	20
他者への関心／共通の善	12
平和	10
人権尊重	10
相互の愛／尊敬	8
知識	6
自立	6
自由	4
誠実	4
正直	4
清潔	2
平等	2
職業倫理	2
科学・技術に関する知識	2
共通のアイデンティティ	2
神への信仰	20
人権尊重	18
正直	12
平和	12
相互の愛／尊敬	6
他者への関心／共通の善	6
知識	4
職業倫理	4
自立	4
国家的統合	4
献身	4
美	2
創造的かつ批判的思考	2
誠実	2
自己の規律	2

図5-5 教師が考えるフィリピンの伝統的な価値のコレスポンデンス分析

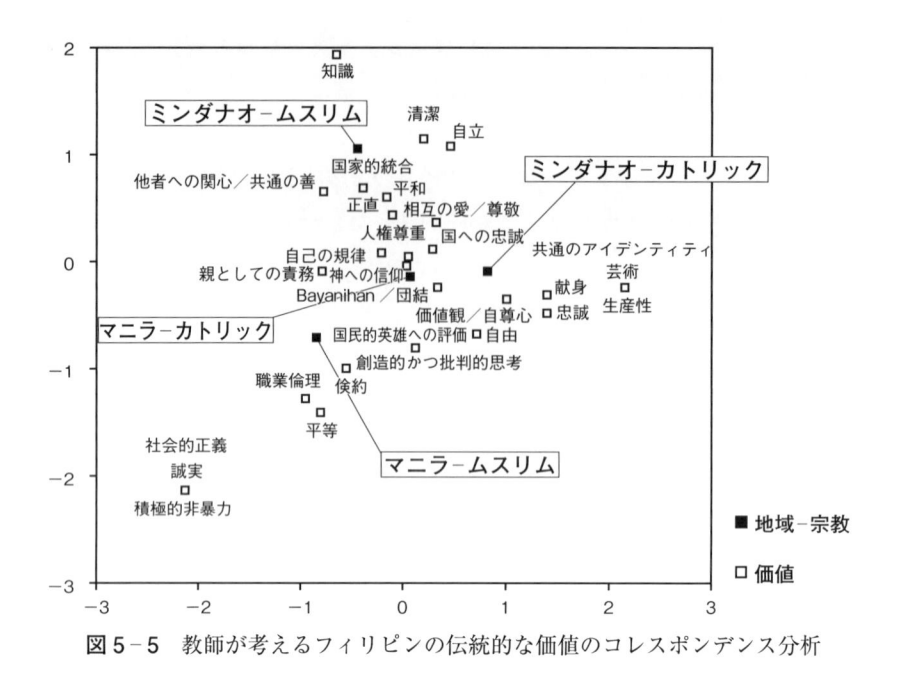

と考える価値のコレスポンデンス分析」を図5-6の「教師が教えていると考える価値のコレスポンデンス分析」と比較すると，図5-2では同じ宗教と地域が平行して分布していたが，図5-6では，地域性よりも宗教による影響が明確に表出している。ただ，教師にはキリスト教徒も多いマニラのムスリムのカテゴリーにおいては，その他のカトリック多数派のカテゴリーとも異なる選択，あるいは認識があると考えられる。マニラのムスリムの調査地であるタギッグ市の地域性として，ムスリムとの共生，あるいは（葛藤を含む受容）の意識がキリスト教徒との間にもあるのではないかと推測される。

そして，図5-7が問3-3に対応する「教師の好む価値のコレスポンデンス分析」である。この価値分析が最も教師自身の価値観に近い結果と考えられるが，この分析結果が示すものは，地域性と宗教の混在した影響である。マニラの2つのカテゴリーは，類似した価値観を示している。一方で，ミンダナオの2つのカテゴリーでは，宗教によって異なる価値選択が明らかであ

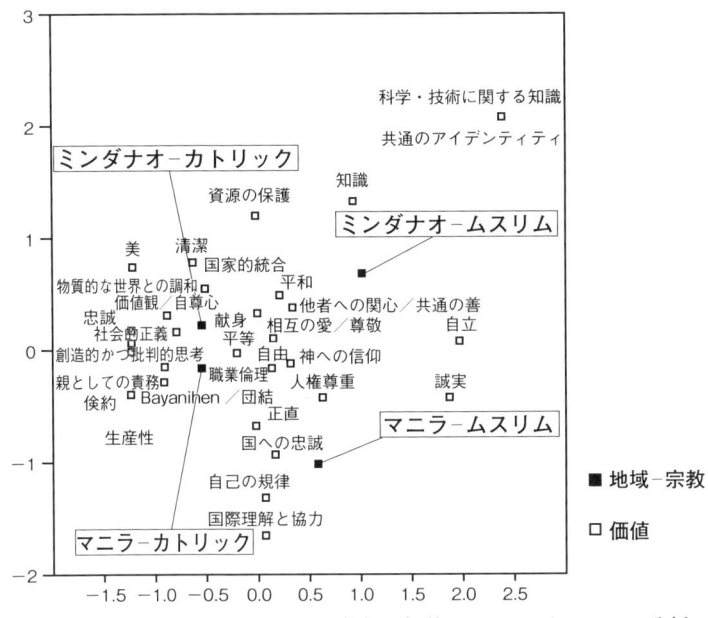

第5章　価値教育の理念から実践への展開

図5-6　教師が教授していると考える価値のコレスポンデンス分析

る。そして，同じカトリックであっても，マニラとミンダナオでは異なる価値選択である。よって，カテゴリーではマニラのムスリムとして，ムスリムの生徒と接する機会の多いカトリックの教師が多い地域と，カトリックの生徒が多い地域だが，ムスリムとは異なる選好を持っていることが明らかである。そして，同じカトリックでも，マニラとミンダナオでは異なる価値の選好を示しており，このことは伝統的な地域性と現在の社会状況も反映していると思われる。これらの教師の価値分析の結果は，表5-2とも照合することで，教師の選好についてより多くの示唆を得ることができる。特に，ミンダナオのカトリックの価値選択において，ナショナリズムに関する価値（政治的価値）の選択が時系列的に減少している。そして，現在の価値の現状を示すものと考えられる価値では，社会的価値の割合が高くなっている。

　これは，ミンダナオのカトリック社会が，よりミンダナオ地域の安定を

図5-7 教師の好む価値のコレスポンデンス分析

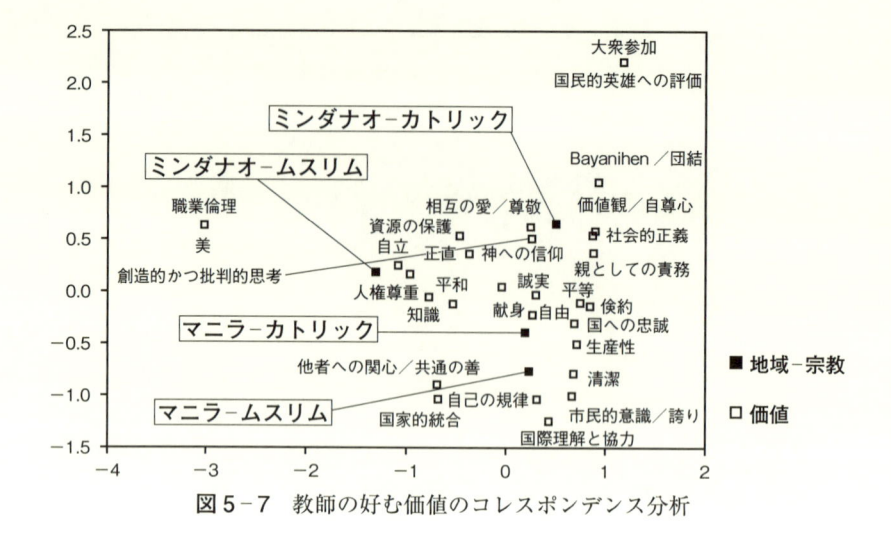

願っていることを示すものとも解されるとともに，マニラのカトリックとも現在の社会状況に対して異なる意識を持っていることを示すものと分析できる。ミンダナオにおいて，マニラ発の国民統合の政策には理解を示しつつも，現状には多くの不満があるのではないか。一方では，政府と交渉を続けるムスリムの人々にとっては，政治的，社会的現状はこれからの変革の対象であり，そこにこそ，彼らの‘革命’の継続があると考えられる。そのための「国家的統合」であり，「献身」であって，カトリックとして，極端な現状の変更を望まないミンダナオのカトリックの「献身」は異なる価値観を志向して選択されたのではないかとも推定される。

そして，最後に指摘できるのは，図5-6の「教師が教授していると考える価値のコレスポンデンス分析」の結果と，図5-3と図5-4の「生徒の好む価値のコレスポンデンス分析」におけるカテゴリーと変数の関係が類似している点である。生徒は教授される価値を，自らの選好する価値として潜在的に受容しているとも考えられる。これは教育の影響力を考えれば当然起こりうることであるが，価値教育や道徳教育を再考する上で，生徒に対する教師の姿勢を常に省みることの涵養さも確認できるのではないかと考えられる。

以上は，これまでの意識調査の分析をもとに価値認識に相違点を見出してきた過程である。翻って，統合科目の価値教育において教授されているのは学校教育に適した教育的な価値であり，それはユネスコの普遍的価値理念の裏付けを持つものであった。終章では，これまでの価値認識に関する考察を踏まえ，本研究を総括するとともに，新しい世界的な教育改革の観点からの分析，そして，新しく開始されたフィリピンの教育改革における価値教育の位置づけを考察し，フィリピンの価値教育の可能性と日本の道徳教育への示唆について考察する。

［注］
1）フィリピン共産党の機関誌が，「アン・バヤン（Ang Bayan）」のタイトルで用いていた。これは，ang は the を意味する定冠詞で，アン・バヤンで"国家"にあたる意味を成す。フィリピン・ナショナリズムを想起させる語といってよい。Ramos, Teresita V., *op.cit.*, p.16, p.42／アマド・レゲロ（北沢正雄訳）『フィリピン社会と革命』亜紀書房，1997年，198頁。
2）吉田敦彦『ホリスティック教育論――日本の動向と思想の地平――』日本評論社，1999年，6頁。
3）同上，10頁。
4）ジョン・P. ミラー『ホリスティック教育　いのちのつながりを求めて』吉田敦彦・中川吉晴・手塚郁恵訳，春秋社，1994年，36-37頁。

第6章
市民性教育との比較考察と教育改革の動向

　本研究は，フィリピンの価値教育の展開，およびその価値教育による価値形成について考察・分析を行ってきた。その結果，価値教育は多様な地域性と様々な宗教との価値多元的な関わりにおいて，地域性と宗教に配慮しながらも，それらの価値多元的な社会の要素を肯定する普遍的価値を介在させることで，地域の多様な価値観を連結，包含させる，価値認識のネットワークの形成の場としての価値教育のフィリピン社会に対する作用を確認できた。だが，グローバル化に伴う国民国家の変容に即応しながらも，国民，あるいはその中の地域社会に共存する市民としての意識を高めることで，国民国家の新たな求心力を形成しようとする教育的取組みがある。その主要な潮流の一つが市民性教育である。イギリスをはじめとする欧州において推進されてきた市民性教育がアジアにおいても拡大してきた背景には，オーストラリアにおける導入が挙げられる。本章はこれまで論じてきたフィリピン価値教育に関して，異なる観点から分析する視点を与える補論として，オーストラリアの市民性教育の導入が最終的に価値教育の推進に至る歴史的展開と社会的役割について考察するとともに，その中で提示されている「市民性」と「国民性」の価値理念の構造をフィリピンの価値教育と比較考察することにより，価値教育の可能性を展望する。注目されている市民性教育との比較は，グローバル化する社会におけるフィリピンの価値教育の位置づけをより明確化するものと考える。

　また，本章の後半では，大胆な教育改革に及んだフィリピンの2012年度教育改革についても言及することにより，今後のフィリピン価値教育の位置

づけを分析する。

第1節　市民性教育の観点からの価値教育の考察

1. オーストラリアの事例との比較分析

　西欧諸国では，市民性（Citizenship, シティズンシップ）教育が主たる教科目として位置づけられはじめている。特に，英国において積極的に導入されたことについて，推進者であるバーナード・クリック（Bernard Crick）は「若者の多くに見られる公的な価値への無関心，18～25歳層の低い投票率，排斥や青年犯罪などに対しての憂慮があり，また，たとえそうした不幸な状態でないとしても，健全で能動的な市民へと青年を育てなければ民主主義にとって災いとなるという，広く行き渡っている不安感」[1] が市民性教育導入の理由であると述べる。この多文化化を含むグローバル化する国家の内なる不安感が，国民性（nationality, ここでは国家・国民・民族とともに国民的感情を含む概念とする）の維持と市民性の併置，あるいは一定の統合を認めさせている。

　この市民性に対する認識は複雑な歴史的変遷を遂げてきた。元々は移民の「市民権」を指す語であったが，近代市民社会の成立過程において，国民（nation）とは異なる概念として市民性は発展してきた。T. H. マーシャルの「市民性とはコミュニティの十全たる成員である人々に与えられる権利である」[2] との定義は，その変容を明示するものである。一方，近年では，権利付与された市民性の概念に基づく教育に対しても批判が出される事例もある。例えば，英国においては，あまりに平等な教育を目指すあまり，マイノリティ，例えばムスリム（イスラーム教徒）から，宗教教育の独自性が失われるとの意見も提出されている[3]。

　フィリピンとオーストラリアもまた，ヨーロッパの市民性教育の影響を受けながら，独自の市民性の概念を発展させてきた。しかし，植民地時代より米国の教育制度の影響を受けてきたフィリピンと，英国連邦を形成する国家として英国の市民性教育の影響を受けたオーストラリアでは，国民性と市民

第6章　市民性教育との比較考察と教育改革の動向　　215

性に対する明らかな認識の相違が存在する。それは，両国の2つの概念を育成する学校教育において，どのような価値理念の類似点と相違点として現出しているのか。本節では，より長い価値教育の歴史を持つフィリピンを分析軸とし，オーストラリアを我が国日本の市民性教育の受容を比較の視点としながら考察を行う。

2．オーストラリアにおける多文化教育の展開

オーストラリアの学校教育の特徴は多文化教育にあり，その具体的実践として語学教育が重視されてきた。それは，国民を形成する多数の移民の文化への理解について，オーストラリアの多文化主義に基づく授業実践の在り方を具体的に提示している。多文化主義は，1970年代から白豪主義に代わる政策として導入され，多様な文化の尊重と同時に，公用語の英語と民主主義の理念が教授されてきた。1980年代に入ると，移民を対象とした多文化主義が，すべてのオーストラリア人を対象とするものと解釈されるに至った。1982年には『すべてのオーストラリア人のための多文化主義』が宣言され，「エスニック問題」としての多文化主義は終焉したことが宣言されたのである[4]。オーストラリアの多文化主義は，歴史的に統一性と多様性の2つの理念が共生した状態で成り立っていると分析できるが[5]，国家形成には異文化への寛容あるいは尊重の理念が不可欠であると考える点において，市民性は国民性と同義的意味合いを有していると分析できる。例えば，市民性教育は欧州における教育改革の影響を受けたものであり，先住民教育はオーストラリアの白豪主義を転換したことにより，先住民に関する教育を通して，オーストラリアという国家と，その国家が民主化と多文化化を推進していることを学ぶための文化内容である。つまり，このような多様な教育内容が生成されるプロセスの最終段階において導かれた価値教育は，多文化教育だけでなく，市民性教育や先住民教育といったオーストラリア教育を理念として統合する要としての役割を担っていることが理解できる[6]。

3. オーストラリアにおける価値教育導入の成立過程

　オーストラリアにおける価値教育の成立は，オーストラリアの市民として求められる価値を具体化する必要があるとする教育政策に関与する各方面からの意見の高まりが起因している。それは，国民の概念に対峙する概念ではなく，同じ国家に集い，より良き市民になることが良き国民となる上で求められるステップであると判断されたからであると考えられる。オーストラリアにおける価値教育導入にいたるプロセスは概ね表6-1のようになる。

　この展開を遂げた背景には，オーストラリア社会の変容があった。1990年代初頭の国際的な調査においては，それまでの家族や宗教が価値の教育を保持すべきであり，学校は価値中立的であることが教育機能を高める[7]とのこれまでの見解が覆され，そのような信条にとらわれることの虚しさと，生徒の学業を含むすべての分野において教育効果を半減させる潜在性も指摘されたのである[8]。これを受けて，各州のオーストラリアの教育省は，独自にオーストラリア人であることを教えるための教育制度と教員養成の整備を実施し始め，政府もまた，その動きに合わせて調査を行い，1994年に「公民科専門家グループ」(Civics Expert Group) リポートを提出している[9]。ここに，多文化教育，市民性教育の変容は，公民教育における教育内容への検討に発展した。市民性教育の展開は，結果として既存の国民性に基づく歴史観の再解釈を促したのである。

　そして，市民性教育の導入が進み，先住民教育も所与のものとして捉える多文化主義に基づく教育が政府の指針として提示される中で，公教育において教授される価値への対応は変容する。1993年6月に設立された連邦政府レベルの全国教育雇用訓練青少年問題審議会 (MCEETYA)[10] は，特定の技術教育だけでなく，人格形成を促す価値に基づく教育は，生徒の自尊心，楽観主義，自己実現への献身を高め，生徒の倫理的判断と社会的責任の実践を助ける。生徒が個人と社会的責任を理解し，発達させることを両親は学校に期待していると提示したのである[11]。

　一方，1997年のハワード保守連合政権では，それまでの多文化主義的な論調を批判し，オーストラリアの歴史は一つの国民の人道的で英雄的な歴史

表6-1　オーストラリアにおける価値教育成立にいたる歴史的展開[12]

関連法・計画	ポイント・目標
「公民科専門家グループ」リポート（1994年）	1994年の「公民科専門家グループ」（Civics Expert Group）リポート。S. マッキンタイアーを委員長とし，多文化的な新しいナショナル・アイデンティティを求めるキーティング労働党政権の思想を反映。
NSW（ニューサウスウェールズ州）公教育法（1980年）	法令の遵守や社会的倫理の形成における宗教的価値の役割に理解を示しながら，生徒に彼らの社会の価値を教え込むことの必要性を強調。
教育雇用訓練青少年問題審議会の設立（1993年6月）	連邦及び各州の教育大臣によって構成される教育雇用訓練青少年問題審議会（MCEETYA）が設立。特定の技術を持つ生徒を育てるだけでなく，人格を形成することが教育であるという認識を示した。
公民科教育グループの設置（1997年）	J. ハーストを委員長とする公民科教育グループ（Civics Education Group）が設置。ハワード保守連合政権下において，それまでの多文化主義的な論調を「黒い喪章をつけた歴史観」と批判し，オーストラリアの歴史は多数の集団による歴史ではなく，一つの国民の人道的で英雄的な歴史であると論じた。この歴史観に基づいて，「デモクラシーの発見（Discovering Democracy）」の教材開発がなされる。
アデレード宣言（1999年）	『21世紀における学校教育の国家目標に関するアデレード宣言（1999年）』を基礎とする価値群と全国共通目標（National Goals）がMCEETYAの合意を受けて発表される。その中で，すべての子どもが教育を受ける機会が保障されることが宣言された。
価値教育調査（2003年）	この価値教育調査（Values Education Study）の結果とフレームワーク草案に関する広範囲の審議の中から，オーストラリア学校教育における価値教育のためのナショナル・フレームワークが作成される。
メルボルン宣言（2008年）	MCEETYAがアデレード宣言を改訂して発表。「公正さと卓越性の更なる追求」「成功する学習者」「自信を十分に持った創造的な個人」「活動的で知識ある市民」の育成を学校教育の目標として提示した。

であると論じた。この歴史観に基づいて,「デモクラシーの発見 (Discovering Democracy)」の教材開発がなされたが,そこでは,西欧の伝統的民主主義を受け継ぎ,現在では米国と並んで民主主義を体現しているとの歴史観が示された[13]。これは,民主主義を学習する観点から,新たなナショナル・アイデンティティを教授することを目指したものであり,多文化主義に基づく教育とは一定の距離を持つ政策である。

しかし,2002年7月19日における全国教育雇用訓練青少年問題審議会 (MCEETYA) において,オーストラリアの諸学校における価値教育のためのフレームワークと諸原則の開発を通達することを,政府によって委任された価値教育調査 (Values Education Study) が全面的に支持したのである[14]。この通達により,オーストラリアにおける諸学校では既に価値教育の見過ごすことのできない歴史があり,オーストラリアの哲学,信条,伝統を汲み上げてきていたと表明されたのである[15]。

価値教育のフレームワークに含まれるものは,①コンテクスト（文脈）；学校における向上された価値教育のための土台をつくるビジョン（未来像,洞察力）；②『21世紀における学校教育のための国家目標（アデレード宣言,*National Goals for Schooling in the Twenty-First Century*, 1999)』を基礎とする価値群；③価値教育の実施において諸学校を補助するための指針となる原則；価値教育を実施する諸学校への実用的な手引きを提供する主要な要素とアプローチである。この目標は,21世紀に向けた学校教育の指針として,1989年の教育目標が改定されたものである。その中では,生徒が道徳,倫理,社会的公正に関する事象において正しく判断し,責任を遂行する能力や,見識ある市民として,オーストラリアの政治制度や市民生活について正しく理解することなどが求められている[16]。

では,コンテクストとは何か。この価値教育のビジョンは,計画的,かつシステマティックな方法で行われることが目指されている。つまり,学校のコミュニティ,学校の使命／エートスを考慮しながら,具体的に実践する。地域（ローカル），国家,そしてグローバルなコンテクストにおいて,責任ある生徒を育成し,生徒のレジリエンスと社会的スキルを発達させる。主要

表6-2 オーストラリアの価値教育において教授される価値（2005年）

オーストラリアの学校教育において教授される価値	
Care and Compassion（ケアと同情心）	自身と他者のためのケア
Doing Your Best（全力をつくす）	価値があり，称賛に値することを達成することを探し出し，粘り強く努力し，卓越性を追究する
Fair Go（公平に行う）	公正な社会のためにすべての人々が公平に扱われる共通の善（徳）を追究し，保護すること
Freedom（自由）	不必要な干渉や妨害から自由なオーストラリア市民の権利と特権に恵まれ，そして他者の権利のために立ち上がること
Honesty and Trustworthiness（誠実さと信頼）	誠実，正直であり，そして，真実を求めること
Integrity（高潔さ，清廉）	モラルと倫理的品行の原則に則った行為をなし，言行一致を確かなものにすること
Respect（尊重）	思慮と好意を持って他者に接し，他者の考えを尊重すること
Responsibility（責任）	自らの行動に責任を持ち，建設的で，非暴力的，平和的な方法を用いて問題を解決し，社会と市民生活に貢献し，その環境（に注意を配ること）を保全すること
Understanding, Tolerance and Inclusion（理解，寛容，インクルージョン〔包括〕）	他者と他者の文化に意識を持ち，他者に含まれていた，そして他者を含む民主社会の中で多様性を受け入れること

出典）Department of Education, Science and Training, Australian Government, *National Framework For Values Education in Australian School*, Commonwealth of Australia 2005, pp.6-7.

な学習分野を横断した学校の方針（政策）や教育計画において，教授される価値が合致していることが求められている[17]。

その中で提示されたのが，表6-2に示されたオーストラリアの価値教育において教授される9つの価値である。これらの価値はスクール・コミュニティ及び先述のアデレード宣言を受けて導かれた価値であるが，それらの価値教授を通して市民を構成する個人的資質の向上が目的とされており，オーストラリアの価値教育の特色を示すものとなっている[18]。

以上のように，多文化主義に基づく様々な教育と，西欧民主主義の系譜の観点から歴史を正当化する教育が交錯しながらオーストラリアの教育を形成し，価値教育の成立に至っている。では，実際に学校現場では価値はどのように教授されているのか。現地調査の実例をもとに次に考察していく。

4. オーストラリアの公立学校における授業実践

　オーストラリアの現地調査において，価値教育の実践が具体的に確認できたのは，ニューサウスウェールズ州の公立進学校（Hurlstone Agricultural High School）における現地調査においてであった（2010年11月7日）。同校は学校全体で市民性教育を推進しており，あらゆる教科目において市民性教育や価値教育の要素を取り入れた授業がなされている。各教室は40名の生徒すべてにコンピューターと無線LANの用意がなされており，生徒は教師の指導に従いながら，自由に問題について検索できる教室環境が整備されている。このインフラ整備は全土で実施されており，オーストラリア学校教育と授業実践の特色を形成している。参与観察した高校1年（10年生）地理（Australian Geography）の授業などでは，積極的な価値教授を確認することができた。授業のテーマは，「私たちのコミュニティにおける先住民族の課題」についてであったが，教師間では同教科や他教科教員との連携，授業内容の共有がなされており，他の社会科の授業における先住民の歴史と先住民に対する不当な処遇への反省を踏まえた上で，先住民族の現状について授業がなされた。

　授業展開としては，生徒が検索したホームページと教師自身が準備したパワーポイントの資料を相互に引用しながら，生徒の視点からの分析をもとに先住民の問題について考えさせる授業となっていた。授業計画としては，米国などでも見られる展開であるが，自分たちのコミュニティにも居住する先住民の現状と立場からの市民性教育が展開され，先住民と個々の生徒との生活状況の格差を認識させることで，先住民への社会的不平等が存続している現状と，同じオーストラリア人としてこの問題をどのように捉え，何ができるかとの発問がなされていた。授業の最後に価値理念について言及され，他

第6章　市民性教育との比較考察と教育改革の動向　　221

表6-3　オーストラリア地理（私たちのコミュニティにおける先住民族の課題）についての授業計画

授業展開	授業内容
1. 成果・目的 （outcome）	生徒たちは次のことを学ぶ 　1. どれくらいの数の先住民族（indigenous）のオーストラリア人がオーストラリアのコミュニティにはいるのか。 　2. 彼らの出生率と死亡率はどうなっているか。 　3. 彼らのコミュニティに与える問題について：住居，教育，保健衛生（健康），雇用。 　4. 地域のコミュニティができることは何か。 　5. 彼らの問題を改善するにはどうしたらよいか。
2. 導入 （Introduction）	人々の助けとなっているコミュニティのサービスは何か？ それらのどれくらいが先住民の人々の必要性に答えているだろうか？（5分間皆での討論）
3. 内容 （Body）	A. 各自で，はじめに挙げた質問（成果）についてコンピューター（Internet）で調べる。 B. 調べたデータや資料は正確か，またどのような視点から書かれているか皆で議論する。 C. パワーポイントを使って調べている成果についてまとめる。
4. アクティビティ （Activity）	パワーポイントや議論の中で用いた資料を参照しながら，あなたのコミュニティの先住民のオーストラリア人が利用することができるサービスにはどのようなものがあるか見つけよう。それらのサービスは十分だと思いますか？　それらを利用したら，彼らの生活はどれくらい向上しますか？
5. 宿題	生徒による正式な調査に基づく課題レポート（宿題）の一部として，アクティビティを行っている。

者の立場に立つ大切さ，差別をなくすこと，いかに利己主義を克服するかが議論されていた。それは，より良き市民になることを目指すオーストラリア社会にとって不可欠な教育と確認できた。

第2節　市民性と国民性の概念をつなぐ価値理念の構造

1. フィリピンとオーストラリアにおける価値教育の類似点と相違点

　これまでオーストラリアにおける価値教育の成立過程と授業実践の特徴を考察してきた。そして，これらの価値教育をめぐる展開は，フィリピンとオーストラリアにおける国民性と市民性の価値理念への相違した見解を明らかにしている。さらに，統合科目を形成したフィリピンの価値教育とオーストラリアにおける価値教育の類似点と相違点は，その価値のフレームワークとともに，教科統合と教授法の相違からも分析できる。まず，価値のフレームワークについて，フィリピンがユネスコの価値を内包して複雑化しているのに対して，オーストラリアのフレームワークはスクール・コミュニティ，及び先述のアデレード宣言から現出してきた表6-2に示される9つの価値のみである。価値教育はすべての学習分野で統合されることが目指されているが，フィリピンの統合科目において教授される価値に比して，より個人的な価値を強調しているように考えられる。フィリピンでは，統合科目以外の主要教科においても価値教育の教授が期待され，統合科目内でも教科目の特色を示す価値の選択が期待されている。

　オーストラリアの学校教育においては，価値教育はすべての教科で教授されることが期待されるが，国民性と市民性双方の基礎が提示されたものであり，文化的多様性の強調ではなく，多文化社会で生活する個人としての意識の向上が，良き市民，良き国民を形成し，異文化に寛容な国民性を形成すると考えられる。例えば，ユネスコ的価値を多く含むフィリピンの価値の中でも，「コミュニティにおける価値」はオーストラリアにおける市民性教育や先住民教育のカテゴリーとして教授されていると考えることができる。また，オーストラリア人としての共通の道徳的規範を提示することで，フィリピンのように伝統的価値が地域性にまで及んでいる国家とは異なる国民形成が期待されていると考えられる。加えて，ユネスコの価値を多く導入しているフィリピンでは，価値教育とともに社会科などの統合科目においても，ユネ

スコ的価値を含む「コミュニティにおける価値」を教授する機会が多い。これは，「コミュニティにおける価値」が国際社会に通じる価値として，そこに生きる個人の価値として教授される意義があると考えられる。そして，フィリピンの伝統的価値（「個人としての価値」）にユネスコの普遍的価値をともに教授することにより，フィリピンの伝統と地域社会の文化が普遍性を持つ文化として，生徒に認識される役割も期待される。一方で，オーストラリアでは，ユネスコなどの国際機関やNGOを支援する活動は特別活動や課外活動で盛んに行われており，ユネスコ的価値を尊重することは個人にとって当然の権利であり，守るべき義務として理解されている。このように，アプローチは異なるが，それぞれの価値教育が提示する価値は，それぞれの社会的状況において，常に国民性，市民性を創出する指標として機能している。

2. ナショナリズムと普遍的価値の役割

以上のように比較考察してきたフィリピンとオーストラリアにおける価値理念であるが，そこに見出される国民性と市民性への認識の相違をどのように捉えたらよいか。図6-1[19]は，グローバル化におけるフィリピンとオーストラリアの価値理念の動向に関する分析図（試案）である。参考として，学習指導要領において道徳が教科目の要としての役割を担うと位置づけられている日本を加えることにより，両国との相違をより明示することを試みた。この図は，異文化適応パターン，特に小島勝の海外・帰国子女の日本文化に対する認識の変容パターンの解釈[20]を基に，個人ではなく，国家の変容のダイナミズムの観点から，現地文化からの分離・同化の軸を国民性と市民性に，日本文化への固執・放棄の軸を伝統・歴史・地域性と国際性・普遍的価値の分析軸に捉え直すことで，価値理念の動向を図示することを試みた。オーストラリアへの移民は市民として同化する傾向が強いが，オーストラリアの国際性・普遍的価値に共鳴すれば現地化へと向かう。伝統的な東南アジアのフィリピンでは，人々は革命により国民性とともに市民性，そして自国の伝統や歴史に国際性や普遍的価値を見出し，自文化維持から市民性との折

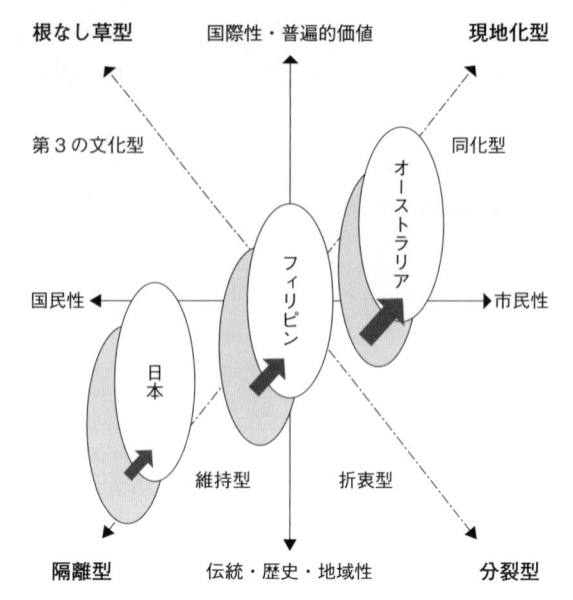

図 6-1 オーストラリア，フィリピン，日本における
グローバル化する価値理念の動向に関する分析図

衷あるいは同化を模索する方向へと移行している。フィリピンは国民性と伝統・歴史・地域性の維持型から国民性と市民性の中立型へ，オーストラリアは市民性と伝統・歴史・地域性の折衷型から市民性と国際性・普遍的価値の同化型へと移行しているように考えられる。一方，日本においても市民社会の高まりは確かな動向をみせているが，国民性と市民性の均衡を図る価値理念が生み出される段階にはまだ至っていない。オーストラリアとフィリピンの改革の進展と比較すれば，日本は国民性と伝統・歴史・地域性に重きを置く隔離型から維持型へは移行しているが，それ以上の展開を示していると考えるには首肯する要因が不足しており，市民性の概念が道徳的価値の理念に与えている影響は限定的と考えられる。

　フィリピンとオーストラリアにおける価値理念の形成は，単一民族主義的な排他的国家概念の是認でも，あるいはナショナル・アイデンティティその

ものの単なる否定でもない，アイデンティティの多様性を包摂する概念としてのナショナル・アイデンティティの再検討の必要性が現在求められていることからも理解できる[21]。例えば，リベラル・ナショナリズムとコスモポリタニズムの観点からの議論である。リベラル・ナショナリズムにおいては，国民の同質性に訴え排他的な一体感を創出するエスノ・ナショナリズムとは異なり，国家内部の文化的多様性を包摂するナショナリズム概念を提示する。一方，コスモポリタニズムでは，その基礎となる普遍的価値に基づいて，人類共通の価値である人権概念と国家的な帰属が対立しないことを前提にして，人権に則した教育の在り方が求められる[22]。これは，国民国家の再生を目指すフィリピン，多文化共生国家を目指すオーストラリアの分析においても示唆的である。両国は政策としてはリベラル・ナショナリズムのスタンスに立ちながらも，コスモポリタニズムの示す普遍的価値も否定せずに市民性の概念を国民性と整合性を持たせる政策を目指しているようにも理解できるが，歴史的・社会的背景によって，その多様性の包摂への対応に関しては異なる立場からの取組みがなされている。

この観点に立った場合，市民性と国民性に基づく価値理念の構造をどのように考えたらよいだろうか。この考察に分析視点を与えるのが，先述したユネスコ的価値に示される普遍的価値の役割である。それは，学校教育の地域性と普遍性のスタンスをどこに置くかを決定する指標となると考えられる。それぞれの国家における価値教育では，普遍的価値への対応も異なる。多様性を基本とする学校教育を行うオーストラリアでは，ユネスコ的価値は所与のものであり，それらの上に国民性の価値を築くことが求められている。一方，フィリピンでは，伝統的価値とユネスコ的価値との統合により，異なる地域性や宗教間の差異を克服することが価値教育に求められている。

ユネスコ的価値の教授のあり方は，各国家の国内状況を反映するものであり，同時に，国際社会との関わり方を表出するものとなっている。それは，国際社会のグローバル化の進展によって，これまで個人（市民）に求められたパーソナル・アイデンティティとナショナル・アイデンティティとの整合性が，さらにリージョナル，あるいはグローバル・アイデンティティとの距

離感によって影響,形成されるようになってきたことを示している。市民性概念の多様化が反映するものは,国民性あるいは国民意識の多様化であり,それを肯定するグローバルな社会状況の変容である。

フィリピンは,伝統的な価値と社会生活に求められる価値,そしてユネスコの普遍的価値との融合あるいは統合が特色であり,国民教育的な要素が融合・昇華した市民性教育と分類することができる[23]。つまり,フィリピンの価値教育は市民性教育の要素を取り込んでいながらも,国民教育が既にあり,市民性教育が正統化される度合いに応じて,その国民教育もまた正統性を獲得する構造になっていると考えられる。これは,地域性の価値の追求の中で開かれる普遍的価値への昇華である。伝統的に多文化・多言語の地域性に普遍性が付与されることにより,フィリピン国民であると同時に,グローバルな社会に生きる市民であるとの意識が統合される機能が期待される。

そして,オーストラリアは地域的にはアジアに入りながらも,欧米型の市民性教育の伝統を多分に継承している[24]。それは,歴史的展開を含め,宗主国であった英国の影響を受けた学校教育制度においては,アジア諸国の伝統に根ざした学校教育の発展とは異なる発展を遂げてきたからである。オーストラリアにおける価値教育では,個人の持つ価値観や可能性を重視する中で,普遍性を有するものは多様性を内包することを提示していると考えられる。つまり,市民性(シティズンシップ)という,地域に根差す移民の文化を肯定する概念が,個人(国民)と国家に介在することにより,国際―国民―地域―市民の概念を統合する構造があると考えられる。この市民性へのスタンスは,早期の第二言語教育からも理解できる。オーストラリアで生まれ育った子弟に対しても必須の教科であり,第二言語習得の難しさの理解により,言語的に不利な状況にある移民に対する偏見を克服し,社会的差別(目に見えないレベルの差別を含む)の形成を自我の形成過程の初期段階において乗り越える自制心の獲得の目的があることからも,オーストラリアにおける市民性の形成は国民性形成を導くものである[25]。現在のオーストラリアの市民性教育では,多文化教育を基礎とした価値教育が,言語教育や教科目との連携,地域社会との連携教育といった具体的な政策として実施され,学校―家

庭─地域社会との結びつきが強化される中で社会的認知を受けはじめている。このように，フィリピンにおける価値理念の構造は国民性の形成から発して市民性に至っているのに対し，オーストラリアにおいては，市民性の価値理念の形成が国民性の基礎となっていると考えられる。

3. 国民性・市民性形成における価値理念の統合機能

　差異の克服を目指す多文化・多民族国家においては，多文化教育の実践によって差異の概念が本質的に生み出す矛盾が現出する可能性がある。それにもかかわらず，フィリピンとオーストラリアにおける価値教育の取組みに対しては，多くの異教徒，例えばムスリムからも一定の支持を獲得しており，異教徒間対話の可能性を開くものと期待されている[26]。フィリピンにおける全人的な発達をめざす価値教育とその教授法は，フィリピンの学校と価値理念であるからこそ効果的な教授法として機能しているとも考えられる。オーストラリアにおいても，先述した様々な教育改革やナショナル・カリキュラムの開発などが実施されてきた。実施される価値理念と教育実践はそれぞれの国家において異なっても，それぞれの国民性，市民性の価値理念を考慮したものであれば教育的効果を上げるのである。つまり，アプローチは異なるが，基底部における価値教育の教育的効果を両国の取組みは実証している。地域の固有の論理を尊重し，そこに普遍性を見出す作業は，価値教育を中心とした新たな教育運動として，グローバル化する社会において確かな潮流となりつつある。そして，その取組みは，市民性の価値理念を国民性の観点から定義づけることが求められる日本にとっても多くの教訓と示唆を与えるものである。

第3節　2012年度カリキュラム改革における価値教育の位置づけ

　これまで，フィリピンの異教徒間対話に効果を上げてきた価値教育であるが，フィリピン学校教育は新たな改革の段階を迎えている。フィリピンでは，2012年度より新たな教育制度への移行が発表された。これは，フィリピン

教育省が国家の教育に対する主体であることには変わりはないが，ASEAN（東南アジア諸国連合）を強く意識した改革となっていることにこれまでの改革と異なる方向性を示している。本節では，2012年度からの改革にみられるフィリピン教育改革の動向と価値教育の新たな位置づけについて考察する。

1. 教育改革における ASEAN との協調

　今回の教育改革における目標は，まず「万人のための教育（EFA, Education for All）」において目標とされてきた就学率と識字率の達成への重点化である。国連ミレニアム開発目標（MDGs）に基づき，2015年までに初等教育を受けて，字が読めるようになる（識字）環境を整備しようとするこの取組みは，フィリピンにおいては高い識字率を達成しながらも，初等教育の6学年への到達率が7割前後であること，中等教育への入学率が7割に達していないことなどが課題となっており，2015年までの達成はフィリピンでは難しいとの見解が一般的な認識となっていた。また，ASEAN諸国と比較して，基礎教育の期間が初等6年・中等教育4年と短いことも課題であった。

　しかし，就任後の2008年より，アキノ3世大統領はフィリピン教育省内に大統領直属の12年制学校教育に関するタスクフォースを組織し，11年生，12年生の中等教育の導入について議論がなされてきた。そして，2010年7月の国家声明において，ニノイ・アキノ大統領は基礎教育の期間を10年から12年に延長することを宣言したのである。これは"K to 12"改革と呼ばれるが，これは就学率の改善とともに，基礎教育に幼稚園を含め，就学年限を12年制に延長するという大胆な改革の表明であった。この声明が宣言された背景には，教員の給与待遇の改善，近年の経済成長率の上昇，海外からの継続的な開発援助などが念頭にあったと考えられる。しかし，見逃してならないのは，今回の教育改革に関わる大統領声明が出された主たる要因がASEANとの共同歩調にあり，その政策立案にASEAN諸国も関与していた点である。

今回の改革立案は，最終的にフィリピン教育省だけでなく，東南アジア教育大臣機構教育開発・科学技術地域センター（SEAMEO INNOTECH: The Southeast Asian Ministers of Education Organization Regional Center for Educational Innovation and Technology）を母体として実施されている。SEAMEO は 1970 年に設立された歴史ある組織であるが，ASEAN の地域共同体としての足並みとともに，その重要性を高めてきている。東南アジア教育大臣機構（SEAMEO）教育開発・科学技術地域センターは SEAMEO が持つ 19 の地域センターの一つであり，組織自体は，ASEAN 諸国の教育大臣を中心に，日本，オーストラリア，英国といった海外援助国でもある準加盟国の大学学長や援助機関によって構成されている。SEAMEO の各センターは，教育・科学・文化の様々な分野における研修と研究プログラムを実施しており，現在教育開発・科学技術地域センターはフィリピンのフィリピン大学ディリマン校（University of the Philippines in Diliman, Quezon City）に設置されている[27]。

この教育改革における ASEAN との共同歩調の優先には，教育改革における‘ASEAN としての地域の連帯’が新たに強調される価値として提示されているからであると考えられる[28]。ASEAN は，1997 年の第 2 回 ASEAN 非公式首脳会議において，2020 年までの ASEAN 共同体実現を目指す「ASEAN ビジョン 2020（ASEAN Vision 2020）」を採択。そして，2003 年 10 月の第 9 回 ASEAN 首脳会議において，「ASEAN 安全保障共同体（ASC）」，「ASEAN 経済共同体（AEC）」及び「ASEAN 社会・文化共同体（ASCC）」の 3 つの共同体形成を通じた ASEAN 共同体の実現を目指す「第 2 ASEAN 共和宣言（バリ・コンコード II）」が既に提示されていたからである。これら 3 つの共同体構想が示す目標は，ASEAN が目指す新たな連帯の価値としても理解できる[29]。

① ASEAN 安全保障共同体（ASC）：包括的な政治・安全保障協力を通じた地域の平和，安定，民主主義及び繁栄を強化する。
② ASEAN 経済共同体（AEC）：より緊密な経済統合を通じ経済成長及び開発のための競争力を強化する。
③ ASEAN 社会・文化共同体（ASCC）：調和のある人間中心の ASEAN に

おける持続可能な開発のための人，文化，自然資源（天然資源）を育てる。

教育分野においては，ASEAN社会・文化共同体（ASCC）の推進により，ASEANとして共有される地域（共同体）アイデンティティ，"ASEANness（アセアンネス）"の形成が目標とされている[30]。ASEAN教育大臣会議では，この概念に基づいて，(ⅰ) ASEANの市民，特に青少年におけるASEAN啓発の推進，(ⅱ) 教育を通したASEANアイデンティティの強化，(ⅲ) 教育分野におけるASEANの人的資源の形成，(ⅳ) ASEAN大学間ネットワークの強化が提唱されている[31]。ASEAN大学間ネットワークにおいては，EUのエラスムス計画と同じく，域内の大学間での連携・人的交流・単位互換制度などにより，域内の高等教育の発展を目指している。このASEANnessの強化は，その他の教育分野のプロジェクトにも及んでおり，SEAMEO INNOTECHが教育改革に関与していることもその証左の一つと理解できる。

また，この域内の交流を通して，経済発展に伴う国内の情報技術の進展などが図られることを想定したならば，これまで価値教育で担ってきた国内融和の役割も期待できる。例えば，第13回 SEAMEO INNOTECH 国際会議（2012年12月）において，マニラとミンダナオ（イリガン市）間でムスリムとキリスト教徒とのネットワーク回線による対話がPeaceTechというNGOによって推進されているとアキノ大統領が言及したように，これまでのフィリピンの価値教育が推進してきた宗教間，地域間対話をさらに推進する上でも，新しい教育制度への移行は実質的な効果を生むとの見解も可能である[32]。

2. 教育改革の前提となる国内的要因

また，今回のK to 12改革の前提として，以下のような国内における教育に関わる諸要因がフィリピン教育省によって議論されていた[33]。①基礎教育（日本の義務教育）の質の向上がフィリピンにとって急務であり，不可欠であるとの認識。②不十分な基礎教育が，生徒の低い成績に反映されている。例えば，NAT（National Achievement Test，国家到達度試験）において，中等学校の合格率では2008-2009年度は47.40 %，2009-2010年度は46.38 %

とわずかに低下し，初等6学年においても，2009-2010年度では69.21％しかなかった。これは，2005-2006年度の24％をはるかに改善はしているが，国際的な基準で求められる労働力としては依然として基礎学力の改善が求められる[34]。③国際学力比較における厳しい評価結果，特に数学，科学の理数科目（自然科学を含む）における諸外国との学力格差。例えば，IEA（国際教育到達度評価学会）が進めるTIMSS（国際数学・理科教育調査）において，2003年度の初等4学年の算数と理科で，25ヵ国中23位，中等2年の数学と科学で38ヵ国中34位と46ヵ国中43位であった[35]。④短期間に学習内容を終わらせようとする煩雑なカリキュラムから生じる不十分な教育環境（12年のカリキュラムを10年で教えようとするため）。⑤教育の質の不十分さが，中等学校卒業生の世界の労働市場や高等教育機関への準備不足となって反映している。⑥初等学校，中等学校の卒業生の年齢はまだ低年齢であり，高等教育に進まないものは国際労働市場において脆弱で，非生産的になってしまう。⑦現在の基礎教育は高等教育への準備期間であるとの誤解を保護者は持っており，この誤解は，ほとんどの学生が高等教育で中等の補習を受けるような期待にも添っていない。⑧基礎教育の期間が短いことで，海外への労働者だけでなく，留学生にも不利益を与えている。⑨法的には18歳から成人となるにも関わらず，短い基礎教育では人格形成に影響を与える。18歳以下では，まだ労働や高等教育への準備が生理的に整わないと心理学者や教育者は述べている。⑩アキノ政権の緊急にして重要な関心事として認識されており，教育省は基礎教育カリキュラム向上のために大胆な変革に着手する。⑪基礎教育12年制は，1987年憲法第14条の2項において，国家は人民と社会が必要とする，十分にして適切な教育制度を持つべきであるとの内容に沿うものである。⑫K＋12とは，幼稚園と12年の基礎教育を意味するものであり，中等に2年を加えることだけでなく，基礎教育カリキュラム全体の底上げを目的とする。

　2010年段階でK＋12と呼称された計画はK to 12として実施されたが，国家財政の健全化に合わせて，中等2年延長に伴う9,000にのぼる教室の新設が諸外国の援助機関の援助を受けながらも実現する可能性が高まっている。

3. K to 12 カリキュラムの特徴

　ASEAN と国内の諸要因からの影響の下で開始された K to 12 改革であるが，この改革によって，基礎教育はどのように変革され，また 2012 年までのフィリピンの学校教育を特徴づけた価値教育をどのように位置づけるのか。今回の教育改革の制度上の変化は，それまで公教育の範囲に入っていなかった幼稚園における早期教育（幼児教育）期 1 年間も公教育とみなし，無償の義務教育と規定している点，及び初等 6 年，中等教育 4 年から，初等 6 年，前期中等教育（中学校）4 年，後期中等教育（高等学校）2 年へと移行した点であるが，これは 2012 年度中等学校入学者から段階的に実施されるものであり，2017 年度（SY 2017-2018）の後期中等学校の修了をもって初めて制度として完成するものである。では，K to 12 カリキュラムの特徴はどこに見いだされるのか。第一には，後期中等教育自体にあると考えられる。カリキュラムは，職業教育，起業家教育，語学，数学，自然科学，人文科学を中心に構成される予定になっている[36]。キャリア・パスとして，1. 起業家教育／ビジネス，2. 技術／職業訓練（防災を含む），3. 人文科学（スポーツ，芸術，音楽，語学，ジャーナリズム），4. 科学，技術，工学，が想定されており，次の 2 つの目標が掲げられている[37]。

　① 12 学年まで終えた生徒は大学・短大に行く用意が整えられている。
　② 12 学年まで終えた生徒は，企業家あるいはその会社の従業員として働く準備ができている。

　このような目標が示されたのも，中等学校を修了することが大学等への準備期間としてだけでなく，その修了が就職の機会を広げ，またキャリアとして社会から認められるようにするためである[38]。

　以上の教育目標が設定されたのも，さらなる経済成長を目指し，他の ASEAN 諸国に負けないプレゼンスを確立すること，そして，海外での出稼ぎに GNP の約 1 割を依存する産業構造の未成熟さを克服する国内産業の育成とそれを支える人材育成が目指されているためと考えられる。

　この教育改革は，価値教育にどのような影響を与えることになるであろうか。フィリピン教育省の計画では，2017-18 年度に後期中等学校のカリキュ

ラムが初めて修了することになる。しかし，K to 12 教育政策の実施は，価値教育をこれまでの諸教科目を連携させる役割から一科目とするというわけではなく，教科目の要として位置づけられると考えられる。そして後期中等教育においては，価値教育は哲学や現在の社会・国際問題の科目によって強化される。

この 12 年制の制度としての特色は，それまで公教育の範囲に入っていなかった早期教育（幼児教育）期 1 年間も公教育とみなしている点，また，これまでの中等学校 4 年間を前期中等学校（中学校）とし，2 年間の後期中等学校（高等学校）を公教育として加えたことである。後期中等学校への移行

表 6-4 後期中等学校カリキュラム予定表

高等学校カリキュラム	科目	第 11 学年		第 12 学年	
		1 学期	2 学期	1 学期	2 学期
語学	英語，フィリピノ語，その他	54	54		
文学	フィリピン／世界の文学			108	
数学	数学	54	54		
哲学	哲学			54	
自然科学	生命／物理学	54	54		
社会科学	現在の社会・国際問題	54	54		
NSTP（National Service Training Program）	コミュニティ・サービス	54	54		
職業訓練によるキャリア形成	企業家精神	216	216	270	270
	技術‐職業訓練				
	人文学				
	科学，技術，英語				
全授業時間		486	486	432	270
授業時間／日		5.4	5.4	4.2	3

（出典）http://www.gov.ph/the-k-to-12-basic-education-program/, "The K to 12 Basic Education Program, Department of Education," Official Gazette（the Philippines government HP）〔2012/06/01〕

は新制度開始の中等学校7年生（中学1年生）が後期中等学校に移行することになってからである。

以上の2012年度の教育改革が示すのは，国内的要因とともに，対外的要因も学校教育の編成原理として影響を与えている点である。この点において，フィリピンの教育改革は新たな段階に入ったと考えることができる。

また，この教育制度が実施されるに至った背景には，肯定的な国内要因として，①財政の健全化が進み，教育費への予算配分が相対的に増加したこと，②長年の課題であった教員の待遇改善がなされたこと，③ムスリム・ミンダナオ自治区を"バンサモロ（Bansa Moro，イスラームを信奉するモロ（土着のフィリピン人））の土地（故郷）"として，さらに自治権の拡大を容認することで，MILF（モロ・イスラーム解放戦線）との和平合意に至ったことなどが主な要因として挙げられる。特に財政の健全化では，東南アジア地域全体の経済が好調であり，フィリピンも年5～6％の経済成長率を維持している背景があることも見逃してはならない[39]。これを受けて，後期中等学校（高等学校）11年生，12年生のための9,000にのぼる教室の新設が諸外国の援助機関の援助を受けながらも建設される計画になっている。

4. カリキュラム改革と価値教育の動向

では，今回の教育改革は，フィリピンの価値教育にどのような影響を与えるのであろうか。表6-5は中等学校（前期中等学校）の2002年度基礎教育カリキュラムとK to 12カリキュラムを比較したものである。

この表から理解できるのは，これまで10年で学ぶ内容を12年で実施し，主要教科のさらなる定着を目指していることである。そして，統合科目（分野）も統合科目としての括りはなくなったが，それぞれの教科目を充実させること，そして，それぞれの教科目に適した価値をより積極的に教授していくことが期待されている。例えば，価値教育同様に，価値教授が期待されてきた社会科においては，第2章で示した表2-2の国民的伝統の価値や個人―家族―地域社会―国家―地域（ASEAN）―国際社会へと同心円状に拡大するフィリピン人のアイデンティティの在り方についても，歴史，地理，政

表6-5 2002年度基礎教育カリキュラムとK to 12カリキュラムの比較表

学習分野（教科目）	2002年度基礎教育カリキュラム		K to 12カリキュラム
英語	5		4
フィリピノ語	4		4
数学	4		4
科学	6		4
社会科	統合科目	4	3
価値教育		2～3	2
音楽・美術，体育，衛生		4	4
技術家庭科		4	4

（出典）The Southeast Asian Ministers of Education Organization Regional Center for Educational Innovation and Technology, *K To 12 Toolkit*, 2012, p.33.

治・経済の学習を通して，スパイラル的に関連させながら，より深く学習していくことが期待されている[40]。

そして，批判的思考，論理的思考，創造性，環境への配慮，国際社会へのビジョンも獲得することが期待されている[41]。

価値教育は，フィリピノ語のEdukasyon sa Pagpapakataoとして，これまでと同様の価値教育の内容を教授することが期待されるとともに，倫理とキャリア・ガイダンスの役割も期待されている。そして，幼稚園から第10学年まで，①自己と家族への責任，②人間としての他者への振舞い（Pakikipagkapwa），③国家の発展と国際社会の団結への貢献，④神への信仰と徳（善良さ）の獲得，が期待されている。また，教科目間協働のプログラムや特別活動，学校行事や地域貢献活動では，これまでの統合科目のように教科目間連携が期待されている[42]。

このように，各教科目で教授する価値が提示されたことで統合科目としての教科目間連携はなくなったと考えるのは必ずしも正しくないであろう。それは，統合科目が，現状の追認の形で形成された経緯からも分かるように，

また，統合科目への生徒と教師の高い評価からも理解できるように，コア・カリキュラムの方向性を大切にするフィリピンの学校教育において，教科目連携は先生方の授業実践の中で継続されていくものであると期待される。意識調査の際に，統合科目に反対であると意見を記した教師のコメントでは，価値教育はすべての教科目で教えられるべきであるとの意見があった。1986年革命からの価値教育の歴史が終わるのではなく，経済発展を続けるフィリピンにおいて，価値教育に期待される‘価値’が変容してきているのである。

　これまで，価値教育では国民統合が主題であったが，ムスリムにもあらゆる自治権が付与されることが決定した今，それぞれの宗教，地域性の多様性に対してさらに寛容になることが政府の政策であり，国民統合による内発的発展を目指したフィリピンが，新たな発展段階に入り，ASEANの一員として，新しい観点からの内発的発展を目指していると考えられる。そのためには，これまでの価値教育の学習においてはそれほど強調されなかった，職業教育やキャリア教育，起業家教育や情報教育などが求められているのは事実である。ユネスコの21世紀教育国際委員会の報告書である『学習：秘められた宝』において示された，学習の四本柱，①知ることを学ぶ（Learning to know），②なすことを学ぶ（Learning to do），③（他者と）共に生きることを学ぶ（Learning to live together, Learning to live with others），④人間として生きることを学ぶ（Learning to be）は，これからもフィリピンの価値教育，学校教育において教授されていくものであるが，2番目の為すことを学ぶ（Learning to do）ことの観点から，①技能資格から能力へ，②「非物質的」労働とサービス産業の興隆，③非定型的な経済における労働の重要性が指摘されている[43]。そして，フィリピンの価値教育を推進してきたキソンビーン氏もまた，職業教育の重要性に着目し，『なすことを学ぶ――国際社会においてともに学び働くための価値：技術教育・職業訓練における協働的な価値教育への統合的アプローチ――』（2005）の編纂に携わっている[44]。これはUNESCO-APNIEVE（Asia Pacific Network for International Education and Values Education，アジア・太平洋地域における国際教育と価値教育ネットワーク）による教育実践のための本であるが，同時にUNESCO-UNEVOC

(ユネスコ国際技術職業教育訓練センター)の協力を得て出版されている。その中では，「人間の尊厳（Human Dignity）」としての「労働の尊厳（Dignity of Labor）」が中心的価値として言及され，人権としての労働の価値の観点から第2章で示した価値地図の経済的価値・社会的価値と道徳的価値を統合する教育実践事例がまとめられている。それは，これまでの統合科目においては必ずしも強調されてこなかった価値群であるが，社会発展のためには不可欠な学習分野である[45]。

　フィリピンは新たな社会発展の段階を迎えつつある。国民統合のための価値教育から，社会発展のための価値教育へ。バヤン（Bayan）だけでなくバンサ（Bansa）もまた国家形成概念の一つとして認証された今，マカバヤン（Makabayan）とともに，マカバンサ（Makabansa）も新たな教育理念として認識されつつある。価値教育においても，国民統合のためだけでなく，国民のニーズに対応できる教育開発が期待されている。市民社会の成熟とともに，NGOとの協働も積極的に推進されるであろう。これからのフィリピンの価値教育を通した新たな公教育による挑戦は，革命にも匹敵する社会変容をもたらすかもしれない。その意味においては，価値教育はこれからもフィリピン社会にとって，不可欠な教育内容であり，全人的発達を促す教育実践として期待される。

[注]
1) バーナード・クリック『シティズンシップ教育論――政治哲学と市民』関口正司監訳，法政大学出版局，2011年，pp.24-25.
2) Marshall, T.H. and Bottomore, Tom, *Citizenship and Social Class*, London: Pluto Press, 1992, p.18.
3) 木原直美「多文化社会における市民性教育の可能性――英国5市の取り組みを中心として――」日本比較教育学会編『比較教育学研究』第28号，2002年，97-98頁。
4) 佐藤博志編『オーストラリア教育改革に学ぶ――学校変革プランの方法と実際――』，55-56頁。
5) 同上，56頁。
6) 同上，55-63頁。
7) 例えば，1980年のNSW（ニューサウスウェールズ州）公教育法においては，法令の遵守や社会的倫理の形成における宗教的価値の役割に理解を示しながら，生徒に彼

らの社会の価値を教え込むことの必要性を強調している。Lovat, Terry and Toomey, Ron（Ed.）, *Values Education and Quality Teaching: The Double Helix Effect*, NSW, Australia: Springer, 2009, p.xii.
8）*Ibid.*, p.xi.
9）見世千賀子「オーストラリアにおけるシティズンシップ教育政策の展開」研究代表者嶺井明子『価値多元化社会におけるシティズンシップ教育の構築に関する国際的比較研究』平成17-19年度科学研究費補助金（基盤研究（B））研究成果報告書，2008年3月，98-99頁。
10）正式な名称は The Ministerial Council on Education, Employment, Training and Youth Affairs〔MCEETYA〕である。
11）Department of Education, Science and Training, Australian Government, *National Framework For Values Education in Australian School*, Commonwealth of Australia 2005, p.1／見世千賀子，99頁。
12）以下の文献を参照。佐藤博志編『オーストラリア教育改革に学ぶ――学校変革プランの方法と実際――』学文社，2007年，33-68頁／佐藤博志編『オーストラリアの教育改革―― 21世紀型教育立国への挑戦――』学文社，2011年，29-101頁。
13）Department of Education & Training, Melbourne, *Discovering Democracy in Action: Implementing the Program*, Student Learning Division, Office of Learning and Teaching, Department of Education, Science and Training, Melbourne, Victoria 2004.
14）Department of Education, Science and Training, Australian Government, p.1.
15）*Ibid.*, p.1.
16）見世千賀子，99頁。
17）Department of Education, Science and Training, Australian Government, pp.1-3. 2009年7月にはオーストラリア政府諮問委員会（The Council of Australian Governments（COAG））の承認を得て，全国教育，早期発達及び青少年問題審議会（The Ministerial Council for Education, Early Childhood Development and Youth Affairs〔MCEECDYA〕）が設立された。これは，既存の2つの組織，MCEETYAと全国職業技術訓練教育審議会（The Ministerial Council for Vocational and Technical Education（MCVTE））の役割と責任の再調整を認めたものであるが，結果として，MCEECDYAと全国専門教育雇用問題審議会（The Ministerial Council for Tertiary Education and Employment〔MCTEE〕）の2つの諮問委員会に再編成されている。
18）Department of Education, Science and Training, Australian Government, pp.3-4.
19）図2-1「日本文化の変容パターン」を参照し作成。小島勝「第2章 海外・帰国子女教育の展開」江淵一公編『異文化間教育研究入門』玉川大学出版部，1997年，51頁。
20）同上，49-52頁。
21）北山夕華「シティズンシップ教育における包摂的ナショナル・アイデンティティの検討」日本国際理解教育学会編『国際理解教育』No.17，2011年6月，明石書店，87-89頁／白川俊介「リベラル・ナショナリズム論の国際秩序構想――序論的考察――」『政治研究』No.56，九州大学法学部政治研究室，89-108頁。

22) 同上，87 頁。
23) これは，平田の市民性教育の類型の観点から分析したものである。平田利文「日本人研究者による日本・タイの市民性教育への提言」，平田利文編『市民性教育の研究──日本とタイの比較──』東信堂，2007 年，254-255 頁。
24) 同上，254-5 頁。
25) ロザルバ氏（Mrs. Rosalba Genua-Petrovic, Language Teacher, International Grammar School）へのインタビューによる〔2010 年 11 月 5 日〕。
26) 現地調査におけるミンダナオ州立大学附属中等学校教員へのインタビュー（2011 年 11 月 29 日），及びオーストラリアのイスラーム系独立学校校長へのインタビューに基づく（2010 年 11 月）。
27) 19 の地域センターは，教育開発，文化・歴史，健康・科学の 3 分野に分類され，各センターは，教育・科学・文化の様々な分野における研修と研究プログラムを実施している。また各センターは，SEAMEO 加盟国の高級教育行政官からなる運営委員会を設置しており，現在の SEAMEO 事務局本部は，タイ・バンコクに設置されている。"SEAMEO INNOTECH HP; About Innotech" http://www.seameo-innotech.org/〔2013/09/01〕，「文部科学省 HP：国際協力推進会議（第 3 回）議事録」http://www.mext.go.jp/b_menu/shingi/chousa/kokusai/010/gijiroku/1318904.htm〔2013/09/01〕
28) *Ibid.*, "SEAMEO INNOTECH HP; About Innotech"
29) 「外務省 HP: ASEAN 共同体実現に向けた協力」http://www.mofa.go.jp/mofaj/area/asean/kyodotai.html〔2013/09/01〕
30) "Association of Southeast Asian Nations HP: ASEAN Education Ministers Meeting (ASED)" www.asean.org/.../asean-education-ministers-meeting-ased〔2013/09/01〕
31) *Ibid.*, www.asean.org/.../asean-education-ministers-meeting-ased〔2013/09/01〕
32) "RTVW: Opening Ceremonies of SEAMEO-INNOTECH 13th International Conference (Speech) 12/11/2012, " http://www.youtube.com/user/RTVMalacanang?feature=watch〔2013/09/02〕
33) Department of Education, *Discussion Paper on The Enhanced K+12 Basic Education Program: DepEd discussion paper*, 2010, pp.3-5.
34) *Ibid.*, p.3.
35) *Ibid.*, Table1 Philippine Average TIMSS Scores, p.3.
36) The Southeast Asian Ministers of Education Organization Regional Center for Educational Innovation and Technology, *K To 12 Toolkit*, 2012, pp.25-35.
37) *Ibid.*, p.31-35.
38) Department of Education, *Discussion Paper on the Enhanced K+12 Basic Education Program: DepEd discussion paper*, 2010, p.7.
39) フィリピン国家統計局によると，2007 年，2008 年，2009 年，2010 年，2011 年の経済成長率が，それぞれ 7.3 %，4.6 %，1.1 %，7.6 %，3.9 %であった。「各国地域情勢：フィリピン共和国」外務省 HP http://www.mofa.go.jp/mofaj/area/philippines/data.html〔2013/07/01〕
40) The Southeast Asian Ministers of Education Organization Regional Center for

Educational Innovation and Technology, p.42.
41) *Ibid.*, p.42.
42) *Ibid.*, pp.35-36, pp.40-41.
43) ジャック・ドロール『学習：秘められた宝』ユネスコ「21世紀教育国際委員会」報告書，天城勲監訳，ぎょうせい，1997年，66-88頁。
44) UNESCO-APNIEVE, Quisumbing, Lourdes R., and Leo, Joy de. edit., Learning To Do: Values for Learning and Working Together in a Globalized World: An Integrated Approach to Incorporating Values Education in Technical and Vocational Education and Training, UNESCO-UNEVOC, 2005.
45) *Ibid.*, pp.37-42.

終　章

総括と今後の課題

　本章では，第1節において，2つの価値認識の分析フィルターである革命の歴史からの分析，及び宗教と地域性からの分析の成果を踏まえながら各章を総括していく。第2節では，研究目的であるフィリピンにおける国民的アイデンティティの在り方に統合科目における価値教育がどのように作用しているかを再検討し，異教徒間対話を促進する価値教育の可能性について述べる。最後に第3節において，本研究の展望として今後の課題について述べる。

第1節　価値教育と国民的アイデンティティの形成

1. フィリピンの価値教育の特質

　本研究は，価値教育の目的がフィリピン人の育成にあることに着目し，個人と国民をつなぎ個人が国民としての意識を内在化させる概念を国民的アイデンティティと定義し，フィリピンにおける国民的アイデンティティの在り方に統合科目における価値教育がどのように作用しているかを明らかにすることを目的とした。この研究の分析軸の一つをキリスト教徒とムスリムに置くことにより，本研究は現在のグローバル化する社会に求められる異教徒間対話を促進する価値教育の在り方を検討する意義を必然的に持つ。

　第1章では，価値教育の萌芽がマルコス政権末期の民主化政策の中に見出されたことを解明した。1986年の民主化革命（EDSA I）以後，アキノ新政権は価値教育の計画を中止することなく，新たなフィリピン人の育成を目的として旧政権の目論みとは異なる体系的な価値教育を開始している。主要科

目と同じく，毎日教授される価値教育の始まりである。この新たな価値教育において国民の育成は第一義に置かれ，開始されてから25年を経過しても，フィリピンの学校教育の第1の特色として価値教育を位置づけている。この価値教育の継続を可能にした要因として，アキノ政権の成立による教育的価値の変容が指摘される。マルコスの志向した教育的価値は抽象的な国家概念への国民の忠誠を求めるものであり，個人としてのアイデンティティは軽視される。一方，アキノは「人権としてのナショナリズム」の概念を打ち出した。マルコスは権威主義体制が目指す国家的概念へ個人のアイデンティティを統合しようとしたのであり，アキノは民主化革命で芽生えた個人の人権意識を保障するところに，国家を形成する国民的アイデンティティの創出の方途を見出したのである。

　第2章では，統合科目に至る価値教育の理念を検討することで，教授される価値の特質と目指されているフィリピン人像を考察した。1987年に掲げられた価値のフレームワーク（「価値地図」）は1997年に改訂されているが，その基底にある価値理念は国家や地域を尊ぶナショナリズムも人権の一部と捉える理念のままである。一方で，個人として地域社会に生活する一員に求められる多様な価値が網羅・統合されている。1997年には教授される価値は62にも及んでおり，「人権としてのナショナリズム」の概念を基底に，「人権としての教育」と「多様性の中の統一」を標榜している。

　この価値地図の特質は，普遍的として提示しているユネスコの価値理念を内包し，ナショナリズムの概念と並置している点にある。価値教育においては，目指すべき社会的人格として「国への愛情」，「人間（民衆）への愛情」，「自然への愛情」，「神への畏敬の念」の4つの社会的人格が謳われているが，具体的な定義はなされていない。フィリピン人の育成を目指しながら，ユネスコの価値理念を導入することはフィリピンの国民性を希薄化することではないか。本章での考察を通じて，ユネスコの価値理念とナショナリズムの概念との関係性の解明が本研究における課題として再認識された。

　第3章では，2002年に価値教育と教科目の統合を図る教授法として開発された全人・統合アプローチの特色を現地での授業観察も踏まえて分析した。

この統合科目における価値教育の役割は，コア・カリキュラムの構成の中で生徒中心の教育内容を目指している点にある。価値教育を中心に置くことによりこの経験主義的カリキュラムが可能となっている。

　この授業実践の観察結果から授業展開に以下のような工夫が見られた。第1に，通常の授業計画（指導案）に拘束されない授業実践が行われている。第2には，ファシリテーターとしての教師による発問を中心とした生徒中心の授業展開である。第3には，授業の中で教授される価値についてである。マニラでの授業観察では，道徳的価値が多く教授される中でキリスト教が所与のものとして教授されていた。一方，ミンダナオでは異教徒理解やフィリピンの伝統について学ぶ授業が積極的に行われていた。これは，教師に多くの裁量が与えられている統合科目での価値教育において，地域の状況に合わせた授業が展開されていることを意味する。この全人・統合アプローチの実践には学習環境の整備が求められるが，それ以上に教える教師の問題意識や価値観，教授法の習得状況，価値教育に対する資質・力量などの影響が大きいことが明らかとなった。

　結論として，全人・統合アプローチの特色は，その教授法だけでなく教授法自体が持つ全人的教育の理念に依拠している。異なる教科目を統合し，その中で価値教育を実践する理論的基礎を与えている。この教授法は，マニラにおいても，ミンダナオにおいても，他宗教との関係なども考慮したそれぞれの地域性に応じた価値教育を可能にしている。

2. 価値教育が異教徒の子どもたちに与える影響

　第4章では，本研究の価値認識の2つの分析フィルターである，革命の歴史からの分析と宗教と地域性からの分析を現地での意識調査をもとに行った。生徒の価値教育と統合科目への評価は極めて高く，価値教育は確実に定着している。特に，教科目としての価値教育と社会科において価値教育が実践されていることも確認できた。

　しかし，第1の分析フィルターである革命をめぐる歴史認識については，生徒の国民的アイデンティティに影響を与えている史実としての革命を確認

することはできなかった。確かに，マニラのキリスト教徒の生徒は，価値教育の起源を1986年の民主化革命（EDSA I）と認識していた。しかし，他のカテゴリーの生徒は必ずしも革命の歴史と意義を正確に把握していないのではないか。あるいは，ムスリムの生徒に至ってはその必要性をさほど感じていないのではないか。ムスリムは長い独立闘争と抑圧の歴史を経験し，自らを「モロ」と呼んでフィリピンの中での権利を主張してきた。加えて，イスラームの思想では，最終的には国家がなくなりイスラームの思想の下に世界平和が達成されることが希求されており，第2章において言及したウンマという国際社会をつなぐイスラーム共同体の実現が社会を安定させるという概念を持つ[1]。

　他方，キリスト教徒は，革命の歴史を振り返ることにより，フィリピン人としての国民的アイデンティティの拠り所としてきた。同様に，価値教育に見られるナショナリズムの価値も革命の歴史にすべて起源を求めることができる。しかし，歴史家レナト・コンスタンティーノが述べるように，1986年の民主化革命まで，革命が成就することはなく，外国による「解放」とその「恩人」による支配を繰り返してきた。よって，過去にではなく，「未完の革命」を希求しようとする。1896年のフィリピン革命でもなく，1986年の革命（EDSA I）でもない，次の革命がフィリピン人とフィリピン国家の形成に期待される[2]。

　この革命の歴史からの分析を通して，1986年の革命に起源を持ちつつも，新たなフィリピン人の創出が価値教育に期待されていることが改めて確認できた。

　もう一つの分析フィルターが宗教と地域性からの分析である。生徒への意識調査が明らかにしたのは，「神への信仰」とそれに次ぐ「平和」「自由」「人権尊重」「相互の愛／尊敬」の価値への高い選好である。ナショナリズムの価値である「国民的団結」「国への忠誠」「国家的統合」も多く選択されている。同時に，学校教育で学ぶ価値に関しては，どの宗教と地域からも近似した価値が選択され，価値教育がフィリピン全土で施され同様の価値を教授していることも確認できた。学校で学ぶ価値としてもナショナリズムの価値

が多く選択されている。この結果より，生徒への価値理解を計る教育的価値認識は一定の成果を上げていると評価できる。ところが，「共通のアイデンティティ」「市民的意識／誇り」のナショナリズムの価値はすべてのカテゴリーからあまり評価されていない価値があることも判明した。ナショナリズムの価値でも，評価される価値とそうでない価値に明らかな相違が見られる。また，普遍的な価値に準ずるとも考えられる「平等」の価値も評価されず，特にムスリムの生徒からは全く評価されていない。個々の価値選択の動向について，学校教育で学ぶ価値の実態にさらに詳しく分析・考察を継続していくことが不可欠であると確認できた。生徒の好む価値については，マニラのカトリック以外では変わらずナショナリズムの価値が高く評価されていた。マニラのカトリックには，個人の選好を示す価値も多く含まれており，マニラの都市化の影響も反映しているものと考えられる。

　第2の分析フィルターである宗教と地域性からの分析から理解できることは，カテゴリーにかかわらず高く選択される価値の近似性である。これらは，フィリピンのナショナリズムの価値にも通じる価値選択と考えられる。伝統的な価値としてのナショナリズムの価値選択は高く，学校で教えられる価値，さらに生徒の好む価値となるに従いその順位を下げている。しかし，生徒の好む価値にも高く選択される「国への忠誠」「国民的団結」「国家的統合」のナショナリズムの価値があり，価値教育におけるナショナリズムに関わる価値教授が一定の成果を上げてきたと評価できる。また，このナショナリズムの価値の選択には，カテゴリー間に差異が見られ，「国民的英雄への評価」に関してはミンダナオのムスリムにおいて評価が低い。ナショナリズムの価値をカトリックと変わらず選択しているムスリムだが，そのナショナリズムの在り方はカトリックとは同一のものでないことも明らかとなった。ムスリム独自の歴史観などが生徒の価値選択に反映しているものと考えられる。

　第5章では，第4章にて考察した第2の分析フィルターである宗教と地域性からの意識調査の再検討を行い，価値の動向を踏まえた新たな解釈を導き出した。子どもたちの価値認識の段階を教育的価値認識―文化的価値認識―中核的価値認識の段階に分けて類型化を計る中で，分析軸（カテゴリー）で

ある宗教と地域性間の不変的な位置関係が明らかとなった。伝統的な価値，学校で学ぶ価値，好む価値のどの質問においても，選択する価値は異なっても宗教と地域性のカテゴリー間の価値認識で距離を置く関係性は維持される。

　キリスト教徒（カトリック）とムスリムの間に距離があることは首肯できるが，マニラとミンダナオの間にも明確な相違が確認できる。価値認識において，地域性は宗教にも影響を与える要因となる。それぞれの地域では，地域の母語によって語られ，その地域の文脈において語られるフィリピンに住む国民としての価値認識が存在する。学校での価値教育の効果については前章でも考察したが，学校で教えられる教育的価値認識も，地域性により育まれる文化的価値認識によって認証されてはじめて，生徒の生活の指針となる中核的価値認識として明確化される。そこで想定されるのは，宗教と地域性の影響によって異なる各価値に対する認識である。「神への信仰」の価値が高く評価されたとはいえ，キリスト教徒とムスリムの考える概念は異なる。それは「自由」でも，「人権尊重」でも，「相互の愛／尊敬」でも，宗教と地域性によって差異が生まれる。それらの異なる属性からの認識の相違にも関わらず，共有される価値として認識されている点に，中核的価値認識に分類される価値の特質と可能性がある。それは，自己も所有することを当然期待すると同様に，他者もまた期待しているであろうと認識できる価値である。例えば，ユングの共時性の概念から論じるにはさらなる調査研究・検証が必要とされるが，異なる価値体系からのアプローチであっても，普遍的価値には多文化社会の中に共通するエートスを生成する素地があると確認された。

　また，調査に見られるような価値教育の成果を挙げた理由として，第3章で述べた教授法である全人・統合アプローチが，教科目間の統合作用とあらゆる物事に〈つながり〉を見いだす全人性の哲学を持つことも理由として挙げられる。このアプローチでは，〈つながり〉を見いだすことで教室での学習内容と多様な価値が必然的に統合される。統合科目においてもフィリピン人の国民性として期待されているものが〈つながり〉である。差異ではなく共通した価値を選んだことに〈つながり〉を見出し，差異をそれぞれの特性として理解，受容していく。その意味においても，「神への信仰」「自由」

「平和」などが高く評価されたのは，この〈つながり〉の哲学に合致するものである。

　加えて，教師の意識調査からは生徒とは異なる傾向も分析できたが，同様の価値が選択されていることも確認できた。しかし，教師の価値認識には，生徒とは異なる傾向が明らかに確認できた。それは，地域性とそこに伝統的価値として根付く宗教との関係をより身近に経験してきたからであり，また一方では，公教育における価値教育の成果が上がっているとすれば，生徒たちの社会形成がより良いものになることに対する教師の普遍的な願いが，教師の価値選択にも反映されていると考えられる。ただ，教師の選好する価値が生徒の学校で学ぶ価値として認識される傾向があることについては，意識的・無意識的とを問わず潜在的カリキュラムの影響は無視できないと考えられる。

第2節　価値多元社会における価値教育の可能性

1. フィリピンにおける価値教育を通した平和構築

　この価値教育が目指す「フィリピン人」とはどういうものか。今一度その概念を振り返ると，19世紀半ば以降，民族意識の覚醒とともに生まれたものであり，もともとはフィリピン生まれのスペイン人（インスラール）を指し，本国生まれのスペイン人（ペニンシュラール）と区別するための言葉を意味していた。それが19世紀後半には，先住民（インディオ）との混血層（メスティーソ）や，経済的に富裕層に入ってきた先住民エリートなどに対しても用いられるようになり，現在の意味を指すように変わってきた[3]。それは，スペイン支配，米国支配，日本軍政，そして戦後の米国の新植民地主義に抗するものとして醸成されていったのであり，現在でも，国家としての統合や，国民としてのフィリピン人という概念を支える基盤は脆弱である。

　しかし，本研究での分析軸を革命の歴史，宗教，地域性に置くことにより，フィリピンでの現地調査で明らかとなったことは，個人と国民の関係性を築く前段階において，個人は複数のアイデンティティに強い作用を持つ集団の

中に置かれているという現状である。宗教にしても，地域性にしても，または，民族やフィリピン固有の儀礼的親族関係などにしても，それらの集団の持つアイデンティティを無視して国民的アイデンティティの形成は不可能である。

このように，フィリピン人は多様な価値認識を持つ集団の中を往来し，重層的アイデンティティあるいは文化多元的アイデンティティとも形容できる個人のアイデンティティを形成している。そこで見出される国民的アイデンティティとは，例えば日本近現代史などに見られる規律化された日本の国家概念とは異なり，所属する複数の集団のアイデンティティとの関わり方によって認識されるものとなる。そのような状況では，明確に定義づけられた国民性（ナショナリズム）はかえって国民的アイデンティティの形成を妨げ，フィリピン社会の「多様性の中の統一」の概念を阻害するものとなる。緩やかな国民統合がフィリピン社会には適していると考えられる。

では，価値教育とはどのように評価したらよいのか。前節でも述べたように，価値教育は，多様な価値認識の中でも国際社会に通じる普遍的な価値を，フィリピン全体の歴史・地域性・伝統をつなぐ価値理念として提供している。それらの価値理念はフィリピンが経験した植民地支配からの独立によっても肯定される。コレスポンデンス分析の示す結果からも理解されるように，これら普遍性を重視する価値は，宗教的差異と，その基底にあるもともと同じ文化・伝統を共有する集団としての共通項の中で，フィリピン人の国民的アイデンティティを育成する上で不可欠な選択肢となっている。

ここで注目されるのが，価値教育が統合科目の中で目指す4つの社会的人格（「国への愛情」，「人間（民衆）への愛情」，「自然への愛情」，「神への畏敬の念」）である。これには，ムスリムの人類学者ナガスラ・マダール（Nagasura T. Madale）からも，これらの社会的人格がムスリム・フィリピノの人生における源であり，日々を振り返るポイントであるとの指摘がなされている[4]。またマダールは，ムスリム自治政府の"バンサモロ"の名からも理解されるように伝統的な地域共同体概念である「バンサ（Bangsa/Bansa）」をフィリピンの愛国心の在り方として提示している。ムスリム・ミンダナオ

の立場から解釈されているにもかかわらず，フィリピン人としての共通の価値を見いだしていることは重要である。フィリピンには，外来宗教が来る以前から社会的規範となっていた，伝統的価値が根強く存在する[5]。これは，価値地図に示されたナショナリズムの価値に呼応している。また，フィリピンにおけるキリスト教は極めて土着化しているとの指摘がある。これは，フォーク・カトリシズムと呼ばれるが，地域文化として根付いたからこそ，人々に広く信仰されたと考えられる[6]。キリスト教徒の子どもたちのカテゴリーにおいて，価値選択に大きな違いが見られたのも，宗教の土着化の視点に立てば理解できる。

従って，①中核的価値認識にある価値を捉えている点，②キリスト教・イスラーム共通の国民意識を提示している点，③普遍的と考えられる価値を地域的な文脈で捉え直している点，次に，④地域性によって異なる価値認識の差異を受け入れ，今一度その差異の中に共通項を確認しようとするプロセスとなり得る点において，統合科目における価値教育の国民的アイデンティティ形成の意義があると考えられる。

このように，自らの伝統や地域性の中で解釈され認識された'普遍性'でなければ，フィリピン人としてのアイデンティティ形成に効果は期待できない。それが，内発的発展を支える「地域の力」として，学校教育の中でも教授されていくことが，誇りある「国民」としてだけでなく，「市民」としての個人の出現と連帯を助成するものと考える。それは，国家にとっても求められる人材である。そして，統合科目の理念がさらにイスラームやミンダナオなどの視点から再考され，フィリピン的価値として子どもたちに認識・共有される時，価値教育は異宗教間の融和を促進する教育的手段となると考えられる。ユネスコの価値理念としてではなく，フィリピンの伝統的価値としての普遍的価値教授が価値教育と統合科目間連携の可能性を高める。それは教授される普遍的価値が地域性の言説で説かれ，地域性として定着するとき，国民的アイデンティティ形成の確かな潮流となりゆくからである。

序章において先述したように，本研究は，内発的発展論の立場から，途上国自身による変革によって，グローバル化する学校教育の可能性を開発する

アプローチの一つとして考察してきた。そして，これまでの考察によって明らかとなったことは，価値教育のアプローチは内発的発展論を具現化した実践であることである。内発的発展論は，①歴史の発展はつねに一元的なものではなく，むしろ，多元的，多面的であると考え，②従って，たんに営利人・経済人ではなく，多面的な人間発展を重視し，③経済的発展と同時に文化的，社会的発展に注意を払い，④発展アクターとして，国家・企業と並んで，非営利的な市民社会の役割を重視する特徴を持つ[7]。これは，外生型の開発，近代化論に対して，内発的発展論が第3の社会発展の方途を示すものである。これまでのフィリピン社会に横溢してきたパトロン＝クライアント関係とは異なる社会的関係の連帯を促し，人間開発の指針としての役割も担えることをフィリピンの価値教育は立証してきた。

　フィリピンは，民主化革命に至る多様な要因が重なり，価値教育の導入が当初の想定を超えて功を奏した事例と言える。現在，この価値教育は，米国の国際開発庁（USAID）やロックフェラー財団などの支援により，ミンダナオの平和構築のための具体的方策として展開している。先のミンダナオ基礎教育支援計画の一環としての教師教育推進プログラムによるAsatidz（イスラム教徒の教師）の取組みなどもその一つである。これからは，価値教育においても，イスラームの立場からの教授が本格的に行われようとしており，ミンダナオ州立大学などでは，価値教育を通した平和構築のための教材の開発も進められている[8]。

2. 価値教育の可能性と留意事項

　しかし，手放しで価値教育の有効性を述べることはできない。それは，価値教育の推進では，価値教育への正確な理解と教授法を習得した教師の存在が不可欠であるからである。心理学の基礎の上に開発されてきた構成的グループ・エンカウンターにおいても，ファシリテーターとしての教員の力量が効果の程度を左右するように，価値教育，および価値教育による科目間連携においても，同様の指摘ができる。フィリピンにおいて価値教育が功奏した背景には，価値教育の専門家の育成があったからである。そして，確かな

教育を受け，明確な目的観を持った教師による価値教育であれば，異教徒間の紛争地域においても，両者に配慮した価値教育に基づく学校教育が可能となるのである。この観点に立った場合，例えば日本の学校教育における道徳教育の教科化においても，確かな力量を備えた教員の育成が期待されるのである。

　また，価値教育が政府の教育政策である以上，その学習内容や教材の取り扱いなどには十分な注意が求められる。これまでの本調査，研究においても明らかなように，価値教育はその効果が期待できる教科目である。それであるがゆえにその運用にも細心の注意が求められる。間違った学習内容や教材が用いられたならば，諸民族の融和ではなく，不信感を煽る教育となるからである。明確に定義づけられた国民性（ナショナリズム）はかえって国民的アイデンティティの形成を妨げ，フィリピン社会の「多様性の中の統一」の概念を阻害するものとなるのではないかと述べたが，この価値教育においても，国策に基づく国民的アイデンティティの形成や国民統合がなされているとの批判はある。先行研究においても言及したバージニア・フローレスカ・カワガスらの批判のように，現在の価値教育はあまりに抽象的で，文化的疎外感に導く開発の概念に依拠しているため，価値のフレームワークは根本的に限界を有しており，フィリピン人の生活に根ざしていないとの批判である[9]。つまり，価値教育をどのように改訂しても，そこでは為政者の恣意性によって，意図していようといまいと，フィリピン人という国民性（ナショナリズム）に対する操作がなされているという批判である。

　別の観点から考察するならば，この批判からはナショナリズム自体のもつ恣意性についても指摘できる。ベネディクト・アンダーソンは，ホセ・リサールの『ノリ・メンタンヘレ』と『エル・フィリブステリスモ』の分析をフィリピンの歴史的考察とクロスさせながら，スペインから独立しようとしていた1898年革命以後の1890年代から独立以後の1950年代の間で，ナショナリズム意識に根本的な変化が起こったこと，そして，独立以後マニラにアンダーソンのいう「公定ナショナリズム」が生まれつつあったと解釈する[10]。その中で，スペイン語にも混じり合っていたタガログ語のニュアンス

は削ぎ落とされ，米国植民地支配下の翻訳によって，リサールが伝えようとした真実からはかけ離れた著述が人々に理解されたのである[11]。リサールの時代の19世紀の終わりまでは，フィリピーノ（filipino）はフィリピンで生まれた純粋なスペイン人を意味していたのであるが，1986-98年の反スペイン闘争（独立革命）が成功した頃には，フィリピンに住むすべての人々を意味する言葉へと転じていたのである[12]。そして，米国の支配下において，フィリピン人の原型はもはや存在せず，当時の革命家たちが求めたかの地に生まれた人間としての連帯感は，歴史的文脈から削除されていると指摘する。この点において，「リサールは愛国者（パトリオット）であり，リサールを英語で万人向けに翻訳したゲレロはナショナリストだったと解釈すれば，フィリピンというもののイメージ，フィリピン社会のイメージの短期間での根本的変化がまとめられるかもしれない」とアンダーソンは明確に分析する[13]。アンダーソンの解釈は深く，簡潔には述べられないが，この根本的変化がアンダーソンのいう「想像の共同体」としての国家の現出であろう。そして，近代学校教育はこのナショナリズムを肯定し，推進してきたのは事実なのである。

　他方では，多数の民族と多言語が共存してきたフィリピンでは，当初のナショナリズムの意味がどれだけ人々に理解されていたかを分析することは難しいとも考えられる。機能的識字の観点からのマリア・ルイス・ドロニラの研究は多くの示唆を価値教育に与える。ドロニラはフィリピンの社会的周辺に生活する人々の識字（リテラシー）と開発の間の関係を分析し，フィリピンの社会的周辺のコミュニティにおける識字の社会的文脈（コンテキスト）を調査分析した。その結果，現在の識字とその測定には，常に開発を促進するか否かの議論が含まれており，また，読み書き計算の概念は彼らの社会的文化的文脈に埋め込まれていると分析する。よって，先進国で適用される識字の測定は，しばしば途上国における社会開発には不向きであり，それぞれのコミュニティを分析した上での識字プログラム設計の必要性を指摘する[14]。

　アンダーソンの考察をあえてドロニラの社会的周辺の人々の文脈において再検討するならば，ナショナリズムの解釈もまた，地域において異なるので

あり，ナショナリズムの生成に放置されてきた人々には，彼らの社会的周辺における文脈からしかナショナリズムを捉えられない場合もあり，以前のナショナリズムも現在のナショナリズムの相違についても理解しておらず，公教育において教授されるナショナリズムの概念をそのまま，あるいは彼らの地域性の文脈から受容する可能性が高いことになる。これは，為政者にとっては，都合のよいことではあるが，識字教育を推進したパウロ・フレイレが識字教育に込めた意義は全く異なる。それは社会的周辺に生きる人々に対して自らの存在を意識化し，自らエンパワーメントするための行為である[15]。その意味において，識字教育の教員はどこまでも，ファシリテーターであり，学習者の主体性を重視する。それはまたフィリピンの価値教育本来の目的と教授法であり，そこに両者の共通項があり，フィリピンにおいて，民主化革命後に価値教育が導入された意義がある。しかし，公教育がナショナリズムの上に存在している以上，学習者の内発性を開発するのではなく，それを阻害する可能性も常に孕んでいる。ナショナリズムの涵養とエンパワーメント。それは，フィリピノ・ナショナリズム自体が持つ求めても戻れない回帰点としてのリサールの理想，そして，為政者としてエンパワーメントを推進する困難さと同時に，その限界を正視する中で，民主化革命の中から見いだされた新たな「フィリピン人」の理想が導かれる。社会に多くの課題が山積するフィリピンにおいて，価値教育の目指すフィリピン人の育成は，二律背反するような目的を持つが，その上に理想とする国民的アイデンティティが形成されるとすれば，その実践は不可避であり，同時にさらに多くの課題克服の克服の努力が求められるであろう。

　しかし，この努力こそが価値教育の推進力であり，フィリピノ・ナショナリズムを活性化する媒体ともなりうる。どの国においても，完全なナショナリズムなど存在しない。しかし，人間は自らのアイデンティティを問う存在であり，そのアイデンティティ形成にナショナル・アイデンティティは深く根ざしている。新しい国民意識の形成。それはリサールなどの革命家の理想を邂逅する形で進められる。フィリピンの価値教育の課題は，常に過去との対話によって形成され，その過去との対話が未来につながるフィリピン像に

投影される。フィリピンの価値教育におけるナショナリズムの涵養は，定点に留まることなく，常に未来への飛躍を目指す教育実践なのである。

第3節　今後の課題

　第1に，今後の研究の課題として考えられるのは，現地調査を継続し，ミンダナオのムスリム・ミンダナオ自治区（後のバンサモロ）を中心とした地域でどのような授業実践がなされているかを考察・分析することである。これまでの筆者のミンダナオ州立大学などでの教員へのヒアリングでは価値教育への肯定的な意見が大半であった。そこでは，よりイスラームの価値概念に基づいた価値教育が推進されていると考えられる。イスラームからの普遍的な価値への解釈，及び教授法を観察することにより，より異教徒間の対話を促す価値教育の在り方が提示できるのではないかと考える。またそれらを可能にするイスラーム教育に関する研鑽が求められる。

　第2に，個々の価値を成立させている概念的背景からの理解と考察である。本研究では，価値教育のフレームワークである価値地図に則って調査・分析を行った。普遍的価値との関係性など新たな知見を得ることもできたが，フィリピン文化に根づく個々の価値の概念を精緻に分析することにより，フィリピンが価値教育を実践している理由がより理解できると考える。ナショナリズムの価値である「共通のアイデンティティ」「市民的意識／誇り」，加えて日本では当然の人権概念と考えられる「平等」などが今回の調査ではほとんど生徒から評価されていなかった。例えば，「共通のアイデンティティ」はフィリピノ語ではカプワ（Kapwa（他者との）関係性，共有されるアイデンティティの意）となり，エンリケス（Virgilio G. Enriquez）によれば，フィリピノ・アイデンティティの中心的な概念である[16]。あまりに概念的な価値であるために生徒に理解されていないのかもしれない。または，英語に訳された際に，フィリピノ語本来の意味が薄れてしまうのかもしれない。第1の課題とともにさらに研究を継続し深めていきたい。同時に，ミンダナオ地域における価値理解，特にムスリム・フィリピノの価値理解について，現

地の文脈から分析することである。

　第3に，マニラとミンダナオにおける教員養成課程の比較検討である。本研究では価値教育の中心校であるマニラのフィリピン師範大学での調査が中心であったが，ミンダナオの教員養成課程に中心的な役割をなすムスリム・ミンダナオ自治区にあるミンダナオ州立大学附属中等学校での授業実践の観察，教員養成課程のフィリピン師範大学との比較検討を進め，教える側がどのような価値教育を目指しているのかを考察し検証していく。

［注］
1） Gowing, Peter Gordon, *Muslim Filipinos-Heritage and Horizon*, Quezon City: New Day Publishers, 1979, pp.200-202.
2） 清水展「植民地支配を越えて——未来への投企としてのフィリピノ・ナショナリズム——」西川長夫・山口幸二・渡辺公三編『アジアの多文化社会と国民国家』人文書院，1998年，187-192頁。
3） 同上，187頁。
4） Madale, Nagasura T., Essay on Peace and Development in Southern Philippines, Capital Institute for Research and Extension, Monograph No.2, Cagayan Capital College, 1999, pp.212-220.
5） 詳しくは次の論稿を参照。Jocano, F. Landa, *Filipino Value System. A Cultural Definition*, Quezon City: Punlad Research House, 1997.
6） フランク・リンチ「フィリピンのフォーク・カトリシズム」メアリー・ラセリス・ホルンスタイナー編，『フィリピンのこころ』山本まつよ訳，めこん，1977年，96-129頁。
7） 西川潤「内発的発展の理論と政策——中国内陸部への適用を考える——」『早稲田政治經濟學誌』No.354，早稻田大學政治經濟學會，2004年，37頁。
8） 例えば以下の文献が既に援助を受けて刊行されている。The Asia Foundation, *Islamic Model for Peace Education*, Mandaluyong City: Philippines, 2008.
9） Toh, See-hin, and Floresca-Cawagas, Virginia, "Globalization and the Philippines' Education System", In Mok, Ka-ho and Welch, Anthony (Eds.), *Globalization and Educational Restructuring in the Asia Pacific Region*, NY: Palgrave Macmillan, 2003, pp.217-225.
10） ベネディクト・アンダーソン『比較の亡霊―ナショナリズム・東南アジア・世界』糟谷啓介・高地薫他訳，作品社，2006年，376頁。
11） アンダーソンは，それらを脱現代化，読者の削除，タガログ語の切除，改竄，場所の匿名化，脱ヨーロッパ化，時代錯誤の7点から批判している。同上，376-394頁。
12） 同上，392-393頁。
13） 同上，408頁。

14) Doronila, Maria Luisa Canieso, *Landscapes of Literacy: An Ethnographic Study of Functional Literacy in Marginal Philippine Communities*, Hamburg: UNESCO Institute for Education, 1996.
15) パウロ・フレイレ『新訳 被抑圧者の教育学』三砂ちづる訳, 亜紀書房, 2011年, 161-196頁。
16) Enriquez Virgilio G., *Indigenous Psychology and National Consciousness*, Study of Languages and Culture of Asia & Africa Monograph Series No.23, Institute for the Languages and Cultures of Asia and Africa, 1989, pp.44-66.

参考資料

Questionnaire on Values Education and MAKABAYAN

Name:_____ Year & Section:_____

Place of Birth:_____ Date of Birth:_____ Sex:_____

School:_____ District_____

Religion:_____

DIRECTION: Read each item, please put a checkmark to indicate your option/response. Use the space provided below to explain/elaborate your answer.

1. In the new Makabayan subject, which subject do you think you can effectively learn to love your country?

    ( ) Social Studies
    ( ) Technology, Home Economics and Livelihood Education
    ( ) Music and Arts
    ( ) Physical Education
    ( ) Values Education

2. (referring to question No.1) Why do you choose that subject? Please write your reason (s).

_____
_____
_____
_____

3. Values Education is an integral component of Makabayan. Do you agree that Makabayan promotes values education? Please write your reason (s).

   ( ) Strongly Agree
   ( ) Agree
   ( ) Undecided
   ( ) Disagree
   ( ) Strongly Disagree

Reasons: _____
_____
_____
_____

4. Which of the following values related to the concept of the TRADITIONAL FILIPINO values? Please choose four (4) from the list below.

   ( ) physical fitness   ( ) common identity
   ( ) cleanliness   ( ) national unity
   ( ) harmony with the material   ( ) esteem of national heroes
       universe
   ( ) beauty   ( ) loyalty to the country
   ( ) art   ( ) integrity
   ( ) knowledge   ( ) honesty
   ( ) creative and critical thinking ( ) self-worth and self-esteem
   ( ) mutual love/respect   ( ) personal discipline
   ( ) fidelity   ( ) faith in God
   ( ) responsible parenthood   ( ) peace
   ( ) concern for other and   ( ) active non-violence
       common good

( ) freedom
( ) equality
( ) social justice
( ) work ethics
( ) self-reliance
( ) productivity
( ) scientific and technological knowledge
( ) international understanding and

( ) popular participation
( ) thriftiness
( ) respect for human rights
( ) conservation of resource
( ) commitment
( ) civic consciousness and pride
( ) bayanihan and solidarity
( ) entrepreneurship

5. (referring to Question No.4) Which values are most important in Values Education? Please choose four (4) from the above list and write in the space below.

   1. _____
   2. _____
   3. _____
   4. _____

6. (referring to Question No.4) Which values are your favorites? Please choose four (4) from the above list and write in the space below.

   1. _____
   2. _____
   3. _____
   4. _____

7. Which of the following historical events is the most influential to your generation? Choose as you like. Please state your reason (s).

   ( ) 1986 Philippine Revolution
   ( ) 1986 EDSA People Power Revolution
   ( ) 2001 EDSA People Power Revolution
   ( ) None

   Reasons:_____
   _____
   _____
   _____

8. Which of the above historical event is the base of Values in Makabayan? Choose as you like. Please state your reason (s).

   ( ) 1896 Philippine Revolution
   ( ) 1986 EDSA People Power Revolution
   ( ) 2001 EDSA People Power Revolution
   ( ) None

   Reasons: _____
   _____
   _____
   _____

9. At present, values education in school includes many universal values. Do you think they are tightly connected with the concept of "love of country"? Please write your reason (s).

   ( ) Strongly Agree

( ) Agree
( ) Undecided
( ) Disagree
( ) Strongly Disagree

Reasons:_____

_____
_____
_____

10. If have the second chance, which country do you like as your mother country? Please put a checkmark.

( ) Philippines   ( ) India
( ) United States   ( ) France
( ) Japan   ( ) Singapore
( ) China   ( ) Canada
( ) Australia   ( ) others_____

Reasons:_____

_____
_____
_____

Thank You Very Much!

Class observation in Taguig National High School and Mindanao (Mindanao State University attached high school, Marawi City)

1. The Case of a Public High School in Taguig 1 – 8th Grade Values Education Class

Tagig National High School 2008/08/18 10:00-10:50 "Values Education II: Reasons WHY parents separate"

(The teacher asked the students if they were okay or not. Then she told the class to speak in English as intelligently as they could.)

Teacher: And the topic today is… (writes "Values Education II: Reasons WHY parents separate) Everybody read our topic (written on the board) today. Can you understand the topic today? [Students: Yes, Ma'am.] Are you sure? [Students: Yes Ma'am.] Can you give me one reason? I would like to hear from you, (calling a student name).

Student 1: I think, one reason is a financial problem.

Teacher: Or In other words? [Students: Money problem.] Is this one of the reasons why parents separate? [Students: Yes, Ma'am.] What is this "Money Problem" all about? You will ask your parents later, "Is money a problem in the family?" (Calling a student's name), you gave me the answer, money. Is money really one of the reasons?

Student 1: Yes Ma'am, because if you have no money, you can't feed your own family.

Teacher: Let me ask her, (calling a student name.) If your mother and father have no money, do they fight?

Student 2: Yes, ma'am.

Teacher: True? They are fighting? They are quarrelling?

Student 2: Not really, ma'am.

Teacher: (Calling other student name), why are you smiling, huh? If your mommy has only 50 pesos[1] in her pocket, is she angry?

Student 3: No, Ma'am.

Teacher: Very good mother, huh? Then if your father comes home from work and ask for food, (enumerates Filipino food that costs more than 50 pesos to make) but the mommy has only 50 pesos and the father will get angry and then will the mother be angry to give the 50 pesos only to buy food? [Students: Yes.] And then

---

1   It would be around 122 Japanese yen. 1 peso is about 2.43 yen. [2013/05/24]

the mother will buy *tuyo*. What is *tuyo*? Yes, a dried fish. Is the *tuyo* delicious? [Students: Yes.] But the father will get angry, because he is tired from working and the food is *tuyo*. Will they quarrel?

Student 4: Yes, no, maybe (mixed answers).

Teacher: Usually yes? Ah, sometimes. Then, give another reason why parents separate, aside from money. I believe that money is the root of all…

Student 4: Evil.

Teacher: Have you heard about that? The phrase: 'Money is the root of all evil.' Do you believe that? Is that correct? [Students: Yes.]

Teacher: Then starting today, do not bring money anymore (joking). Another reason, aside from money. Yes, (calling a student name)?

Student 5: Having misunderstanding.

Teacher: Misunderstanding. What is misunderstanding all about? Do you think this could lead to the separation of your Mommy and Daddy? Why?

Student 5: Maybe Yes or No. Because some parents. uhh.

Teacher: Some parents what? Yes, (calling a student name.)

Student 6: For me, misunderstanding is also a reason why parents separate because whenever parents have problems and they do not talk about it or give understanding to each other. Thus, the problem remains unsolved and it leads to separation.

Teacher: Separate already? Can't they talk this over? Or maybe there is misunderstanding because there is no… [Students: communication.]

Teacher: Communication. There is miscommunication. Maybe the other one is deaf or the other one is blind (jokingly). Maybe the other one is too busy so they cannot talk to each other. So number three aside from misunderstanding. Yes, (calling other student name).

Student 7: Having a third party.

Teacher: Boys, according to the girls, one of the reasons why parents separate is the presence of a third party. What is the third party? Let me hear the boys. Maybe Daddy is wandering already [The teacher encourages the boys to answer since not many are raising their hands. In the end, she chooses a girl student]. Yes, (calling a student name).

Student 8: Third party is another person (they love or have a relationship with) aside from their husband or wife.

Teacher: Is it wrong to love another person if you already have a husband or a wife? So Third Party is loving another person aside from their husband/wife. Is this bad? [Students say Yes.] Let us say Student A is married to Student B. And A found out that Student C is loveable. Can we say that C is the Third Party? [Students say Yes.] You haven't even seen the proof that they are in love with each other. (Asking Student B) will you separate already?

Student B: Maybe.

Teacher: See? You said maybe. You still love A. Will the third party destroy the relationship of the husband and the wife? [Students sayYes.] Are you sure? this "another" person may be either a man or a woman. Let's say Student B fell in love with other man. Then, you'll (B and A - the make-believe husband and wife) separate? You will give him (other man) a knife? What will you do with the knife? You will kill the...? [Students: Person (jokingly).]

Teacher: Oh my. That is a sin. You will go to jail. We will go back to those reasons later. (Calling a girl's name)?

Student 9: Uh. Bad habits

Teacher: Of whom? The father or the mother? [Girls Students: Father.] Would you agree, boys? [Boys Students: No (teacher writes on the board "bad habits - vices").]

Teacher: Give me a bad example of a bad habit. Boys?

Student 10: Violence against women.

Teacher: What is violence against women? And women only?

Student 10: Child.

Teacher: Can the women hurt the men also? [Students: Yes.]

Teacher: But usually, the men hurt the... [Students answer 'women.'] There is a Republic Act wherein the rights of the women are protected. So we can say that bad habits such as violence are done by men to women. Vices, usually, men have. Correct? [Girl Students: Yes.] Correct girls? [Girls answer 'Yes.'] Correct boys? [Boys reply 'No.'] Vices like... (imitates someone smoking and drinking). [Students: Smoking and drinking alcohol.]

How about this (imitating someone dealing cards)? [Students: Gambling.] See? Why do you have these vices? Maybe you have them. [Students answer 'No.'] I heard from your classmate that she knows about gambling, smoking and drinking because she sees it in her father. Oh we pity you, we will pray for you so your father can change (facing the students). Another joke only. Another bad habit? [Students: Drugs.]

Teacher: Yes. But when we say drugs, it's not the (prescription) drugs like (enumerates medicines). It's prohibited drugs. For example? Yes, (calling a girl's name)?

Student 11: Marijuana, Rugby. [other students: mixed answers like: 'shabu', rugby, etc.]

Teacher: And also something we can find anywhere. Shabu. Do you know shabu (illegal drug, very common in the Philippines)? [Students: Yes, ma'am.] Will it give you a good life? [Students: No.] You can say that today but maybe someday when you will be old enough, maybe you will use that when you have problems. But remember, drugs cannot solve any your problems. Are there any other reasons children? Aside from these? Okay, you forgot this, one of the reason why parents separate is that one of the parents is gay (She reminds her students of the story of a celebrity couple who broke up because one was gay). Another reason? Yes, (Calling a boy's name)?

Student 12: Having a big family.

Teacher: Yes. Having a big family. Maybe the father or the mother can no longer bear the hardships of raising a big family (telling the story of a student with the same circumstance). Another reason? Yes, (Calling a girl's name)?

Student13: Infertility.

Teacher: If the wife cannot bear children, will they separate? What about if the father is infertile/sterile? Will the wife leave the husband? What solution can you give to prevent the separation of an infertile husband/wife? [Girl: By adopting a child.] Adopting a child. Or if they are rich... Tell me what you have learned in Biology. [Students gave some answers.] Yes. Invitro Fertilization (IVF). Very good children. But if you do not have enough money and cannot go to the doctor to undergo IVF, what will you do? Adopt a dog may be one way. There are many reasons why parents separate. (If your parents separate) as their child, what will you do to prevent the separation of your Mommy and Daddy? What will you do? Let us say for example that even though they are still together, their relationship is not working anymore. You can hear them every night, shouting, causing a drama. They are fighting (adds humor). What will you do? Yes (Calling a boy's name)?

Student 14: I would plan for a family bonding session so that their (parents) companionship will become stronger.

Teacher: Very good. Give a round of applause for him (students applaud). Family bonding because it will strengthen their companionship. Do you agree? [Students: Yes.] Example of family bonding. What will you do? Yes? [Students: Picnic.] You will go to the picnic because you will bond together parents. You will eat together and most importantly, you will talk to each other. "Mommy, do you still love Daddy? and Daddy, do you still love Mommy?" Would you ask that question? [Students: No.] Why? You should ask that question. And then your Mommy will say (does an action that implies yes) and Daddy will say (does the action again). Then you will say, "Mommy, can you seal your very nice relationship with a kiss?" and then you will have a group hug.

Student 15: I will tell them to talk calmly and try to understand the other side without shouting at each other.

Teacher: Yes. Another one? The number one thing that you should do when your parents are fighting with each other is to... [Students: Pray.] So when your parents are fighting, you kneel down and pray. "Lord, let my mother and father stay together. I don't want them to separate. Please make this happy family. I pray this in Jesus name." Is this powerful? [Students: Yes.] Yes. You should invite your parents to go to the mass, or for the Muslim families, invite them to go to the Mosques. Where is your Mosque, (calling a Muslim student name). Is there a Mosque in Tagig close to our school? [The student says "Yes."] If you want to go to Lumos (a place where there is another Mosque), is that also okay? [The student again says "Yes."] (asking the student,) Let's say when your parents are fighting. Do they still go to the Mosque, after? [The student says "Yes."] Ah, yes? Even if they are not talking with each other?

Student 16: Yes. They will pray that God (Allah) will make ways for them to get back together.

Teacher: So Allah will make a way so that they will become a couple again. (Tells about the story of a famous boxer and his wife who were having a rough patch in their relationship and went to church.) After going to church, they were on good terms again. So this means that prayer is a powerful weapon so that your parents will not separate. (She then asks if there were students whose parents are separated. No one raised their hands. A student said her parents were separated because her mother is working abroad. The teacher then added "One parent is working abroad" to the list of reasons.) When you grow up someday, when you start your own family, you will also be having a very nice family. Having a mother, a father and babies. Did you learn something today? [Students: Yes.] Would you be a good mother or father? [Students: Yes.] Would you separate from your partner just because of these (referring to the "reasons") problems? [Students: No.] If your father has an affair, what will you do?

Student 17: I would talk to them.

Teacher: What will you do if your father was a drunkard?

Student 17: I would still talking to the father.

Teacher: What if you talked with your father? Then what?

Student 17: I will explain how much alcoholic was dangerous to his body.

Teacher: Very Good. You will tell your father that abuse of alcohol causes liver cirrhosis. A smoker can die of lung cancer. A drug addict will never grow old, they would die young. Do you understand? [Yes, Ma'am.] Very good children. Yes, (calling a girl's student name)?

Student 18: If it was me, I would tell father to change his old habits and to change his lifestyle. I would also tell him that there are other ways to make life more meaningful.

Teacher: Very good. What about if one of your parents was gay? If you found out your father/mother was gay and that he/she had a boyfriend/girlfriend, what would you do? Would you still love your father? [Students: Yes.] Yes. But, what would you do if one of your parents was gay? [Some students say "Accept."] Yes. What if your parents separate? Where will you go? That is the biggest problem when parents separate. Deciding where the children will go (who will have custody of the children). (The teacher tells a story of student whose parents separated and was depressed because she couldn't decide who to go with. In the end the student quit school and stayed with his/her grandmother.)

The moral of our lesson today is number one, to pray, number two, to bond with the family, number three, to be understanding, number four, to accept. You have to accept because they are your mother and father. You cannot choose your parents. You could choose your wife/husband but not your parents. Did you like our lesson today? (She then asked again who were the students with separated parents and again, no one raised their hands.) Now, (calling a girl student name), you tell us, someday, what will you do so that you will have a strong and happy family.

Student 19: I will love my husband and children.

[The teacher taught something that priests say during weddings. The saying was "No man can separate what God has put together." This applies to couples who are bound by marriage. She then goes on to say that Marriage is something sealed by God and whatever problems they may have, they should not be separated). After giving the students their homework, the teacher then ended the class.]

2. The Case of a National High School in Taguig 2 – 2nd Grade History Class

Tagig National High School 2008/08/18 12:10-12:50 "Asian History - Qin Dynasty"
(Class starts with a prayer and greetings.)

Teacher: Did you go to Church last Sunday? [Students: (mixed answers)] How many are the Muslims? (Muslim students raise their hands.) Do you (the Muslim students) have church on Sundays? [Students: No. We have it on Fridays.] Who are Born Again Christians? [Born Again students raise their hands.] Now listen to me, we all belong to different religious denominations. Your teacher (refers to herself) is a Born Again Christian. I would like to share with you the sermon of our pastor last Sunday. The pastors told us that there are two kinds of people who go to the temple and worship God. What are those kinds of people? One, we have what we call the "Bringers." The other one is the so-called "Carriers." The Bringers are the worshippers who are ready to worship the Lord and bring their offerings to our God to worship as a sign of love for the Lord. What are these offerings? They may be money or fruits that you want to give to the Lord that day as a sign of worship because you love the Lord. The Carriers are the group of people who have gifts. These gifts are what we call, "spiritual gifts". The Carriers are the pastors, the teachers in the church, the evangelists[2] (basically the people

---

2   Evangelicalism is a theological movement, tradition, and system of beliefs, most closely associated with Protestant Christianity, which identifies with the Gospel.

who bring others closer to God, teach what the Lord's teaches). They are the Carriers in the church. Let me ask you now, to which do you belong, the group of the Carriers or Bringers? Who says Carriers? Raise your hand. Why are you carriers, yes , (calling a girl's name)?

Student 1: I shared the Word of God to my classmates when I was a first year student.

Teacher : How about now?

Student 1: I will think about it (her answer).

Teacher: Ok. She told us that she's a Carrier because when she was in her first year, she shared the Word of the Lord to her classmates. But now that she's a second-year student, she's thinking of ways on how to approach you and share with you the word of God. Maybe something is wrong, (asking Student 1) do you have lots of friends here?

Student 1: Yes, Ma'am

Teacher: So start telling them the Good News. That Jesus loves them, that it's nice to live the life beautifully with the Lord. But how many says you are the Bringers? The Bringers are the ones who offer sacrifices to the Lord. Okay, (calling a Muslim student name).

Student 2: I am a Bringer, Ma'am. Because all the blessings I received from God, I should return it to him.

Teacher: Ok. Student 2 is a little bit shy. She is saying that she's a Bringer because all the blessings she receives, she gives it back to the Lord. That blessings can be financial blessings or spiritual blessings. Maybe, good relationship among families. So I would like to tell you this, even though it's not Sunday, people should still worship the Lord. We exist because God really loves us. So even though we belong to different religions, denominations, we have one goal in life. And what is that? A. The universal truth. What is that? Love. Love for the Lord. Okay? [Students: Yes, Ma'am.]

Teacher: With that, we are going to continue with our discussion. (She explained about what they would study in class: mapping of China, dynasties and Confucius. The class was an Asian history class.)

The teacher talked about first Chinese dynasties, particularly, the Qin Dynasty. She said that dynasties have a cycle. First, the New Dynasty stage. In the New Dynasty (the one written on the board), peace was restored, new officials were elected, land was given to the farmers, irrigation and roads were fixed. Then after a few hundred years, the new Dynasty faced the next stage when the social systems became getting out of date and dynasties had not worked as a polity. At the last stage, the officials were abandoning their responsibility, control of the province was lost, taxes were elevated, and the wall of defense was destroyed.

Teacher: So what comes next? The Old dynasty will be? [Students: Corrupt.] Ok. Corruption will set in? Okay, what are those corruption? In the Old Dynasty, the leaders will not be good anymore. Will you enumerate the anomalies of the leaders of the Old Dynasty, (calling a girl's name)?

Student 2: The leaders of the Old Dynasty will set high taxes for the people so that they (the leaders) could have money for their vices (or personal wants).

Teacher: Okay. So graft and corruption will set in. Now, what comes next? Yes?

Student 3: The mandate of heaven will be lost.

Teacher: Meaning to say, the Lord is not with the leaders anymore. All these anomalies are happening because God is not with the leaders anymore. So the mandate of heaven is not with them anymore. How about our country? What is happening to our country? What do we have now in our government?

Student 4: Ma'am, corruption.

Teacher: Yes. We are experiencing corruption, (calling a girl's name)?

Student 5: We are suffering crisis.

Teacher: We are suffering crisis such as… [Students answered 'El Nino (draught).'] What else? We are suffering shortage of? [Students answer 'Shortage of water.'] And shortage of? [Students answer 'Food.'] The price of sugar is? [Students answer 'Higher.'] Higher now. It is not stable. When you buy sugar in the store, it is much expensive nowadays. So what is the reality here? If all the anomalies are happening now, it means that God is not with the leader right now. Because if God and the mandate of heaven are with the leader right now, everyone lives comfortably, everyone is happy with the government. So let's take a look here, the mandate of heaven disappears, what will happen to the country? Ok, (calling a student name.)

Student 6: After the mandate of heaven disappears, different problems will exist such as floods, typhoons and revolution.

Teacher: There will be people who oppose the government (perform rallies, protest, etc.) because they are not content with the government anymore. So they will protest against the government. Ousting the leader would be demonstrated so that someone better could replace him/her. Ok, so this is it now, the mandate of heaven is not with the leader anymore so most likely there will be confusion or chaos. When I say chaos, disorder will set in. For example, one group is governing and then another group will also want to govern (thus resulting in chaos). This is what happened to China. Good thing, there was this one person who gave concern to China. Everyone was not contented, the people were not united. There was this one person who gave concern to the country. And that person was… [Students: Confucius.]

Teacher: He was the one who was really thinking how China will receive unity. So who is Confucius? I'd like to call on (calling a Muslim student name).

Student 7: (He reads who Confucius was from the book).

Teacher: So what did we get from that? Confucius was the one who taught values and

how to have good relationships. Other than that? Ok, (calling a girl's name) please.
Student 8: He taught the way to good leadership.
Teacher: Other hands please? Who is Confucius? Yes, (calling a student name)?
Student 9: Confucius is one of the most popular philosophers in China.
Teacher: Okay she says that Confucius is one of the most popular philosophers in China. They considered Confucius as one of the greatest philosophers in China. Considering they have three philosophers: Confucius, Laozi and Mencius. Confucius taught that to achieve unity in one country, people must have good relationship with another. How to be a good leader according to Confucius? Remember the golden rule? What was the golden rule of Confucius? Yes, (calling a boy's name)?
Student 10: Do not do unto others what you don't want others to do unto you.
Teacher: Would you like to repeat that (calling other student name)?
Student 11: The golden rule was 'do not do unto others what you don't want others to do unto you.' (The teacher then asked the students to repeat the statement over and over.)
Teacher: Ok, (calling a girl student name again who was a Born Again Christian believer), are there any similar teaching written in the Bible?
Student 12: 'Love your neighbors as you would love yourself.'
Teacher: Okay. You should love your neighbors as you would love yourself. You should love God first and then your neighbor and yourself. With this wisdom, things will get better. No rallies (demonstrations, protests), No discomfort, everyone will be happy. We live happy because everyone is thinking of the happiness of another. Now let me ask the Muslim students. Is there a verse in your Qur'an (sacred book of the Muslims) that is somewhat similar with Confucius' saying? (Calling the same Muslim student name)? You haven't hold your Qur'an? Do you read your Qur'an? [Muslim Students: Ma'am, it's very hard to read...] How many Muslims are here? Raise your hands. (Some students raise their hands.) Do you read your Qur'an? [Muslim students: Yes, Ma'am.] Yes, (calling a girl Muslim student name)?
Student 13: Ma'am, the verses written in the Qur'an are not written in the same way. It's in Arabic.
Teacher: Your Qur'an is in Arabic? But you're a Filipino. You only understand English and Filipino and yet your Qur'an is in Arabic. What does your high priest in your religion do about it? You have your class in... [Students: Madrasa (Islamic school).]
(The teacher explains that the Muslim students learn Arabic in Madrasa. She told them a story about another Muslim student who is graduating from Madrasa. She then asked who spoke Arabic. The conversation led to asking the Muslim

students how to do some expressions translating into Arabic).
Teacher: So what did we learn now? Confucius is a good teacher in China. According to Confucius, in order to achieve unity, people should… [Students: love one another.] How do you extend your love to your seatmate now? (Calling a girl's name)?
Student 14: By helping him/her with her assignments.
Teacher: One more thing. You do not help your classmates by helping them cheat. Help them by letting them understand the lessons and then work independently during exams. Even though you do not know the answer, the teacher will understand. The teacher will talk to you. Maybe you have a problem so you are not able to answer the questions. Understand? [Students: Yes, Ma'am.] Okay. So with these lessons that we have discussed now, it is really important that people like us who are really different from each other, to achieve unity, we should love…? [Students: one another] So the golden rule of Confucius…. [Students: 'Do not do unto others what you don't want others do unto you.'] Is this okay?
-Closing activities and then class ends.

3. The Case of Mindanao 1 – 1st Grade Values Education Class

Mindanao State University attached Science High School   2011/03/10 8:45-9:45

Teacher: Good Morning, everyone. Ok class. Today we would like to reconsider the purpose of our subject. What is values education?
Student 1: Refers to manners one must show. It teaches us moral values and respect to other people.
Teacher: Very good! So values education teaches on moral values. Ok more ideas? Class did you remember last time we discussed about good moral and right conduct. Am I right? [Students: Yes.] So this morning we will discuss on some of our good manners and right conduct that we practice at home. So what is a home, class? [Students: A home is a place where we live.] Ok. So what's the difference between a home and a house? When can you say it's a home or when can you say it's a house? We have just said that a home is where you lived, wherein you can see your family, right? Where the family is…?
Student 2: Happy.
Teacher: Ok, what else?
Student 3: There is love and peace.
Teacher: Ok what else? In a family there is understanding and cooperation also, right? So that is a home. Remember class, there's a saying that goes; "there's no place like home." What is a house? A house is just a building, right? But if in a house there is love, harmony, peace and understanding, then we can call that as a home. Did you understand the difference now, class? [Students: Yes.] So the house is just a building. Ok class, what is the part of the house? [Students: Dining room,

kitchen, bedroom, comfort room etc.] Ok, like I said, there's no place like home. What do we mean by this quotation class? What is in a home?

Student 4: It is in the home wherein we can see our family.

Teacher: Right! Whereas when you go outside your home you didn't see your family. So that is the meaning of that quotation. Alright class, this morning we will discuss on good manners and right conduct at home. Take note that we are created by? [Students: Allah.]

Teacher: Ok Allah is the creator of everything. Life is time. So we value time. We don't want to miss any second of our time. Time is gold. So we have to come to the school on time. You should always budget your time. So we have to discuss good manners at home particularly in the dining room. Ok, so how many meals do we have in one day?

[Students: 3 meals. breakfast, lunch and dinner.] Ok during eating you should chew your food slowly and you should not talk when your mouth is full. Some more table manners? If somebody give food to you always say thank you. What else?

Student 5: Do not put your elbow on top of the table.

Teacher: Ok. You should also sit properly during eating. What else?

Student 6: Do not argue or quarrel during eating.

Teacher: Ok now, let's discuss good manners when meeting somebody on the street. What will you do when meeting somebody on the street? Let's demonstrate (She then made one of her students stand).

Student A: Good morning, teacher!

Teacher: Good morning! How are you?

Student A: I'm fine.

Teacher: Ok, that's the western culture of greeting somebody on the street. What about in Islamic point of view?

Student A: Assalamualaikum (May the peace and mercy of Allah be with you/ good day) !

Teacher: Aleikum-salam (Peace be upon you) !

Teacher: Note that we are Muslims. You will receive a blessing from Allah if we greet somebody we meet with peace. Aside from that if we happen to see an old people carrying heavy baggage on the street, what will you do?

Student 7: Greet them in our Islamic way of greetings and help them carrying their things.

Teacher: Ok. Other manners? What will you do when you borrow something from your classmates?

Students 8: Always ask permission. Saying , can I borrow your ball pen?

Teacher: Also always ask permission to your teacher when leaving the classroom. Ok, talking of permission. What is the prayer that we recite after eating? Can we recite that prayer? [Students recite the prayer in Arabic: "Inti fe galam."]

Teacher: What you mean by that in English? That means, we are thanking Allah for the food and water. Now, can you also recite the prayer before eating? [Students recite the prayer in Arabic: "Bissmillah."]

Teacher: What do you mean by that prayer in English?

Student: Thanking Allah for the food that we are about to partake.

Teacher: Anyone can we recite the prayer when going outside your house? [Students recite the prayer in Arabic: "Tawakkal to Allah."] What is the meaning of that prayer in English? That means you are asking Allah for guidance and safety in going outside. What is the prayer before going to sleep? That is also another manner that Muslims have. [Students recite the prayer in Arabic: Aujubbilah himinashshaitan hirajim…" (three times).]

Teacher: Ok. What do you mean by that prayer? That means, you are asking Allah for watching you while you sleep and for waking you up in the morning. What about the prayer after waking up? [Students recite the prayer in Arabic: "Subuh" at 5 am in the morning, "Juhur" at noon, "Asal" at three pm, "Magrib" at seven pm and "Isha" at eight pm.].

Teacher: Ok. What do you mean by that prayer? Again, that means you are thanking Allah for waking you up. What about the prayer in going to the restroom? [Students recite the prayer in Arabic: "Ayeair imean wuduh."]

Teacher: What do you mean by that in English? That means you are asking Allah for protection because the devil is in the restroom. What about the prayer in after using the restroom? [Students recite the prayer in Arabic: "Aujubillah himinashshaitan hirajim."]

Teacher: What do you mean by that prayer in English? That means you are thanking Allah for protecting you while you are in the restroom. Is there any questions class? [Students: No.] Remember class that as Muslims we should follow Qur'an, we should follow Allah. All the things that we supposed to do should be in according to the teachings of Qur'an. Remember class our stay in this world is just temporary we all die, so while we are still here on earth we should follow Allah. Ok, class. Assalamualaikum.

Students: Aleikum salam.

[After this class observation, the teacher explained why she chose the topic for me to easily demonstrate how much the students understood Islamic values as well as how much their daily lives were naturally based on the them.]

4. The Case of Mindanao 2 – Practice Teacher

On March 12, 2011, I attended classes in the Mindanao State University attached high school program which were managed by the university senior students who were studying Values education in class. These classes demonstrated the practice teachers' original teaching methods. One future teacher said, "According to Rizal, 'The youth is the hope of the nation.' So as the youth for today we should be responsible and loving individuals. We should love our family, friends, and environment and our country as well. As a student also we should follow the right path for the future of our nation. To follow this path we acquire good knowledge and put it into practice."

Teacher: Most of the youth of today has lesser time spent talking with their parents rather than going with their friends, and that is where misunderstanding between the parents and the children starts, right? Basically, our parents know what's good for us, but we neglected that and follow our own way. Do you understand why our parents working hard all day long? [Students: Yes.]

Teacher: Do you have any hard feelings for them? Some of you say yes, some says no. In our stage we often feel that they are not fair in providing our needs. Do you think they deserved of our care? Let me ask you. What will you do to be loved by your parents?

Student 1: I will not do things against there will.

Student 2: I will do things good to make them get impress of me.

Teacher: But, actually the truth is you shouldn't have to do things to make them impress because your parents love you so much all the times. Ok. I have a story class. I guess some of you heard the story about the prodigal son.

"The story is all about the younger son of the King who told his father to get the share of his inherited fortune because he get bored in their kingdom and go into the far away land and lived an extravagant life (drinking, gambling, etc.) until to a point that he has spent all of his money and then started to face the hardships in life, like working all day long and eat like a beggar. One day he come realized to go back to their kingdom, when his father saw him in his condition he told his servants to get a nice dress to his son and they will celebrate for that his son has come back. The prodigal son told his father to be not treated that way for that he disobeyed him and to repay for that he said to his father to treat him as one of his servants, but his father accept him and treat him as the same way before."

Teacher: Talking about the story. Which part of the story that you can relate yourself? Have you disobeyed your parents also? [Students: Yes.] How many times? [Students: Many times.] But despite what we did they still love us right? Ok. What is the moral lesson of the story?

Student 1: Whatever you do your parents still loves you.

Teacher: Alright. Reflection. Looking at your life like a prodigal son, are you also disobeying your parents or having any conflicts or bad relationship with them? Who do you think is at fault is it your parents? Are they being unfair by having favorite son or daughter? Don't you know that we don't have any shelter to run in times of trouble except our parents? So we have to value their love by respecting, loving and caring them.

Teacher: Kindly blindfold yourself class. Ok. I want you to think about nothing at this

time except your parents. What do you feel now? Can you imagine how your parents work to give your needs? How many times did you disobey them but still they forgive you? Are you showing your love to them? Are you worthy of their love? What will you do to repay their love for you?
Students: (Some students start to cry because they might feel the love of their parents.)
Teachers: (Sings a song as background music about love of parents for their children. The song is famous in the Philippines, expressing mutual love among close human relations, like families and friends).

In another school lesson, a university student teacher had his class performing an exercise of drawing pictures. In the pictures, some styles of human relations were drawn to let students consider what kinds of relations they had in their daily lives. The student teacher explained that the purpose of showing them that type of drawing was to make them aware of the real problems of the Philippines such as social (prostitution and poverty), environmental, and political (corruption) problems. By installing these into the students' minds early, he reckoned, it would provide them a sense of responsibility to someday become good Filipino citizens and good leaders for the better future of the nation. This class seemed to have similar effects to those observed in the class above at the point of calling to the students' minds the realization of how much their parents loved them.

University student teachers were composed of Muslims and Christians, but they had the same critical minds, or a consciousness that a better realization of [one] selves and [one's] human relations, and better consideration for the environment, would lead their students to a deeper understanding of social structures and their problems.

参考文献

邦語文献

青山和佳『貧困の民族誌——フィリピン・ダバオ市のサマの生活』東京大学出版会，2006年。

阿久澤麻理子『人はなぜ「権利」を学ぶのか——フィリピンの人権教育——』解放出版社，2002年。

阿久澤麻理子『フィリピンの人権教育——ポスト冷戦期における国家・市民社会・国際人権レジームの役割と関係性の変化を軸として——』解放出版社，2006年。

アマド・レゲロ（北沢正雄訳）『フィリピン社会と革命』亜紀書房，1997年。

アマルティア・セン『人間の安全保障』東郷えりか訳，集英社新書，2006年。

アマルティア・セン『不平等の再検討——潜在能力と自由』池本幸生・野上裕生・佐藤仁訳，岩波書店，1999年。

綾部恒雄『東南アジアの論理と心性』第一書房，1992年。

アンソニー・ギデンズ『国民国家と暴力』松尾精文・小幡正敏訳，而立書房，1999年。

池田裕『旧約聖書の世界』三省堂，1992年。

石田憲一「フィリピンにおけるバランガイ・ハイスクールの成立過程に関する考察」日本比較教育学会編『比較教育学研究』第21号，1995年，49-59頁。

市川誠「フィリピンの公立学校における宗教教育——過去の論争と近年の動向——」江原武一研究代表『公教育の宗教的寛容性および共通シラバスに関する国際比較研究（課題番号11610262）』平成11年度～平成12年度科学研究費補助金（基盤研究（C）(1)）研究成果報告書，2001年，129-132頁。

伊藤潔『台湾』中公新書，1990年。

市川誠『フィリピンの公教育と宗教——成立と展開過程——』東信堂，1999年。

岩間浩『ユネスコ創設の源流を訪ねて——新教育連盟と神智学協会——』学苑社，2008年。

生方秀紀／神田房行／大森享編『ESD（持続可能な開発のための教育）をつくる——地域でひらく未来への教育——』ミネルヴァ書房，2010年。

浦野起央『冷戦・国際連合・市民社会——国連60年の成果と展望——』三和書籍，2005年。

ウルデマール・キッペス『ほんものの自分にチャレンジ——価値観の明確化——』サンパウロ，2001年。

S. B. メリアム／E. L. シンプソン『調査研究法ガイドブック——教育における調査のデザインと実施・報告——』堀薫夫監訳，ミネルヴァ書房，2010年。

エドガー・フォールユネスコ教育開発国際委員会『未来の学習』代表　平塚益徳訳，第一

法規出版,1975年。
江原武一編『世界の公教育と宗教』東信堂,2003年。
OECD編『OECD幸福度白書——より良い暮らし指標:生活向上と社会進歩の国際比較——』德永優子,来田誠一郎,西村美由起,矢倉美登里訳,明石書店,2012年。
大内裕和編『日本の教育と社会5 愛国心と教育』広田照幸監修,日本図書センター,2007年。
大野由加里「フィリピンにおけるイスラーム教育政策の変容」第43回日本比較教育学会発表資料,2007年6月。
大森照夫・佐島群巳・次山信男・藤岡信勝・谷川彰英編『新訂 社会科教育指導用語辞典』教育出版,1986年。
小川佳万・服部美奈編『アジアの教員——変貌する役割と専門職への挑戦——』ジアース教育新社,2012年。
織田由紀子「フィリピンの公教育におけるジェンダーと女性政策」『国際教育協力論集』第3巻 第2号,広島大学教育開発国際協力研究センター,2000年,1157-1171頁。
小野由美子・淵上克義・浜田博文・曽余田浩史『学校経営研究における臨床的アプローチの構築——研究——実践の新たな関係性を求めて——』北大路書房,2004年。
小原國芳『全人教育論』玉川大学出版部,1994年。
オッリペッカ・ヘイノネン/佐藤学『オッリペッカ・ヘイノネン——「学力世界一」がもたらすもの(NHK「未来への提言」)』日本放送出版協会,2007年。
勝俣誠編『グローバル化と人間の安全保障——行動する市民社会——』日本経済評論社,2001年。
上園恒太郎『連想法による道徳授業評価——教育臨床の技法』教育出版,2011年。
ガルトゥング,ヨハン/藤田明史編『ガルトゥング平和学入門』法律文化社,2003年。
北山夕華「シティズンシップ教育における包摂的ナショナル・アイデンティティの検討」日本国際理解教育学会編『国際理解教育』No.17,2011年6月,明石書店,87-95頁。
小島勝「2章 海外・帰国子女教育の展開」江淵一公編『異文化間教育研究入門』玉川大学出版部,1997年,41-66頁。
駒込武『植民地帝国日本の文化統合』岩波書店,1996年。
佐藤郡衛『国際理解教育——多文化共生社会の学校づくり——』明石書店,2001年。
佐藤博志編『オーストラリア教育改革に学ぶ——学校変革プランの方法と実際——』学文社,2007年。
佐藤博志編『オーストラリアの教育改革——21世紀型教育立国への挑戦——』学文社,2011年。
清水展『文化の中の政治:フィリピン「二月革命」の物語』弘文堂,1991年。
清水展「植民地支配を越えて——未来への投企としてのフィリピノ・ナショナリズム——」西川長夫・山口幸二・渡辺公三編『アジアの多文化社会と国民国家』人文書院,1998年。
清水展「未来へ回帰する国家——フィリピン文化の語り方・描き方をめぐって——」立命館言語文化研究所『立命館言語文化研究』第9巻,第3号,1998年,169-200頁。
渋谷英章「フィリピンにおける中等教育の多様化・個性化」望田研吾研究代表『中等学校

の多様化・個性化政策に関する国際比較研究』平成13-15年度科学研究費補助金（基盤研究A（1））研究成果報告書，2004年，297-313頁。

渋谷英章「フィリピンの『価値教育』における学校と地域社会」金子忠史 研究代表『学校と地域社会に関する国際社会比較研究：特別研究「学校と地域社会との連携に関する国際比較研究」・中間資料集①』1996年，46-51頁。

ジャック・ドロール『学習：秘められた宝』ユネスコ「21世紀教育国際委員会」報告書，天城勲監訳，ぎょうせい，1997年。

J. ウィルソン監修『世界の道徳教育』押谷由夫・伴恒信編訳，玉川大学出版部，2002年。

J. ライマー，D. P. パオリット，R. H. ハーシュ『道徳性を発達させる授業のコツ：ピアジェとコールバーグの到達点』荒木紀幸訳，北大路書房，2004年。

J. デューイ『民主主義と教育』金丸弘幸訳，玉川大学出版部，1984年。

白川俊介「リベラル・ナショナリズム論の国際秩序構想——序論的考察——」『政治研究』No.56，九州大学法学部政治研究室，89-108頁。

上智大学アジア文化研究所編『入門東南アジア研究』めこん，1999年。

ジョン・P. ミラー『ホリスティック教育——いのちのつながりを求めて』吉田敦彦・中川吉晴・手塚郁恵訳，春秋社，1994年。

鈴木静夫『物語 フィリピンの歴史——「盗まれた楽園」と抵抗の500年——』中公新書，1997年。

関根正雄訳『旧約聖書 出エジプト記』岩波書店，1969年。

竹熊尚夫『マレーシアの民族教育制度研究』九州大学出版会，1998年。

高橋哲哉・山影進編『人間の安全保障』東京大学出版会，2008年。

多田孝志『対話力を育てる——「共創型対話」が拓く地球時代のコミュニケーション——』教育出版，2006年。

多田孝志，石田好広，手島利夫『未来をつくる教育ESDのすすめ——持続可能な未来を構築するために』日本標準，2008年。

田中圭治郎『多文化教育の世界的潮流』ナカニシヤ出版，1996年。

高柳彰夫／ロニー・アレキサンダー編『私たちの平和をつくる——環境・開発・人権・ジェンダー——』法律文化社，2004年。

竹内裕一「3. マニラでの教育実践と子どもたち」，坂井俊樹編著『国際理解と教育実践——アジア・内なる国際化・教室——』エムティ出版，1992年。

D. P. バロウズ『フィリピン史』法貴三郎訳，生活社，1941年。

千葉たか子編『途上国の教員教育——国際協力の現場からの報告——』国際協力出版会，2003年。

筒井俊彦訳『コーラン（上）（中）（下）』岩波文庫，第61刷，2008年。

鶴見和子『内発的発展論の展開』筑摩書房，1996年。

鶴見和子・川田侃編『内発的発展論』東京大学出版会，1989年。

鶴見和子・川勝平太『『内発的発展』とは何か——新しい学問に向けて——』藤原書店，2008年。

東京大学社会科学研究所編『20世紀システム4 開発主義』東京大学出版会，1998年。

永井滋郎「東南アジア地域における国際理解教育の現況——韓国・タイ・フィリピンの場

合――」『広島大学教育学部紀要』第2部，広島大学教育学部，1979年.
中川剛『不思議のフィリピン：非近代社会の心理と行動』日本放送出版協会，1986年.
中里彰「フィリピンにおける米国植民地支配（1898-1946）が望んだフィリピン人像」『九州国際大学論集　教養研究 1-1』九州国際大学，1989年.
中里彰「第10章　フィリピン――植民地的状況からの脱却をめざして」馬越徹編『現代アジアの教育――その伝統と革新』東信堂，1989年.
中里彰「アメリカ統治下のフィリピンにおける教師養成制度に関する一考察」『九州大学教育学部研究紀要』第25集，1979年，193-204頁.
中里彰「第6章　フィリピン」研究者代表望田研吾『アジア諸国における教育の国際化に関する総合的比較研究』平成10-12年科学研究費補助金（基盤研究（B）（2））研究成果報告書，2000年3月，115-124頁.
中西徹『スラムの経済学』東京大学出版会，1991年.
中西徹『アジアの大都市：マニラ』（小玉徹・新津晃一共編）日本評論社，2001年.
長濱博文「フィリピンにおける価値の明確化理論の可能性――米国発教育理論の変容――」望田研吾編『21世紀の教育改革と教育交流』東信堂，2010年，153-168頁.
長濱博文「フィリピンにおける教育計画」杉本均・山内乾史編『現代アジアの教育計画（下）』学文社，2006年，185-204頁.
長濱博文「フィリピン統合科目における価値教育理念の検証――異教徒間の国民的アイデンティティ形成に着目して――」日本比較教育学会編『比較教育学研究』第33号，2006年，116-136頁.
長濱博文「異教徒間対話における「地域性」の役割～フィリピンにおける中央・地方都市間の子ども意識の比較分析～」『若手研究者研究活動助成報告書 平成17年度』Vol.14，福岡アジア都市研究所，2006年，60-71頁.
長濱博文「フィリピン中等教育におけるマカバヤン導入の意義～価値教育の展開を中心に～」『飛梅論集』第4号，九州大学大学院人間環境学府 発達・社会システム専攻教育学コース，2004年，127-149頁.
長濱博文「フィリピン価値教育における愛国心教育の役割――中等学校の新統合科目マカバヤンの分析を中心に――」『道徳と教育』第318・319合併号，日本道徳教育学会，2004年，93-107頁.
長濱博文「フィリピン価値教育における全体・統合アプローチの分析」『国際教育文化研究』Vol.4，九州大学大学院人間環境学研究院国際教育文化研究会，2004年，119-130頁.
長濱博文「フィリピンにおける革命の歴史と価値教育の理念」『福岡発・アジア太平洋研究報告』Vol.12，福岡アジア都市研究所，2004年，54-67頁.
長濱博文「フィリピン価値教育の潮流」『国際教育文化研究』Vol.3，九州大学大学院人間環境学研究院国際教育文化研究会，2003年，65-76頁.
並木浩一・荒井幸三編『旧約聖書を学ぶ人のために』世界思想社，2012年.
西野節男・服部美奈編『変貌するインドネシア・イスラーム教育』東洋大学アジア文化研究所・アジア地域研究センター，2007年.
西野節男編『東南アジア・マレー世界のイスラーム教育――マレーシアとインドネシアの

比較——』東洋大学アジア文化研究所・アジア地域研究センター，2010 年。
西川潤「内発的発展の理論と政策——中国内陸部への適用を考える——」『早稲田政治經濟學誌』No.354，早稻田大學政治經濟學會，2004 年，36-43 頁。
西川潤『人間のための経済学』岩波書店，2000 年。
西野節男・服部美奈編『変貌するインドネシア・イスラーム教育』東洋大学アジア文化研究所・アジア地域研究センター，2007 年。
西野節男編『東南アジア・マレー世界のイスラーム教育——マレーシアとインドネシアの比較——』東洋大学アジア文化研究所・アジア地域研究センター，2010 年。
日本ホリスティック教育協会・中川吉晴・金田卓也編『ホリスティック教育ガイドブック』せせらぎ出版，2003 年。
野口純子「フィリピンの初等教育」代表者廣里恭史『発展途上国における教育開発過程の構造と特質に関する研究——アジア・モデルの模索と将来展望』平成 8・9 年度科学研究費補助金（萌芽的研究）研究実績報告書，1998 年，115-129 頁。
ノルミタ・A. ヴィラ「リサールの伝説——フィリピンにおけるキリスト教徒とイスラム教徒の対話教育プログラムの土台——」庭野平和財団『平成 11 年度研究・活動助成報告集』佼成出版社，1999 年，93-98 頁。
萩原宣之・高橋彰編『東南アジアの価値体系　4』現代アジア出版会，1972 年。
畑中敏伸「フィリピン/理数科の現職教育を考える」千葉たか子編『途上国の教員教育——国際協力の現場からの報告——』国際協力出版会，2003 年，65-85 頁。
パウロ・フレイレ『新訳 被抑圧者の教育学』三砂ちづる訳，亜紀書房，2011 年。
パウロ・フレイレ『自由のための文化運動』柿沼秀雄訳，亜紀書房，1982 年。
パウロ・フレイレ『被抑圧者の教育学』小沢有作・楠原彰・柿沼秀雄・伊藤周訳，亜紀書房 1979 年。
初瀬龍平『国際政治学——理論の射程』同文舘出版，1993 年。
バーナード・クリック『シティズンシップ教育論——政治哲学と市民』関口正司監訳，法政大学出版局，2011 年。
平久江祐司「フィリピンの国民統合に果たす教育の役割——中等学校における『価値教育』を事例として——」筑波大学大学院教科教育専攻社会科コース修士論文，1992 年。
平久江祐司「フィリピンの価値形成のための教育——中等学校における「価値教育」を事例として——」『筑波社会科研究』第 14 号，筑波大学社会科教育学会，1995 年，35-45 頁。
平田利文『市民性教育の研究——日本とタイの比較——』東信堂，2007 年。
藤永保識他編『心理学事典』平凡社，2004 年。
ベネディクト・アンダーソン『比較の亡霊——ナショナリズム・東南アジア・世界』糟谷啓介・高地薫他訳，作品社，2006 年。
ベネディクト・アンダーソン『増補 想像の共同体』白石さや・白石隆訳，NTT 出版，1997 年。
ホセ・リサール『見果てぬ祖国』村上政彦翻案，潮出版社，2003 年。
ホセ・リサール『ノリ・メ・タンヘレ——わが祖国に捧げる』岩崎玄訳，井村文化事業社，

1976年。
ホセ・リサール『反逆・暴力・革命──エル・フィリブステリスモ』岩崎玄訳，井村文化事業社，1976年。
マーク・ブレイ／ボブ・アダムソン／マーク・メイソン編『比較教育研究──何をどう比較するか──』杉村美紀／大和洋子／前田美子／阿古智子訳，上智大学出版，2011年。
増渕幸男『教育的価値論の研究』玉川大学出版部，1994年。
牧口常三郎『価値論』第三文明社，1994年。
牧口常三郎『創価教育学体系Ⅰ-Ⅳ』聖教新聞社，1993年。
溝上泰「ユネスコの価値教育の展開」『国際理解教育』Vol.3，国際理解教育学会編，1997年，22-33頁。
嶺井明子（研究代表者）『価値多元化社会におけるシチズンシップ教育の構築に関する国際的比較研究』平成17-19年度科学研究費補助金（基盤研究（B））研究成果報告書，2008年3月。
嶺井明子編『世界のシチズンシップ教育：グローバル時代の国民／市民形成』2007年。
宮本勝「ルソン島に渡ったムスリム──フィリピン」片倉ともこ編『講座イスラーム世界1 イスラーム教徒の社会と生活』栄光教育文化研究所，1994年，117-152頁。
メアリー・ラセリス・ホルンスタイナー編『フィリピンのこころ』山本まつよ訳，1977年。
望田研吾『現代イギリスの中等教育改革の研究』九州大学出版会，1996年。
望田研吾編『21世紀の教育改革と教育交流』東信堂，2010年。
持地六三郎『台湾殖民政策』冨山房，1933年。
モラシル・ガドッチ『パウロ・フレイレを読む』里見実，野元弘幸訳，亜紀書房，1993年。
諸富祥彦『道徳授業の革新──「価値の明確化」で生きる力を育てる（新しい道徳授業づくりへの提唱）』明治図書，1997年。
柳原由美子「フィリピン理数科教員の意識分析」『敬愛大学国際研究』第19号，2007年，119-147頁。
山本信人・高埜健・金子芳樹・中野亜里・板谷大世『東南アジア政治学』成文堂，1997年。
ユネスコ（UNESCO，国連教育科学文化機関）『持続可能な未来のための学習』阿部治，鳥飼玖美子，野田研一翻訳，立教大学出版会，2005年。
吉田敦彦『ホリスティック教育論──日本の動向と思想の地平──』日本評論社，1999年。
吉田文彦『「人間の安全保障」戦略──平和と開発のパラダイムシフトをめざして──』岩波書店，2004年。
ルイス・タルク『フィリピン民族解放闘争史』安岡正美訳，三一書房，1953年。
L. E. ラス／S. B. サイモン／M. ハーミン『道徳教育の革新──教師のための「価値の明確化」の理論と実践』福田弘・遠藤昭彦・諸富祥彦訳，ぎょうせい，1992年。
レイナルド・C. イレート／ビセンテ・L. ラファエル／フロロ・C. キプフィン『フィリピ

ン歴史研究と植民地言説』永野善子編・訳，めこん，2004年。
ロベール・ドテラン『これからの小学校カリキュラム――その国際的視野からの考察――』日本ユネスコ国内委員会，1966年。
若原幸範「内発的発展論の現実化に向けて」『社会教育研究』，北海道大学大学院教育学研究院社会教育研究室，2007年，39-49頁。

外国語文献

Aberin, Emiliano, A., "Cultural, Traditional and Education in the Era of Globalization," a paper presented to the World Forum on Comparative Education, Beijing Normal University, Beijing, China, October 14-16, 2002.

Almonte, Sherlyne A., "National Identity in Elementary Moral Education Textbooks in the Philippines: A Content Analysis," 日本比較教育学会編『比較教育学研究』第29号，東信堂，2003年，186-204頁。

Amparo S. Lardizabal, "Pioneer American Teachers and Philippine Education," Ph.D. dissertation, Stanford University, 1956.

Andres, Tomas D., *Positive Filipino Values*, Quezon City: New Day Publishers, 1989.

Ballat, Cynthia S., "Filipino Children's Concept of Nationalism," Master Thesis of Miriam College, Quezon City, March 2004.

Barclay, Paul David, *Japanese and American Colonial Projects: Anthropological Typification in Taiwan and the Philippines*, Doctoral Dissertation of University of Minnesota, UMI Dissertation Services, May 1999.

Bauzon, Prisciliano T., *Essentials of Values Education*, second edition, Manila: National Book Store, 2002.

Bond, Christopher S. & Simons, Lewis M., *The Next Front: Southeast Asia and the Road to Global Peace with Islam*, New Jersey & Canada: John Wiley & Son, Inc., 2009.

Constantino, Renato, *A History of the Philippines: From the Spanish Colonization to the Second World War*, New York: Monthly Review Press, 1985.

Constantino, Renato, *Neocolonial Identity and Counter-Consciousness: Essays on Cultural Decolonization*, London: Merlin Press, 1978.

Constantino, Renato, *The Making of A Filipino: A Story of Philippine Colonial Politics*, Quezon City: Malaya Books, 1969.

Constantino, Renato, "The Miseducation of the Philippines: The Filipinos in the Philippines," *Philippine Social Science and Humanities Review* 23 (June-December 1958), pp.39-65.

Cortes, Josefina R., "The Philippines," Postlethwaite, T. Neville, & Thomas, R. Murray, *Schooling in the ASEAN Region*, Oxford, New York, Toronto, Sydney, Paris, Frankfurt: Pergamon Press, 1980, pp.145-179.

Custodio, Lourdes J., Formulating A Framework for an Education in and for Values: A Concern of Philosophers of Education, Philosophy of Education of the Philippines, Education In and For Values in the Philippine Setting, Manila: University of Santo Thomas Press, 1983.

Delors, Jacques, *Learning: The Treasure Within*, Report to UNESCO of the International Commission on Education for the Twenty-first Century, Paris: UNESCO Publishing, 1996.
Doronila, Maria Luisa Canieso, *Landscapes of Literacy: An Ethnographic Study of Functional Literacy in Marginal Philippine Communities*, Hamburg: UNESCO Institute for Education, 1996.
Doronila, Maria Luisa Canieso, *The limits of educational change: national identity formation in a Philippine public elementary school*, Quezon City, Philippines : University of the Philippines Press, 1989.
Elevazo, Aurelio O., and Elevazo, Rosita A., *Philosophy of Philippine Education*, Manila: National Book Store, 1995.
Eliseo R. and Floirendo, Margie Moran, *Mindanao on the Mend*, Anvil Publishing, Inc., 2003.
Encarnacion Alzona, *A History of Education in the Philippines: 1565–1930*, Manila: University of the Philippines Press, 1932.
Enriquez Virgilio G., *Indigenous Psychology and National Consciousness*, Study of Languages and Culture of Asia & Africa Monograph Series No.23, Institute for the Languages and Cultures of Asia and Africa, 1989.
Esteban, Esther J., *Education in Values: What, Why & For Whom*, Manila: Sinag-Tala Publishers, Inc., 1989.
Fred W. Atkinson, "The Present Educational Movement in the Philippine Islands," *Report of the Commissioner of Education for the Year, 1900–1901*, Vol.2, Washington: Government Printing Office, 1902.
Faure, Edgar, *Learning to Be: The World of Education Today and Tomorrow*, Paris: UNESCO Publishing, 1972.
Gavino, Renato L., *Teacher's Guide for Promotion*, National Book Store, 2010.
Gleeck, Lewis E., *American Institutions in the Philippines (1898-1941)*, Quezon City: R. P.Garica Publishing Company, 1976.
Gregorio F. Zaide, *Philippine Political and Cultural History, Vo.2, The Philippines since the British Invasion*, Re.ed., Manila: Philippine Education Company, 1957.
Gowing, Peter Gordon, *Muslim Filipinos-Heritage and Horizon*, Quezon City: New Day Publishers, 1979.
Jocano, F. Landa., *Filipino World View*, Queszon City: PUNLAD Research House, Inc., 2001.
Jocano, F. Landa, *Filipino Social Organization*, Queszon City: PUNLAD Research House, Inc., 1998.
Jocano, F. Landa, *Filipino Value System*, Queszon City: PUNLAD Research House, Inc., 1997.
Hurights Osaka, *Human Rights Education in Asian Schools*, Vol.7, Hurights Osaka, 2004.
Madale, Nagasura T., *Essay on Peace and Development in Southern Philippines*, Capital Institute for Research and Extension, Monograph No.2, Cagayan Capital College, 1999.
Marshall, T.H., Bottomore, Tom, *Citizenship and Social Class*, London: Pluto Press, 1992.
May, Glenn Anthony, *Social Engineering in the Philippines: The Aims, Execution, and Impact of*

参考文献

American Colonial Policy, 1900-1913, Praeger Pubublishers, 1980.
McKenna, Thomas M., *Muslim Rulers and Rebels: Everyday Politics and Armed Separatism in the Southern Philippines*, Berkeley and Los Angeles: University of California Press, 1998.
Mercado, Eliseo R. and Floirendo, Margie Moran, *Mindanao on the Mend*, Anvil Publishing, Inc., 2003.
Mercelo, Editha Marquez, "Parent and Social Variables and Social Studies Textbook Content: Their Relationship to Student's Nationalism Score," Unpublished Dissertation, Quezon City: University of the Philippines, 1984.
Milligan, Jeffery A., *Islamic Identity, Postcolonilality, and Educational Policy: Schooling and Ethno-Religious Conflict in the Southern Philippines*, Palgrave Macmillan, 2005.
Pecson, Geronima T., and Maria Racelis, eds., *Tales of the American Teachers in the Philippines*, Manila: Carmelo & Bauermann, 1959.
Quisumbing, Lourdes R. and Manila, Felice P. Sta., *Values Education through History: Peace and Tolerance*, Manila: UNESCO National Commission of the Philippines, 1996.
Ramirez, Mina M., *The Filipino: World view and Values*, Occasional Monograph 4, Manila: Asian Social Institute, 1993.
Ramirez, Mina M., *Communication from the ground up*, Manila: Asian Social Institute, 1990.
Ramirez, Mina M., *Movement Towards Moral Recovery: Value-Clarification for Social Transformation: A Trainer's Manual*, Manila: Asian Social Institute Printing Press, 1990.
Ramos, Teresita V., *Tagalog Dictionary*, The University Press of Hawaii, Honolulu, Second Edition, 1974.
Sison, Carmelo V., *The 1987, 1973, and 1935 Philippine Constitutions: A Comparative Table*, University of the Philippines Law Center, 1999.
The Asia Foundation, *Islamic Model for Peace Education*, Mandaluyong City: Philippines, 2008.
Toh, See-hin, and Floresca-Cawagas, Virginia, "Globalization and the Philippines' Education System," In Mok, Ka-ho and Welch, Anthony (Eds.), *Globalization and Educational Restructuring in the Asia Pacific Region*, NY: Palgrave Macmillan, 2003, pp.217-225.
Tulio, Doris D., *Foundation of Education Book One*, Manila: National Book Store, 2000.
Tsurumi, E. Patricia, *Japanese Colonial Education in Taiwan, 1895-1945*, Cambridge: Harvard University Press, 1977.
UNESCO-APNIEVE, Quisumbing, Lourdes R. and Leo, Joy de. ed., *Learning To Do: Values for Learning and Working Together in a Globalized World; An Integrated Approach to Incorporating Values Education in Technical and Vocational Education and Training*, UNESCO-UNEVOC, 2005.
UNESCO-APNIEVE, *Learning To Live Together in Peace and Harmony: Values Education for Peace, and Human Rights, Democracy and Sustainable Development for the Asia-Pacific Region,* Bangkok: UNESCO PROAP, 1998.
UNESCO-APNIEVE, *Learning To Be: A Holistic and Integrated Approach to Values Education for Human Development*, UNESCO Bangkok, 1997.

UNESCO-National Commission of the Philippines Education Committee Project, *Values Education for the Filipinos*, Revised Version of the DECS Values Education Program, 1997.

HP

http://www.afpbb.com/ （AFPBB News HP）
http://www.australia.com.ph/ （Australia Embassy The Philippines）
http://202.57.63.198/chedwww/index.php/eng/Information/Statistics （Commission on Higher Education HP）
http://ja.wikipedia.org/wiki/ （フィリピンの州と地方：Wikipedia）
http://www.deped.gov.ph/ （フィリピン教育省〔DepED〕HP）
http://www.gov.ph （フィリピン政府 HP）
http://www.happyplanetindex.org/ （Happy Planet Index HP）
http://hdr.undp.org/en/ （UNDP Human Development Report）
http://www.hurights.or.jp/pub/hreas/7/03Philippine.htm （Hurights Osaka HP）
http://www.mb.com.ph/ （Manila Bulletin /Latest Breaking News Philippines HP）
http://www.mofa.go.jp/mofaj/area/philippines/data.html （外務省 HP）
http://narickworld.hp.infoseek.co.jp/holisticeducation.htm （成田喜一郎「ホリスティック教育カリキュラムの理論」）
http://www.nscb.gov.ph/panguna.asp （The National Statistical Coordination Board）
http://www.t-macs.com/kiso/local/index.htm （Inside News of the Philippines）
http://valueseducation.net/aprrchs_dgrm.htm （"Values are caught & taught" by Marte, Nonita C. and Marte, Benjamin Isaac G.）

教科書

Bilog Erinda A., Rojas Felicita T., Pellosis Alicia C., Nava Rebecca A., *Values Education*, SEDP Series, Quezon City: V.P. H Books, Inc., 1991.

Suratos Grace D., *Values Education: Edukasyon sa Pagpapahalaga*, Manila: Saint Bernadette Publications, Inc., 1997.

Belmonte Luisa A., *Faith, Life and Values: Reading Series*, Manila: Salesiana Publishers, Inc., 1992.

Bon Milagros E., *Sample Lesson Plans in EPP: Mga Banghay Aralin sa: Makabayan Edukasyong Pantahanan at Pangkabuhayan*, Manila: Teacher's Relief, 2002.

Bon Milagros E., *Sample Summative Tests in Makabayan,* Manila: Teacher's Relief, 2002.

政府・統計資料

Asian Development Bank and World Bank, *Philippine Education for the 21st Century: The 1998 Philippine Education Sector Study*, Asian Development Bank, 1999.

Basic Education Statistics, (Basic Education Information System-School Statistics Module (BEIS-SSM)), Department of Education official website, www.deped.com

参考文献

Department of Education, *Discussion Paper on the Enhanced K+12 Basic Education Program: DepEd discussion paper,* 2010.
Departmento ng Edukasyon Kawanihan ng Edukasyong Sekondari, *Patnubay sa Operasyonalisasyon ng Makabayan: 2002 Kurikulum sa Batayang Edukasyon sa Level Sekondari,* Departmento ng Edukasyon, 2002.
Department of Education, *The 2002 Basic Education Curriculum,* 7th Draft, April 15, 2002.
Department of Education, Science and Training, Australian Government, *National Framework For Values Education in Australian School,* Commonwealth of Australia 2005.
Department of Education & Training, Melbourne, *Discovering Democracy in Action: Implementing the Program,* Student Learning Division, Office of Learning and Teaching, Department of Education, Science and Training, Melbourne, Victoria 2004.
National Statistical Coordination Board (NSCB), *2004 Philippine Statistical Year Book,* Makati City: Philippines, October 1999–2004, Manila: Philippines, 2004.
NGO・外務省『平成17年度NGO・外務省合同評価 フィリピン教育分野評価報告書』，2006年。
The Southeast Asian Ministers of Education Organization Regional Center for Educational Innovation and Technology, *K To 12 Toolkit,* 2012.
国際協力事業団『国別援助研究会報告書フィリピン（第3次）』国際協力事業団，1999年。
文部省大臣官房調査統計課編『フィリピンの教育』教育調査第115集，文部省大臣官房調査統計課，1985年。

あ と が き

　本書は，「フィリピンの統合科目における価値教育に関する研究」という題で，2010年2月に九州大学大学院人間環境学府博士後期課程発達・社会システム専攻に提出し，同年7月に博士（教育学）の学位を交付された博士論文に加筆，修正を加えたものである。また，本書の各章は，以下に示す既刊の論文をもとに作成している。

　序　章　書き下ろし
　第1章　「フィリピンと台湾における植民地教育政策の比較研究，1900-1945〜植民地教育の特質と類似点・相違点を中心に〜」『平成15年度九州教育学会紀要』第30巻，2003年7月，243-250頁。
　　　　　「フィリピン中等教育におけるマカバヤン導入の意義――価値教育の展開を中心に――」『飛梅論集：九州大学大学院教育学コース院生論文集』第4号，九州大学大学院人間環境学府発達・社会システム専攻教育学コース，2004年3月，127-149頁。

　第2章　「フィリピン価値教育における愛国心教育の役割――中等学校の新統合科目マカバヤンの分析を中心に――」『道徳と教育』第318・319合併号，日本道徳教育学会，2004年4月，93-107頁。
　第3章　「フィリピン価値教育における全体・統合アプローチの分析」『国際教育文化研究』Vo.4，九州大学大学院人間環境学研究院国際教育文化研究会，2004年6月，119-130頁。
　　　　　「フィリピンにおける価値の明確化理論の可能性――米国発教育理論の変容――」望田研吾編『21世紀の教育改革と教育交流』東信堂，2010年7月，153-168頁。
　第4章　「フィリピンにおける教育計画」杉本均・山内乾史編『現代アジアの教育計画（下）』学文社，2006年5月，185-204頁。

第5章 「フィリピン統合科目における価値教育理念の検証——異教徒間の国民的アイデンティティ形成に着目して——」『比較教育学研究』第33号，2006年6月，東信堂，116-136頁。

第6章 「フィリピンの教員——基礎教育の確立と教員の地位向上の両立を目指して——」小川佳万・服部美奈編『アジアの教員養成』学文社，2012年4月，149-172頁。

「グローバル化する社会に求められる価値理念の構図——国民性・市民性に関するフィリピン・オーストラリアとの比較考察——」『グローバル教育』Vo.14，日本グローバル教育学会，2012年3月，50-66頁。

終 章 書き下ろし

本論で記述したように，1986年のピープルパワー革命（EDSA I）の後，新たな国民育成のために価値教育を開始したフィリピンにおいて，特に9.11の同時多発テロ以降の宗教間の対立に対して，価値教育がいかなる影響を与えたかを分析することを課題としてきた。また，特に価値教育が推進してきた全人・統合アプローチ（holistic-integrated approach）による価値教授が，フィリピン国内でどのように展開されてきたかに着目し，現地での授業観察を含む調査研究を行った。2012年からの教育改革により，フィリピンの価値教育に求められる役割も多様化するであろうが，その重要性は変わらない。グローバル化に伴う社会変容が急速に進み，国際関係が流動化している現在，自ら考え，自らで生きる指針を獲得するための教育は不可欠であると考えられる。

本研究は，多くの方々の協力があって継続することができた。本研究の主題であるフィリピンの価値教育に関する研究は，九州大学大学院博士課程においてご指導くださった，望田研吾先生からご推薦いただいたテーマである。修士課程での米国によるフィリピンの植民地教育政策の結果，現在のフィリピンがどのように自国の教育を発展させようとしているのかについて研究することは意義あることではないかとご指摘くださるとともに，博士論文の作成過程においても様々にご指導いただいた。日本比較教育学会会長，アジア比較教育学会会長など要職を歴任されるご多忙の折にも，先生からのご助言，励ましがなかったなら博士論文はもちろん，本書の執筆などとても不可能であった。先生からのご厚情には感謝の言葉が見つからない。

また，価値教育研究は九州大学名誉教授の権藤興志夫先生が開拓された研究分野である。学会などの様々な会合でお声かけいただいた。少しでも自身の研究が深まることで権藤先生にお応えできればと願うものである。

　博士論文の副指導教員であった竹熊尚夫先生からは，同じ東南アジア研究者の観点から，多くのご助言をいただいた。また，初校にも目を通してくださり，論文としての体裁を整えてくださった。竹熊先生，竹熊真波先生との科研のメンバーにも加えて下さり，調査研究の機会も与えてくださった。

　同じく，副指導教員になってくださった稲葉継雄先生からは，論文のご指導だけでなく，闊達なご気性で滞りがちな研究を励ましてくださった。また，他にもユネスコでのご経験からご指導いただいた，現在日本学術振興会バンコク研究連絡センター長の山下邦明先生，同じく国連でのご経験からご指導いただいた，現在母校の上智大学に移られた小松太郎先生，そして，現在京都大学東南アジア研究センター長になられた清水展先生には，失礼ながら何度か文化人類学のゼミに参加させていただいた。九州大学留学生センターの白土悟先生からも折に触れ多くのご指導を頂いた。また，現在九州国際大学の中里彰先生からは，同じフィリピン教育研究者として，研究方法などについて折に触れて多くのご激励をいただいた。先生の研究室でいただいたご指導は，大切な思い出である。諸先生方のご指導を十分に習得できていればと反省しきりである。また，九州大学大学院助手時代には，教育学部の先生方全員にお世話になった。そして，九州大学比較教育学研究室の諸先輩方，同輩，後輩の皆さんにも，院生時代の思い出を作ってくださったことに深く感謝を述べたい。皆の夜中まで続く食欲と熱唱に付き合っていたら，いつの間にか気分転換できていたように思う。

　また，フィリピンでも多くの先生方にお世話になった。フィリピン師範大学のRene Romero 教授，Jerick Ferrer 教授，Arthur Ablencia 准教授，Elvira A. Asuan 教授，Feliece Yeban 教授，ミンダナオ州立大学の Anisha Elin Guro 教授，ミンダナオ・キャピタル大学の Noemi Medina 教授，Nagasula Madale 教授，さらに多くのフィリピン教育省の先生方，現地調査に協力してくださった各学校の諸先生方，生徒の皆さん，本当に多くの方のご協力がなければ本書は生まれなかった。生徒の皆さんは立派に活躍されているだろうか。深く感謝を述べたい。また，サンディエゴ州立大学の指導教員であった Rizalino A. Oades 教授からは，フィリピン革命に関わる多様な歴史観についてご教授いただいた。

本書は九州大学出版会，特に編集の労をとってくださった永山俊二氏のご助力がなければ決してまとまるものではなかった。本研究を評価してくださった永山氏をはじめ，出版会の皆さまに深く感謝申し上げたい。

　本書の研究が生まれる背景には，フィリピンの苦難の歴史への同苦の念と家族の存在が大きい。母は寡黙な性格だったが，子どもから見ても思いやりの深い人だった。それゆえに，母の振舞いや数少ない会話の思い出は，今も鮮明に思い出す。小学校に入った年，隣町の秋祭りに母と2人で行く機会があった。始めたばかりの剣道の試合を見学することになっていたからである。鹿児島の片田舎だがその時は大変な人出だった。母にはぐれないようにただただ無心でついて行った。ところが，母が突然立ち止まり，私の方を向いてお金を渡した。「このお金を兵隊さんに渡しなさい。」横を向くとそこだけ空間ができて，3人の傷痍軍人の方が戦争当時の軍服姿で座っていた。まるでそこだけ時間が止まったかのように感じた。私は黙って片腕の方が首にかけた箱にお金を入れた。そして，母は何も言わずその方々を見つめ，また歩き出した。あれから時が経ち，剣道の試合に出るようになった頃にはその方々を目にすることもなくなった。私が当時の軍服を着た方々にお会いした最後の世代なのかもしれない。また，中学校の修学旅行で長崎に行った折，長崎の原爆資料館を訪問した。「これは本当の地獄なんじゃないのか！？」楽しみにして行った修学旅行の記憶はほとんど残らなかった。帰って資料館の事を母に話すと，母は熊本から見えた原爆の話をしてくれた。「今まで聞いたことがないような大きな音がしたら，長崎の方の空が真っ赤になったんだよ。そして，何日も空は真っ赤なままだったんだよ。」母親との思い出が今も私の平和教育の原点となっている。

　また，台湾の日本人学校で教員をしていた祖父と祖母を慕い，祖父は他界していたにもかかわらず，台湾の教え子だった方々が毎年のようにお土産を持って会いに来られた。台湾人のための公学校ではなく，日本人学校に入るためには非常に優秀な成績でないと入れなかった。明治生まれの非常に厳しい性格の祖母であったが，さらに高等女学校や高等師範学校，医科専門学校に入れるように，試験前は泊まり込みで面倒を見ていたと伺った。植民地教育への疑問もあったかもしれないが，それ以上に教え子の方々が祖父母の愛情を大切にしてくださったことは，教育の奥深さを考える契機となった。

あとがき

　長い闘病を経て母親が亡くなって後，叔母，祖母，そして父の病気，入院，逝去が間断なく続いた。一人ひとりが病気の際はただただ看護や介護，家業や自分自身のことで気持ちが張っているが，その家族が亡くなると突然，言葉では表現できない空虚感に襲われた。現在その気持ちを克服できたかと言えば必ずしもそう言えない自分がいる。しかし，教育者でもあった家族の人生は，他者の成長や喜びに自己の幸福を見出すことの素晴らしさを教えてくれた。当初は反発する気持ちもあったが，教育（共育と言い換えてもいいかもしれないが）を通して社会に貢献する目標を与えてくれた家族に今は深く感謝している。姉との二人家族になっても，今も心の中の家族全員と対話して生きている。

　戦争ほど悲惨なものはない。平和ほど尊いものはない。平和と教育の大切さを教えてくれた私の家族に本書を捧げるとともに，フィリピン，日本，アジア，そして世界の平和を願わずにはいられない。

　　平成 26 年 1 月 10 日　　　　　　　　　　　　　　　　　　長濱博文

索 引

ア行

愛国心　18, 19, 38, 57, 60, 154, 163, 171, 187, 189, 190
　→マカバヤンも参照。
アイデンティティ　1, 2, 181, 185, 191, 249, 253
　→国民的アイデンティティ, ナショナル・アイデンティティも参照。
アキノ, コラソン（政権, 大統領）　2, 5, 13, 14, 23, 27, 38, 42, 43, 44, 46, 48, 49, 50, 57, 63, 75, 82, 164, 242
アキノ大統領（3世）　91, 228, 230
アキノ, ベニグノ（ニノイ）　38
アデレード宣言　218, 222
アトキンソン　27, 28
アラビア語　131, 142
ASEAN　3, 4, 157, 228, 229, 230, 232
異教徒間対話（融和, 理解）　7, 21, 23, 153, 185, 227, 241, 243, 249, 254
「生きる力」　4
異文化間対話（適応, 理解）　133, 153
イスラーム（教徒）　i, 11, 33, 35, 70, 71, 89, 133, 141, 142, 144, 148, 149, 152, 153, 154, 157, 167, 168, 169, 207, 214, 234, 244, 249, 250, 254
　→ムスリムも参照。
イスラーム独立派　iii, 3, 150
イスラーム分離独立闘争　34
インスラール　65, 247
インディオ　65, 247
EDSA I（1986年のピープル・パワー革命）　i, iv, 8, 20, 38, 43, 49, 57, 60, 66, 82, 172, 175, 190, 204, 241, 244
　→民主化革命も参照。
EDSA II（2001年）　20, 172, 175
ウンマ　71, 244
英語　1, 28, 32, 35, 37, 56, 103, 107, 112, 166, 215
エストラーダ大統領　20, 175
エスノセントリズム　13
ACESモデル　93, 97
NGO　15, 17, 47, 48, 56, 223, 236

カ行

戒厳令　38, 48
開発（教育）　35, 41, 45
開発政策（体制）　19, 36, 40, 41, 44
開発以後　38
過激派→イスラーム独立派, ムスリム過激派を参照。
価値形成過程（モデル）　85, 86, 120, 121
価値形成理論　86
価値地図　58, 60, 61, 62, 63, 64, 66, 67, 81, 130, 153, 176, 242, 249, 254
価値認識　22, 191, 194, 198, 199, 200, 201, 203, 210, 229, 245, 246
　教育的—　22, 191, 198, 199, 200, 201, 245, 246
　中核的—　22, 201, 203, 246
　文化的—　22, 190, 198, 199, 200, 201, 245, 246
価値の明確化理論　22, 76, 77, 78, 80, 81, 82, 83, 84, 85, 86, 97
学校外教育　38, 42, 47
カトリック（教会, 教徒）　2, 8, 12, 21,

23, 33, 34, 82, 93, 112, 117, 152, 166, 167, 175, 181, 182, 185, 187, 190, 192, 193, 194, 195, 196, 197, 199, 200, 204, 207, 208, 209, 210
→キリスト教も参照。
カプワ　　62, 66, 67, 254
神への信仰　　2, 64, 82, 144, 154, 157, 177, 182, 185, 192, 194, 201, 202, 205, 235, 244, 246
カワガス，バージニア・F.　　9, 10, 11, 155, 251
基礎教育　　46, 156, 228, 230, 231
キソンビーン，ローデス　　9, 11, 43, 63, 75, 86, 93, 97, 98, 236
ギデンズ，A.　　1, 2, 62
教育改革　　23, 228, 229, 230, 234
教育文化省　　39
教育文化スポーツ省　　43, 56
→フィリピン教育省も参照。
教員免許（試験）　　89, 90
教員養成　　88, 91, 92, 93, 94, 133, 134, 156, 255
教科書　　13, 38, 45, 46, 166, 168
教科目間連携　　i, ii, 235, 250
教科目統合　　1, 155
教師教育推進プログラム　　89
教職課程　　88, 89
キリスト教（教徒）　　2, 8, 11, 20, 23, 33, 34, 70, 71, 82, 117, 130, 144, 148, 150, 169, 171, 175, 176, 177, 190, 191, 202, 230, 241, 244, 246, 249
→カトリックも参照。
キリスト教的価値（世界観）　　3, 8, 62, 63, 72, 88, 92
銀行型教育　　69
近代学校教育（制度）　　12, 27, 67, 92
近代化論　　5, 6
国（国家）への忠誠　　62, 69, 179, 181, 182, 185, 244, 245
グローバル・アイデンティティ　　225

グローバル化（グローバリズム，グローバリゼーション）　　i, 3, 4, 7, 9, 10, 62, 92, 213, 241, 250
経済開発　　9, 36, 41, 49
権威主義的体制（開発，国家）　　2, 37-39, 242
K to 12 基礎教育カリキュラム　　i, 3, 228, 230, 234
公教育（公立学校）　　1, 2, 12, 35, 46, 67, 69, 91, 99, 233, 247, 253
高等教育　　30, 31, 36, 46, 88, 89, 91, 231
公立中等教育無償法（1988年）　　164
国際人権レジーム　　14, 15
国民意識（国民性）　　4, 41, 147, 243, 254
国民国家　　2, 4, 225
国民（性）形成　　i, 5, 190, 221, 222, 223, 224, 225, 226
国民的アイデンティティ（形成）　　1, 2, 3, 5, 9, 22, 23, 33, 63, 153, 163, 191, 241, 248, 249
→アイデンティティ，ナショナル・アイデンティティも参照。
国民的英雄→リサールを参照。
国民的団結　　179, 185, 186, 190, 192, 193, 195, 196, 197, 244
国民統合　　14, 47, 48, 210, 237
国家教員免許試験（LET）　　89
国家（的）統合　　2, 4, 14, 48, 154, 185, 193, 195, 197, 204, 207, 244, 245
ゴンザレス，エスペランサ　　38, 44
コンスタンティーノ，レナト　　65, 66, 68, 244

サ行

サント・トマス大学　　31, 91
識字（率，教育）　　42, 47, 68, 228, 252, 253
持続可能性（発展）　　5-7

索引

市民性　　71, 213, 214, 215, 222, 223, 224, 225, 226, 230
市民性教育　　i, 3, 4, 71, 214, 215, 220, 241
社会科　　1, 56, 98, 103, 107, 118, 155, 234, 244
就学率　　30, 164, 228
宗教学校　　169
宗教間対話　　10, 155
宗教教育　　3, 11, 12, 82, 88, 214
宗教（間）対立　　i, iii, 10, 21, 171
重層的アイデンティティ　　32
職業教育　　28, 29, 30, 31, 236
植民地教育　　28, 31, 145
植民地支配　　iii, 21, 27, 34, 39, 65, 179, 248
初等教育（学校）　　1, 6, 28, 29, 30, 36, 37, 39, 45, 46, 91, 98, 164, 166, 231
私立学校（教育）　　31, 46, 88, 90, 152, 156, 166, 172
「親愛なる同化」　　27, 31
人権（尊重）　　14, 15, 40, 48, 56, 60, 154, 163, 179, 181, 193, 194, 198, 202, 205, 207, 237, 242, 244, 246
人権教育　　14, 15, 17, 60, 242
人権抑圧　　17
新植民地主義　　66, 247
新人民軍　　37
スペイン植民地（支配）　　iii, 8, 21, 33, 65, 66, 77, 145, 247
スペイン独立戦争　　27
→フィリピン革命も参照。
スポーツ文化教育省　　91
セブアノ語　　144, 170
セン，アマルティア　　6
先住民（民族）　　220, 247
先住民教育　　215, 216
全人性　　19, 87
全人・統合アプローチ　　ii, 9, 19, 23, 72, 75, 76, 77, 87, 88, 120, 155, 156, 157, 158, 201, 243, 246
1982年教育法　　41, 42, 47
1987年憲法　　2, 48, 60
1987年民主革命→EDSA Iを参照。
双親的親族関係　　64

タ行
第1次比国委員会　　27
第2次比国委員会　　27, 28
大統領委員会　　40
大統領令6‐A（教育開発令）　　37, 40, 41
大土地所有制　　17, 65, 69
タガログ語　　37, 68, 103, 252
多宗教　　8, 33
タフト（委員会，大統領）　　27, 28
多文化　　2, 3, 8, 33, 37, 202, 215, 225, 227
多文化教育　　216, 226
多文化主義　　77, 158, 202, 215, 220
多民族　　2, 3, 8, 33, 37, 227, 252
「多様性の中の統一」　　2, 10, 49, 60, 157, 242, 251
地域性　　5, 20, 21, 23, 158, 172, 176, 190, 191, 199, 200, 201, 208, 208, 209, 223, 224, 225, 241, 245, 246, 247
地方分権教育開発プログラム　　37
中等教育（学校）　　36, 39, 43, 56, 90, 91, 98, 164, 166, 231, 232, 233
中等教育発展プログラム　　38
中等教育無償化　　164, 166
中等教育無償法　　164
鶴見和子　　5, 6
デューイ，J.　　78, 120
伝統的価値　　56, 61, 62, 64, 72, 82, 133, 163, 172, 177, 181, 190, 192, 195, 207, 222, 223, 225, 246, 249
統合科目　　i, 1, 3, 5, 9, 17, 18, 19, 55, 57, 84, 118, 133, 144, 152, 154, 155, 158, 163, 171, 172, 174, 187, 189,

191, 202, 203, 204, 211, 222, 235, 236, 243, 250
道徳（教育）　i, ii, iii, 3, 4, 7, 11, 12, 14, 39, 81, 94, 117, 210
道徳心回復プログラム　55, 56, 93, 94, 179
トーマサイト　29
独立革命　33, 172, 175
→フィリピン革命も参照。

ナ行

内発的な価値　83
内発的発展（論）　5, 6, 7, 250
ナショナリズム　1, 2, 8, 62, 70, 71, 92, 172, 175, 181, 182, 195, 196, 197, 198, 224, 225, 242, 244, 245, 249, 251, 252, 253, 254
ナショナル・アイデンティティ　12, 71, 122, 218
→アイデンティティ、国民的アイデンティティも参照。
二言語政策（教育）　37, 226
二重アイデンティティ　32
日本支配（占領）　iii, 28, 33, 35, 39, 66, 77, 247
人間開発　6, 9, 45, 49, 250
人間の安全保障　6
認識　22, 69
2002年度基礎教育カリキュラム（BEC）　1, 3, 56, 57, 60, 156

ハ行

バージニア・モデル　121
白豪主義　215
バヤン　56
→マカバヤンも参照。
バランガイ　36, 164
バランガイ・ハイスクール　164
バローズ, D.　28
バンサモロ　34, 35, 234, 248, 254

貧困　iii, 47, 138
ファシリテーター（推進者）　76, 78, 83, 84, 87, 121, 156, 231, 250, 253
ピープル・パワー革命→EDSA Iを参照。
フィリピーノ　252
フィリピノ語　1, 37, 38, 39, 56, 58, 107, 112, 134, 166, 254
フィリピン革命（1898年革命）　20, 66, 175, 204, 244, 251, 252
→独立革命も参照。
フィリピン教育省　8, 15, 38, 56, 93, 94, 133, 157, 229, 231
フィリピン師範大学　88, 91, 92, 98, 99, 130, 131, 133, 155
フィリピン人育成　241, 242
フィリピン人意識　10, 155, 247
フィリピン人権委員会　15
フィリピン大学　30, 91
普遍的価値　5, 9, 14, 18, 19, 22, 163, 223, 224, 225, 246
普遍的価値理念　12, 211
フレイレ、パウロ　68-70, 253
プロテスタント　93, 112, 117
文化の多様性　224
米国式教育方式　28
米国植民地（期、支配）　iii, 11, 12, 27, 32, 33, 37, 66, 77, 92, 247
米国人教師　29
ペニンシュラール　65, 247
ペンショナド（米国国費留学生制度）　30
ホリスティック（教育）　19, 75, 201
→全人性も参照。

マ行

マイノリティ　2, 49, 71, 214
マカバヤン　1, 18, 56, 57, 172, 174, 237
→愛国心も参照。
マッキンリー（米大統領）　27, 31

マニラ（首都圏） 2, 21, 23, 36, 47, 91, 117, 122, 133, 134, 144, 152, 153, 157, 158, 166, 167, 168, 169, 175, 179, 181, 182, 185, 190, 191, 192, 193, 194, 196, 197, 199, 202, 204, 207, 208, 209, 210, 230, 243, 245, 246
マルコス（政権，体制，大統領） iii, 1, 5, 9, 14, 19, 20, 23, 27, 35, 36, 37, 38, 40, 41, 42, 43, 44, 49, 50, 69, 75, 82, 166, 168, 175, 185, 187, 191, 192, 204, 241
民主化（運動，革命） 13, 20, 39, 43, 50, 82, 117, 175, 215, 241, 242
→EDSA Iも参照。
民主主義 28, 32, 33, 38, 39, 40, 43, 76, 77, 82-84, 163, 215, 218
民族融和 10
ミンダナオ（島） i, 2, 10, 11, 20, 23, 33, 34, 70, 71, 89, 117, 122, 131, 132, 134, 138, 144, 147, 149, 150, 152, 157, 158, 164, 166, 170, 175, 176, 179, 181, 182, 185, 187, 191, 192, 193, 194, 195, 196, 197, 199, 202, 203, 204, 205, 207, 208, 209, 210, 230, 243, 245, 246, 254
ミンダナオ州立大学 131, 133, 134, 138, 154, 250, 254
ムスリム 2, 3, 10, 11, 21, 23, 32, 33, 34, 70, 71, 117, 122, 130, 134, 142, 144, 149, 150, 166, 167, 168, 169, 171, 172, 175, 179, 176, 177, 179, 181, 182, 185, 186, 187, 190, 191, 192, 194, 199, 200, 201, 203, 204, 205, 207, 208, 209, 210, 214, 230, 241, 245, 246
→イスラームも参照。
ムスリム過激派 70, 71
ムスリム・ミンダナオ自治区（ARMM） 34, 131, 152, 170, 171, 234, 254
メスティーソ 65, 145, 247
モロ 34, 244
モロ・イスラム解放戦線（MILF） 3, 34, 234
問題解決型教育 69
文部科学省（日本） ii

ヤ行

ユネスコ 9, 39, 40, 42, 45, 49, 55, 56, 63, 75, 76, 85, 163, 194, 236
ユネスコ的価値（普遍的価値） 9, 12, 14, 63, 71, 72, 163, 211, 221, 222, 223, 225, 226, 241, 249

ラ行

ラモス（政権） 55, 93
リサール，ホセ 10, 48, 68, 145-147, 155, 185, 193, 195, 196, 252, 253
ルマド（山岳少数民族） 148, 149
歴史認識 19, 163, 175, 179, 185, 191, 204, 207
ロール・プレイ 147, 156, 196

〈著者紹介〉
長濱博文（ながはま・ひろふみ）
1967年生。九州大学大学院人間環境学府博士後期課程単位取得退学。
サンディエゴ州立大学大学院人文学部アジア研究科／教育学副専攻修了。
博士（教育学）。九州大学大学院人間環境学研究院及び教育学部助手，九州女子大学人間科学部講師を経て，現在，同大学人間科学部人間発達学科准教授。専攻は国際比較教育学，国際理解教育，道徳教育。
主な著書，論文
「グローバル化する社会に求められる価値理念の構図——国民性・市民性に関するフィリピン・オーストラリアとの比較考察——」（『グローバル教育』Vo.14，2012年），「フィリピンの教員——基礎教育の確立と教員の地位向上の両立を目指して——」（共著，小川佳万・服部美奈編『アジアの教員養成』学文社，2012年），「フィリピンにおける価値の明確化理論の可能性——米国発教育理論の変容——」（共著，望田研吾編『21世紀の教育改革と教育交流』東信堂，2010年），「フィリピンにおける教育計画」（共著，杉本均・山内乾史編『現代アジアの教育計画（下）』学文社，2006年），「フィリピン統合科目における価値教育理念の検証——異教徒間の国民的アイデンティティ形成に着目して——」（『比較教育学研究』第33号，東信堂，2006年）。

フィリピンの価値教育（かちきょういく）
グローバル社会に対応する全人・統合アプローチ

2014年3月31日 初版発行

著　者　長　濱　博　文

発行者　五十川　直　行

発行所　一般財団法人　九州大学出版会
　　　　〒812-0053 福岡市東区箱崎 7-1-146
　　　　　　　　　九州大学構内
　　　　電話　092-641-0515（直通）
　　　　URL　http://kup.or.jp/
　　　　印刷・製本／シナノ書籍印刷（株）

©Hirohumi Nagahama 2014　　　ISBN978-4-7985-0124-6